Lilli Gruber

Prigionieri dell'islam

Rizzoli

ISBN 978-88-17-08854-1

Prima edizione: aprile 2016

Curatela editoriale:
Blandings snc

La cartina è di Angelo Valenti

Redazione e fotocomposizione:
Sara Grazioli e Simona Gilberti

A Matthäus,
perché gli uomini della sua generazione
possono cambiare le menti e i cuori.

ROMANIA
Bucarest
Sofia
BULGARIA
MAR NERO
RUSSIA
AZERBAIJAN
GEORGIA
Tbilisi
Istanbul
ARMENIA
Erevan
Baku
GRECIA
Ankara
Atene
TURCHIA
Antiochia
Aleppo
Raqqa
Idlib
SIRIA
CIPRO
Palmira
Tikrit
Homs
MAR MEDITERRANEO
Beirut
al-Qusayr
LIBANO
Damasco
Baghdad
Alture del Golan
Deraa
Al-Anbar
Kerbala
Tobruk
Gerusalemme
Amman
IRAQ
ISRAELE
GIORDANIA
Kuwait City
Il Cairo
KUWAIT
ARABIA SAUDITA
Nilo
BAHREIN
LIBIA
EGITTO
MAR ROSSO
Medina
Riyad
La Mecca
SUDAN
Sana'a

SVIZZERA
AUSTRIA
KAZAKISTAN
PORTOGALLO
FRANCIA
ROMANIA
RUSSIA
CROAZIA
SERBIA
UZBEKISTAN
ITALIA
BULGARIA
GEORGIA
SPAGNA
AZERBAIJAN
TURKMENISTAN
GRECIA
TURCHIA
ARMENIA
Rabat
SIRIA
AFGHANISTAN
TUNISIA
Tripoli
Bengasi
LIBANO
IRAQ
IRAN
MAROCCO
ISRAELE
Misurata
Sirte
Tobruk
Il Cairo
GIORDANIA
PAKISTAN
ALGERIA
KUWAIT
LIBIA
EGITTO
QATAR
ARABIA SAUDITA
MAURITANIA
EMIRATI ARABI UNITI
NIGER
MALI
OMAN
SAHARA
YEMEN
ERITREA
GUINEA
BURKINA FASO
CIAD
SUDAN
BENIN
NIGERIA
COSTA D'AVORIO
GHANA
ETIOPIA
SUDAN DEL SUD
REP. CENTRAFICANA
CAMERUN
LIBERIA
TOGO
KAZAKISTAN
CASPIO
Teheran
Natanz
Kabul
AFGHANISTAN
Islamabad
IRAN
PAKISTAN
OMAN
Stretto di Hormuz
Manama
QATAR
DUBAI
Doha
Abu Dhabi
Masqat
EMIRATI ARABI UNITI
OMAN
MAR ARABICO
EN

Prologo

Una nuova musulmana

Lo studio dell'imam Mohamed Reda è piccolo, in tre sembriamo già una folla. Lui è seduto dietro la grande scrivania, un uomo alto e imponente di cinquantasette anni con la barba grigia, lunga e un po' incolta e ardenti occhi scuri. Mio marito Jacques e io abbiamo preso posto su due delle sedie spaiate allineate contro al muro. Fuori, gelo e pioggia spazzano viale Jenner, in alcuni sobborghi di Milano sta nevicando. Non bastano a tener lontano il freddo i tappeti sul pavimento, le tende verdi tirate, la parete di libri con i titoli in arabo.

Abbiamo appena cominciato a parlare quando bussano alla porta e, una dopo l'altra, entrano ben cinque persone. Quattro sono uomini, egiziani come l'imam. La quinta è una donna, gonna lunga e capo coperto dall'hijab, che non sembra straniera.

«Buonasera! È un piacere averla qui.» Yousry el-Marmi, l'uomo che assieme all'imam si prende cura della comunità islamica di viale Jenner, mi saluta cordialmente. Senza darmi la mano, come non me l'ha data Mohamed Reda, perché sono una donna, e anche un semplice contatto potrebbe essere sconveniente. Ho passato troppo tempo nei Paesi islamici per trovarlo offensivo, ma non mi abituerò mai del tutto.

«Neanche a farlo apposta, abbiamo una conversione» prosegue Yousry mentre tutti si accomodano su varie sedie, qualcuna portata dal corridoio. Se questa stanzetta sembrava affollata prima, figurarsi ora. La donna velata siede di fianco a me.

«Maria Giovanna» si presenta a bassa voce. Non mi sbagliavo, è di Napoli. Ha quarantatré anni e per tutta la vita è stata una fervente cristiana, tanto da aver passato più di un anno in un convento di clausura. Ora pronuncerà la *Shahada*, la professione di fede islamica, e diventerà musulmana.

«Anche oggi abbiamo salvato un'anima dall'inferno» mi dice Yousry. Le conversioni sono cresciute negli ultimi tempi, «qualitativamente oltre che quantitativamente», precisa. Quasi non passa giorno, dice, senza che bussi alla porta del Centro islamico di viale Jenner un nuovo aspirante musulmano.

L'imam ci guarda serio mentre Yousry guida Maria Giovanna nel rituale, pronunciando in arabo le parole che sanciranno la sua conversione.

«*Ashhadu an la ila illa Allah wa Muhammad Rasul Allah.*» Testimonio che non c'è altro dio all'infuori di Allah e che Maometto è il Suo profeta.

Maria Giovanna si sposerà con uno degli uomini, Mohamed, trentaquattro anni. Se ne sta in silenzio accanto a lei, le mani forti e rovinate dal lavoro poggiate sulle ginocchia. Il matrimonio avrà luogo proprio qui, in questo ufficio, appena lei sarà passata ufficialmente alla «vera fede».

Guardo la donna mentre ripete seria le parole in arabo. Si vede che ha fatto molte prove, l'intonazione è perfetta, la voce dolce e convinta. L'ufficio è denso del silenzio rispettoso, intenso, tipico dei momenti rituali.

Di sicuro da bambina, a Napoli, non se lo immaginava così il suo matrimonio, Maria Giovanna. In una sera d'inverno, in una moschea della periferia di Milano ricavata da un garage, alla presenza di due testimoni egiziani, un imam barbuto con il suo assistente e una giornalista televisiva.

La scena ha qualcosa di surreale, non posso negarlo.

Come sono arrivata qui?

Introduzione

Parigi insanguinata

Chiudo la porta, butto le chiavi e la borsa sul divano rosso dell'ingresso. L'appartamento è silenzioso. È venerdì sera, la settimana è finita.

Jacques è arrivato da Parigi in tempo per passarmi a prendere in studio a La7 e portarmi a cena in un ristorantino a due passi da casa. Un piccolo rituale che ci riavvicina, prima di concederci il riposo del weekend.

Mentre mi cambio sento la televisione dal salotto. Parole concitate, forse Jacques sta guardando un dibattito televisivo? Di solito accende sulla Cnn. Non presto molta attenzione, sono concentrata a pulire il viso dal trucco, imposto dalle luci e dalle telecamere dello studio. Una liberazione. Poi tra le voci mi arriva quella di mio marito.

«Lilli!» mi chiama.

Non rispondo subito. Penso: ora finisco e lo raggiungo.

«Amore, vieni! Presto!» Il tono si fa pressante. Quasi allarmato. Che succede?

Mentre attraverso il corridoio mi raggiungono suoni sempre più chiari, carichi di tensione e di urgenza. Spari?

Apro la porta della sala. Le finestre sono spalancate sul giardino dominato da tre grandi pini. L'aria è tiepida quasi come a primavera, anche se siamo a novembre.

È la sera del 13 novembre 2015.

Jacques è seduto di fronte allo schermo. Sirene nella notte, camion rossi dei pompieri, uomini armati con i caschi, e il commento rapido di un giornalista, in francese.

Mio marito si volta.

«C'è stato un attentato a Parigi» dice semplicemente. Un inviato di guerra non si impressiona, ma i suoi occhi sono pieni di preoccupazione. Sta parlando di qualcosa che è appena successo nella sua città. Mentre il suo aereo dalla Francia, con un po' di ritardo, atterrava a Roma. Mentre brindavamo al venerdì con due bicchieri di vino bianco.

A Parigi il mondo si è fermato alle 21.20. Allo Stade de France, e poi nelle vie affollate del centro, manipoli di kamikaze e uomini armati hanno massacrato decine di persone. Sembrano azioni di commando ben organizzati, decisi a uccidere e a morire. Un teatro di guerra nel bel mezzo dell'Europa. Come a Baghdad, Aleppo, Mosul. O Beirut, dove ieri ci sono stati quarantacinque morti per un doppio attacco kamikaze, in uno dei feudi nella capitale libanese di Hezbollah, il partito sciita.

Mi siedo vicina a Jacques. Le immagini scorrono sul video, panoramiche notturne del cuore di Parigi, quartieri deserti, le unità speciali, l'urlo delle sirene. I giornalisti, senza più molto da raccontare, accumulano i superlativi. «L'attacco più micidiale in Francia da...» Già, da quando esattamente? Dalla Seconda guerra mondiale? Dalla notte dei tempi?

Tornano i ricordi. L'11 settembre 2001. Mi rivedo correre in taxi in una New York deserta, due giorni dopo il crollo delle Torri Gemelle. Le macerie brulicanti di inutili soccorsi, le voragini. George W. Bush che dalla ferita ancora aperta della metropoli accende la fiaccola che darà fuoco al mondo: quella della «guerra al terrore».

Quindici anni da quella tragedia ci hanno condotto qui?

Nelle prime ore da un avvenimento di questa portata, è sempre difficile appurare i fatti. Non sarà questa notte a saziare la fame di particolari e spiegazioni. Pian piano viene a galla il quadro dell'accaduto: tre uomini si sono fatti esplodere vicino ai cancelli dello stadio di Parigi, dove il presidente François Hollande stava assistendo a un'amichevole tra Francia e Germania. Intanto, un gruppo di altri tre ha preso d'assalto alcuni ristoranti e déhor di caffè tra Place de la République e Bastille, nel quartiere bo-bo, borghese-bohémien. Un altro commando è entrato in un teatro, il Bataclan, durante un concerto e ha aperto il fuoco sulla folla inerme dei giovani presenti. Si saprà più tardi che è stata una vera carneficina. In tutto centotrenta persone uccise e più di trecento feriti.

In questi casi il primo che parla dà il la a tutti quelli che vengono dopo. Barack Obama lo sa bene. Manca un quarto d'ora alla mezzanotte in Europa quando il presidente si presenta nella sala stampa della Casa Bianca: «Non è solamente un attacco contro Parigi, o contro il popolo francese, è un attacco contro l'umanità intera e i valori universali che condividiamo». Poi aggiunge: «Faremo quello che serve, assieme ai francesi e agli altri Paesi, per punire i gruppi terroristici che hanno colpito i nostri concittadini».

Il tono è misurato. Nessuna enfasi. Non dichiara la guerra globale, in stile George W. Bush. Non sa ancora che tra poche settimane, in California, una coppia di musulmani americani di origine pakistana compirà una carneficina in un centro per disabili, con quattordici morti e ventidue feriti.

Qualche minuto più tardi, anche François Hollande interviene davanti alle telecamere. Non molto convincente per un presidente che ha visto calare di mese in mese il suo indice di popolarità.

«Ha aspettato che parlasse Obama» commenta Jacques in tono un po' cinico. «Doveva capire fin dove può spingersi per rispondere all'attacco.» La campagna elettorale presidenziale negli Stati Uniti è già in corso e riguarda tutti. I governi alleati non prendono decisioni senza prima osservare i passi del grande fratello atlantico. E Washington non entra in guerra con il voto alle porte: i nuovi conflitti dovranno attendere la prossima amministrazione. Soprattutto nel Medioriente, la regione più esplosiva del mondo con il suo cocktail di religione, petrolio e armi.

Obama non vuole giocare contro la sua squadra lanciandosi in avventure militari che ha dichiarato inutili, quando era Bush a intraprenderle. E non si può negare che l'America abbia la sua parte di responsabilità nei problemi sempre più gravi che affliggono l'Europa: i flussi intensi di migranti, il fanatismo islamico… e il terrorismo.

Hollande appare svuotato, teso, il respiro è affannoso. Fa quasi compassione. «È un orrore» dice. «Ci ha colpito un evento terribile.» Annuncia lo stato d'emergenza: controlli più severi, perquisizioni, l'arrivo di rinforzi militari a Parigi, una città che da anni vive già sotto il regime del «piano antiterrorismo». Evidentemente non basta, se uomini armati di kalashnikov sono arrivati a seminare morte. Per la prima volta nella storia del terrorismo in Europa indossavano giubbotti imbottiti di esplosivo.

Attacchi suicidi a Parigi. Non è un dettaglio.

Gli attentati terroristici non sono tutti uguali, il *modus operandi* è importante. E se dei kamikaze compaiono improvvisamente nel centro di una capitale europea, la minaccia ha raggiunto il culmine. Al tempo degli attentati di Londra nel 2005, le bombe erano negli zaini. Un metodo meno sofisticato del giubbotto esplosivo, che invece richiede l'intervento di un artificiere esperto.

Ricordo una lunga discussione con il professor Robert Pope all'Università di Chicago. Nel suo libro, *Morire per vincere*, spiegava la genesi di questi attacchi. Sono cominciati di fatto nel 1983 a Beirut, ma si sono moltiplicati a partire dal 2003 in Iraq, per poi diffondersi a vasto raggio. E hanno un punto in comune: il loro principale scopo non è religioso, ma politico. Secondo il professor Pope i candidati al martirio non sono solo fanatici religiosi. Combattono per una causa, non per il paradiso. Pope sostiene che c'è un collegamento evidente tra i kamikaze, l'occupazione straniera nei Paesi da cui provengono, e l'oppressione di cui si sentono vittima nelle nostre città. È questa combinazione che produce gesti estremi e disperati. E nell'analisi dello studioso americano, l'attacco suicida è un atto di guerra.

Hollande intanto prosegue il suo discorso e aggiunge una breve frase che ci fa sobbalzare: «Ho deciso di chiudere le frontiere».

«Cosa vuol dire?» chiede stupito Jacques. Me lo domando anch'io. Bloccheranno gli svincoli autostradali? Fermeranno i treni nel bel mezzo della campagna? Dirotteranno gli aerei in volo? Lasceranno le navi in mare? Il presidente ha parlato troppo in fretta. La «sua» guerra comincia male. Venti minuti più tardi un comunicato del ministero degli Esteri offrirà una «precisazione»: non saranno chiuse le frontiere, ma rafforzati i controlli.

«Ciò che vogliono i terroristi è farci paura, spaventarci. E c'è di che avere paura. Ma c'è anche una nazione che sa difendersi, che sa mobilitare le sue forze e che ancora una volta saprà battere i terroristi.»

Hollande si sbaglia. I «terroristi», in questo caso l'Isis, l'ultima incarnazione del mostro, non vogliono far paura. Il loro calcolo è molto più razionale. Vogliono mostrare che sono in grado di eludere ogni misura di sicurezza. Vogliono delegittimare le istituzioni che dovrebbero proteggere i cittadini e che si rivelano incapaci di farlo. Vogliono minare il sistema mettendone in luce le falle, costringerlo a rafforzare le sue difese. Cosa che molti Paesi fanno, a costo di violare i princìpi stessi su cui si basa la loro democrazia, e quindi l'autorità dei governi. Le società aperte si ritrovano rapidamente ad applicare leggi speciali che incidono sulle libertà individuali, a legiferare senza consultare i parlamenti, a ridefinire alcuni procedimenti giudiziari. In breve, a iniettare nella democrazia il virus dell'autoritarismo e delle misure straordinarie. Del totalitarismo. Un virus che l'Europa (e l'Occidente in generale) non ha mai davvero debellato, nonostante le sue rivoluzioni, le guerre, e le lezioni morali. I provvedimenti antiterrorismo sono un necessario vaccino o i primi segni di una nuova epidemia?

Jacques e io intrecciamo riflessioni e commenti, e dal nostro divano a Roma ci sembra di essere tornati a Baghdad, a caccia di storie, indizi, spiegazioni. A cercare di dare una logica a situazioni che sembrano incomprensibili, nella loro atrocità. Ci accaloriamo, avanziamo ipotesi.

Dopo questo orrore, ho la sensazione che le linee di frattura da esplorare siano tre: terrorismo, islam e immigrazioni. Quando si congiungono in un triangolo, formano una trappola mortale. Il Medioriente è da anni alle prese con la tragedia degli attentati di massa; i Paesi musulmani tentano di conciliare religione e politica; le guerre che si susseguono dall'Afghanistan al Nord Africa lanciano milioni di disperati sulle rotte dell'esilio.

Oggi sembra che questo stesso triangolo maledetto cominci a stringere nella sua morsa anche l'Europa. Cadremo in questa trappola? I princìpi, le aspirazioni, i diritti che consideriamo nostri sono in pericolo? L'islam è tra noi ed è qui per restare. Si tratta di capire quale conciliazione è possibile con le nostre società aperte. Mentre le immagini di Parigi invadono gli schermi di tutto il mondo, sappiamo che è cominciato il conto alla rovescia. Presto qualcuno offrirà, per parafrasare Umberto Eco, la soluzione semplice a problemi complessi, che è sempre quella sbagliata. Non solo in Francia.

«E l'Italia?» è la domanda inevitabile che aleggia tra di noi.

Mi guardo intorno tra i resti della mia pace del venerdì sera, infranta come quella di milioni di altre persone.

È ora di rimettersi in viaggio.

1

Augusta, il porto della speranza

Il porto di Augusta, in provincia di Siracusa, è invaso dal vento in questa domenica mattina. L'acqua ora scintilla innocente, ma le onde sono state alte, nella notte: mare molto mosso. Condizioni proibitive per il gommone di dieci metri e per il suo carico di umanità e disperazione, composto da centoventi persone. Sono sbarcati da poco dalla nave che li ha salvati, passando li vedo in fila fuori dalle tende di prima accoglienza, erette sul molo centrale.

«Nessun gommone può percorrere duecentocinquanta miglia, con fusti di carburante limitati» mi dice il comandante Francesco Iavazzo della *Comandante Bettica*, una corvetta di novanta metri dotata di una pista di atterraggio per gli elicotteri. Ha recuperato l'imbarcazione a una ventina di miglia dalle coste libiche: era sovraccarica, non sarebbe andata lontano. È stato un elicottero della Royal Navy a individuarla e a lanciare l'Sos.

Il comandante mi ha accolto assieme ai rappresentanti delle molte realtà locali coinvolte nel soccorso e nell'accoglienza dei migranti. È domenica, ma il giorno del Signore qui non è diverso dagli altri. La sfida di questi uomini e donne è quotidiana, sulla frontiera meridionale dell'Europa.

«La salvaguardia della vita umana è la priorità,

secondo la legge del mare» mi ricorda Iavazzo. È ben dritto nella sua uniforme, e gli occhi scuri non lasciano trasparire la stanchezza, ma i turni sono massacranti. Quattordici giorni di seguito, senza riposo. E sulle spalle un carico di tragedie pesante.

Non ho mai visto annegare una persona, ma so che è una morte terribile. Le forze che ti abbandonano, lo sfinimento che prende il sopravvento, le grida che si perdono nel silenzio della notte. Cadere, a occhi aperti, nell'abisso. I polmoni che si riempiono d'acqua, il soffocamento inesorabile. Sono scomparsi così a migliaia, negli ultimi anni. Il Mediterraneo, cimitero dei disperati.

«Ci sono più cadaveri che pesci» commenta Jacques fissando l'acqua, mentre saliamo a bordo. È una frase che gli ha detto qualche mese fa un pescatore incontrato a Mazara del Vallo, e non riesce a dimenticarla.

Le cifre ufficiali sono implacabili. Nel 2014 i morti sono stati 3279. Nel 2015, 3771. E nel 2016 il conto è ricominciato, con l'intensificarsi dei flussi. Le vittime del mare sono ben più numerose rispetto alle rotte di terra, nonostante il lavoro della Marina italiana, degli equipaggi di corpi internazionali come Eunavfor Med (European Union Naval Force Mediterranean), la Forza navale mediterranea dell'Unione Europea, e anche del Naviglio mercantile. Già, perché la legge vale per tutti: chi si trova più vicino al natante in difficoltà deve andare in suo aiuto. A volte è una vera e propria nave di soccorso, altre volte è un vascello della Marina militare come la *Bettica*, di pattuglia per proteggere piattaforme petrolifere e pescherecci. Ma può trattarsi anche di un mercantile, in viaggio per consegnare i suoi carichi. In mare non puoi voltarti dall'altra parte. Cambi rotta, recuperi chi puoi, e lo accompagni in porto. A tuo rischio, a tue spese? Sì.

E tuttavia, ancora non basta. Chi si ricorda più della tragedia di Lampedusa, nell'ottobre 2013? Annegarono oltre quattrocento persone. Papa Francesco si era recato sull'isola qualche mese prima, nel luglio del 2013, e in quell'occasione aveva parlato di «globalizzazione dell'indifferenza». Ma nell'aprile del 2015 i morti sono stati ottocento, la più grande tragedia del Mediterraneo. Allora Matteo Renzi ha lanciato un appello all'Europa: «Non lasciateci soli». Ha denunciato lo scandalo del traffico di esseri umani, questo «schiavismo dei nostri tempi». Ma non sono sufficienti le preghiere, né a Dio né agli uomini, per fermare un esodo che si fa ogni giorno più intenso.

Nel 2015, oltre un milione di persone ha raggiunto l'Europa via mare: 153.842 sono approdati in Italia, il resto in Grecia. Solo nei primi tre mesi del 2016 gli sbarchi sulle coste elleniche sono stati più di 155.000 e quasi 20.000 in Italia, già il doppio rispetto all'anno scorso nello stesso periodo. Il mare non si ferma, e non si ferma l'umanità in fuga dalla guerra o dalla fame: se vengono bloccati e rimandati indietro, ritenteranno per un'altra via. Il 2016 potrebbe essere l'anno che li vedrà incolonnarsi a piedi attraverso l'Albania, per poi passare l'Adriatico fino alla Puglia. Lo ha detto anche Michele Emiliano, presidente della Regione, invitato a marzo 2016 a *Otto e mezzo*: «Aspettiamo centocinquantamila rifugiati, ho già chiesto l'aiuto del governo».

Pensando ai numeri di questa migrazione, oggi, il molo della base navale militare di Augusta appare tranquillo. La quiete dopo la tempesta. O prima? Da qui si può toccare un mondo che ora ci fa paura ma a cui apparteniamo, quello del Mediterraneo. Il Nord Africa con le sue recenti rivoluzioni. La vasta distesa del deserto, e al di là la terribile povertà dell'Africa subsahariana. A est il Medioriente devastato dalle guerre. A ovest Gibilterra, con lo stretto che i marinai fenici hanno attraversato per primi, tanto tempo fa.

A circa un'ora di automobile da qui c'è Pozzallo, in provincia di Ragusa, un piccolo porto divenuto «hub» dove sbarcano la maggior parte dei migranti recuperati dalla Marina o dai guardiacoste. Ha avuto l'onore di comparire in un articolo del «Financial Times» uscito all'inizio di febbraio 2016. Un articolo davvero strano. Il Mediterraneo è un mare senza controllo, spiegava il prestigioso quotidiano londinese, dove migliaia di barche clandestine incrociano indisturbate, portando uomini, armi e naturalmente terroristi. Citava il caso di un cargo di settantasei metri partito dalla Turchia, che avrebbe fatto scalo in Libia, costeggiato la Tunisia, per poi attraccare senza essere individuato proprio a Pozzallo. Sulla via, questo cargo fantasma avrebbe interrotto le comunicazioni radio, scomparendo per tre ore. Prova inconfutabile, concludeva l'articolo, che l'Europa non è in grado di controllare le sue frontiere marittime. Il pericolo incombe sul Vecchio Continente.

Questa è l'opinione di molti: dai comuni cittadini ai politici. Ma la storia del «Financial Times», è il caso di dirlo, fa acqua da tutte le parti. Che il Mediterraneo sia attraversato – da millenni – da ogni genere di traffici è indubbio. Ma perché scegliere Pozzallo come destinazione di questo rocambolesco periplo? Perché attraccare a due passi da Augusta, con le sue navi militari e i suoi controlli? Pozzallo è il dettaglio fuori posto che mi fa dubitare di tutta la faccenda. La fonte del quotidiano sarebbe un rapporto di Windward, una società privata israeliana che si occupa di sicurezza marittima. Sarebbero loro, a quanto pare, ad aver seguito il percorso del cargo in questione, e di centinaia di altri nel Mediterraneo. Perché dare la precedenza a questo rapporto, piuttosto che a quelli ufficiali delle Marine europee o americana? Perché alimentare la paura in un momento in cui è già così forte? Tra l'altro, questo tratto di mare è certamente uno dei più pattugliati del pianeta.

A bordo della *Bettica*, attraverso stretti corridoi e ripide scalette, vengo accompagnata nei quartieri degli ufficiali. La sala riunioni è piccola e affollata: siamo almeno in quattordici distribuiti tra sedie, divanetti, qualcuno in piedi sulla porta. Per completezza di informazione o perché le relazioni con la stampa sono sempre delicate? Oltre al comandante, al prefetto e al questore di Siracusa, sono con me la sindaca, ufficiali della Marina e della Guardia costiera e responsabili dell'unità per il contrasto all'immigrazione clandestina.

I mezzi messi a loro disposizione dal governo, mi assicurano tutti, sono sufficienti. Capisco che ci tengono a evitare che passi il messaggio sbagliato. Non è vero che la nostra Marina impiega risorse degli italiani per far arrivare qui dei clandestini, un ritornello che fa comodo alla politica xenofoba. «Coordiniamo tutte le attività in mare» taglia corto il capitano di vascello Antonio Donato, della Guardia costiera. «Non solo i soccorsi, ma anche i commerci e la pesca. Non dimentichiamo che il 70 per cento delle merci che arrivano in Italia lo fanno via mare.»

E intanto che difendono gli interessi nazionali nel Mediterraneo, salvano centinaia di vite umane. La mobilitazione è esemplare, in un'isola che troppi conoscono solo per la mafia, il suo peggior prodotto da esportazione. A Siracusa è stato formato un gruppo che unisce Guardia costiera, Polizia di Stato, Carabinieri e Guardia di finanza. Intervengono già a bordo dei barconi con un primo lavoro di intelligence, per cercare di capire se portano elementi sospetti o pericolosi. Poi, sulla nave di soccorso, i migranti trovano il personale sanitario, spesso coadiuvato da volontari inviati da fondazioni umanitarie. Sul gommone di stanotte per esempio c'era un uomo con una ferita da arma da fuoco. Sostiene di essere stato fermato a un posto di blocco, in Libia. Perché? Da chi? Le indagini vanno condotte tra lingue diverse, identità incerte. Migranti, soccorritori e inquirenti si capiscono in un misto di italiano, francese, inglese e frasi in arabo preconfezionate, imparate a memoria oppure scritte su un foglietto.

E in un anno, da marzo 2015 a oggi, gli interventi della Marina hanno portato all'arresto di seicento scafisti, di cui trecento solo ad Augusta. Non è abbastanza? Dovremmo contrastare questo traffico all'origine, evitare che le barche si allontanino dai porti di partenza? Certo. Ma attorno al tavolo ovale si alza una sola domanda: come? Con quali governi e forze locali si può parlare, se la Tunisia coopera quando può, l'Egitto dà risposte parziali e la Libia è nel caos?

È già tanto riuscire ad arrestare i pesci piccoli. Non è facile, su una barca affollata e di notte, capire chi sono le vittime e chi i trafficanti. E gli scafisti lo sanno. Spesso sono loro stessi a chiamare i soccorsi con il satellitare. Anche perché i gommoni, piccoli, scuri e fatti di un materiale che riflette male le onde radio, non si vedono bene dagli elicotteri e sfuggono ai radar. Stanotte, però, sono stati individuati. E poi?

«Ci siamo avvicinati all'imbarcazione, e abbiamo messo in mare dei dinghy, gommoni a scafo rigido, con potenti motori idrogetto, per poterci accostare senza rischi» mi spiega il comandante. Il pericolo era che ci fosse qualcuno in mare, spesso in questa fase concitata rovesciano la barca. E potrebbero restare presi tra le eliche della nave, un'altra morte orrenda. «Poi i marinai hanno lanciato i giubbotti di salvataggio e i salvagenti, ne abbiamo a bordo una scorta apposta. Infine, con cautela, cercando di evitare il panico, abbiamo trasferito tutti sulla *Bettica*.» Sembra facile? Non tanto, con una folla confusa e disperata, nell'oscurità, e con il mare grosso…

«Stanotte abbiamo recuperato ottantacinque uomini, sette donne e ventotto minori» specifica Iavazzo. Neanche tanti per la *Bettica*, che può portare tra i cinquecento e i seicento «ospiti». Ai suoi colleghi della *San Giorgio* è capitato di averne 1890 tutti insieme: un'operazione durata una settimana, con dodici recuperi.

Dopo che i siriani e gli iracheni avevano preso la via dei Balcani, gli arrivi in Sicilia erano diminuiti. Ma le cose sono destinate a cambiare. Negli ultimi mesi, qui sono giunte in porto in maggior parte barche guidate da egiziani e tunisini, che hanno fama di ottimi marinai, e quindi di ottimi scafisti. Ma con il peggioramento della situazione in Libia, sono aumentate le partenze da quelle coste. Anche con scafisti provenienti dall'Africa subsahariana, dal Senegal, dal Gambia, che quando va bene hanno fatto una settimana di corso, e poi via sui gommoni. Non c'è da stupirsi se, quando arrivano «i nostri», sono già in fase di affondamento.

«Oltre agli arresti di scafisti» mi riferisce il questore

di Siracusa, Mario Caggegi, «abbiamo smantellato alcune reti di trafficanti eritrei e nigeriani. Ma il cuore del problema resta la Libia.»

I magistrati italiani usano ogni arma messa a disposizione dal diritto internazionale. Compreso un trattato fondamentale, firmato a Palermo nel 2000: la Convenzione delle Nazioni Unite contro la criminalità organizzata transnazionale. Che è nata proprio per combattere questo nero commercio: il traffico di esseri umani. Ratificata da 169 Paesi.

Ma sono in gioco interessi politici ed economici colossali. Anche se la giustizia riesce a catturare i pesci piccoli, i veri pescecani restano intoccabili.

È possibile, chiedo, che tra le maglie della rete sfuggano interi navigli, come sostiene il «Financial Times», o singoli terroristi infiltrati tra i migranti? Caggegi mi rassicura: «Tra i controlli che si effettuano subito sulle navi, quelli a terra, e le informazioni dei servizi, le probabilità che i terroristi arrivino via mare sono scarse». Il che non vuol dire che possiamo ritenerci al sicuro, purtroppo.

Dopo la tragedia di Lampedusa, nell'ottobre 2013, l'Italia ha varato l'operazione Mare nostrum. L'idea era mobilitare le navi della Marina per pattugliare il Mediterraneo, anche al di là delle nostre acque territoriali. E soccorrere i battelli in difficoltà che trasportavano i rifugiati. Una decisione dell'allora presidente del Consiglio Enrico Letta, presa nel silenzio dell'Europa, perché come ha detto lui stesso: «Bisognava fare qualcosa. Non si poteva semplicemente lasciar morire questa gente». Invece di trovare solidarietà e aiuto, l'Italia è stata accusata di incentivare l'immigrazione clandestina. Dagli altri Paesi dell'Unione, e da molti politici. L'operazione è partita comunque, e tra l'ottobre 2013 e l'ottobre 2014 ha permesso di recuperare in mare più di centomila persone. Era necessario? La risposta è sì.

Divenuto premier nel febbraio del 2014, Matteo Renzi ha smantellato rapidamente Mare nostrum. Che, dal 1° novembre 2014, è stata sostituita dall'operazione europea Triton. Largamente insufficiente.

Il 18 aprile 2015, nello stretto di Sicilia, un'imbarcazione di oltre venti metri con centinaia di disperati stipati in ogni angolo, dal ponte ai vari piani sottocoperta, urta un cargo, si ribalta, cola a picco. Un'ecatombe. Renzi promette che si farà ogni sforzo per recuperare i corpi. Centinaia di uomini, donne e bambini rimasti prigionieri nello scafo, affogati come topi.

Con ritardo, l'Europa reagisce e lancia l'operazione Sophia. Riprende i princìpi di Mare nostrum, ma gli italiani sono meno soli. Il comando è a Roma e Sophia, oltre a salvare delle vite, ha l'obiettivo di contrastare gli scafisti. Perché è questa la grande ipocrisia: la migrazione «biblica» è anche un enorme business. Assai redditizio. Fiumi di denaro passano dalle mani dei candidati all'esilio a quelle degli intermediari, dei clan mafiosi, di funzionari corrotti in diversi Paesi. Il «Financial Times» a febbraio 2016 parla di un giro d'affari di oltre tre miliardi di euro l'anno, ed è una stima per difetto. Ma il capo di Europol, Rob Wainwright, ha stimato che nel 2015 i trafficanti abbiano guadagnato almeno il doppio.

Si paga a ogni tappa, in queste «agenzie di viaggio». La prima, fino a un porto sul Mediterraneo: per l'Africa e il Maghreb è la Tunisia, la Libia o l'Egitto. Per Pakistan, Afghanistan e Siria è invece la costa turca. Dalla quale sono partiti migliaia di rifugiati, anche grazie a una innegabile complicità del regime di Recep Tayyip Erdoğan. La Turchia è uno dei Paesi più sorvegliati al mondo, con una polizia efficientissima, servizi segreti ed esercito onnipotenti. Le sue guardie di frontiera e la Marina sono perfettamente in grado di controllare chi parte e chi resta. Aprendo i rubinetti dei flussi migratori, il presidente Erdoğan ricatta e punisce l'Europa, restia ad accogliere nell'Unione il suo Paese. Che continua a violare diritti fondamentali come la libertà d'espressione.

Mentre trafficanti, mafiosi e governanti senza scrupoli fanno affari d'oro, l'Europa investe in nuove barriere. Macedonia, Bulgaria, Slovenia, Slovacchia, Austria, Polonia, Ungheria pagano vere fortune per dotarsi di muri o di dispositivi capaci di impedire il passaggio ai migranti. Ma tutto questo denaro, che spendiamo per chiuderci dentro, non sarebbe meglio utilizzato per dare un futuro alle popolazioni in difficoltà? In occasione del suo viaggio in Africa nel febbraio 2016, Renzi ha detto bene: senza un piano serio di investimenti per lo sviluppo di quel continente, sarà impossibile fermare l'esodo. Non ci sono mari né muri che tengano.

E occorre pacificare il Levante, perché i rifugiati che si ammassano nei campi della Turchia, del Libano e della Giordania possano tornare a casa. Ma questo dipende da una volontà politica internazionale che al momento non è abbastanza determinata.

Scendo dalla *Bettica* per visitare le strutture allestite per la prima accoglienza. Uno scenario indaffarato, ma ordinato. Nel vasto piazzale spicca il Polibus rosso di Emergency, arrivato nel 2013 a presidiare il porto di Augusta in sostituzione di Medici senza frontiere. I suoi professionisti hanno un ruolo indispensabile nell'attività di primo soccorso, sia a bordo sia a terra. In una grande tenda bianca al centro si allineano le brande su cui riposano i nuovi arrivati, al riparo dal vento che imperversa sempre più forte. In giornate ancora più burrascose è capitato che le tende volassero via, a dispetto degli ancoraggi che le fissano al cemento.

Alcuni migranti si spostano da una struttura all'altra, vestiti di una tuta bianca di tela termica che li protegge dal freddo. Hanno l'aria esausta. Ma nella tenda dove si radunano i minori non accompagnati, tutti maschi a parte una ragazza, incontro anche sguardi pieni di speranza.

Proprio qui davanti, si danno da fare giovani uomini e donne con la divisa di diverse organizzazioni umanitarie. Micaela, di Save the Children, mi spiega che per la ragazza probabilmente sarà inoltrata una richiesta di asilo politico. Ha dichiarato di essere fuggita dalla Costa d'Avorio, dove a dodici anni è stata data in sposa a uno scafista. Ha una bambina di quattro anni, che ha dovuto lasciare a casa. È vera la sua storia? Micaela mi guarda seria.

«Non siamo noi a deciderlo. Il nostro lavoro è raccogliere i dati da inoltrare alle commissioni competenti e alle prefetture» mi spiega. «E dare un po' di sollievo e rassicurazione» aggiunge combattiva. Poi entra nella tenda per l'informativa legale: spiegare a questi ragazzi dove sono arrivati e cosa li attende.

Rimango con Ahmed, un giovane egiziano con la giacca azzurra di Oim, l'Organizzazione internazionale per le migrazioni. Si occupano molto di tratta delle donne e conosce bene questa triste realtà.

«Non solo è difficile verificare le loro storie, ma a volte è arduo capire se sono minorenni» dice. «Molte ci mentono sull'età. Sono i trafficanti a costringerle: sanno che se le ragazze entrano nei centri per i minori sarà più difficile avviarle alla prostituzione. E invece devono metterle sulla strada subito, per rifarsi dell'investimento del viaggio.»

So bene che i documenti delle donne vittime di tratta vengono sequestrati. E loro pensano che quando avranno ripagato il «debito» con i loro protettori saranno libere. Tra i 25.000 e i 40.000 euro, specifica Ahmed. Ma anche se sopravvivessero alla violenza e alle malattie del mestiere più vecchio del mondo, libere non lo saranno mai.

«I trafficanti le aspettano subito fuori dai centri di prima accoglienza» mi dice il giovane, poi lascia vagare lo sguardo sul campo, punteggiato di tute bianche. «Oppure, spesso, sono con loro sulla barca» aggiunge.

Come sempre, le più colpite sono le donne. Vittime designate, merce di scambio. Il commercio ignobile che attraversa il Mediterraneo ha nella tratta delle schiave una delle sue vergogne più atroci. Anche perché poi siamo noi, i Paesi di accoglienza, a sfruttarle. E la mattina dopo gridiamo all'invasione delle orde migranti che minacciano la nostra millenaria civiltà.

Mentre vado verso la struttura che ospita la polizia scientifica di Siracusa mi si affianca il dottor Carlo Candiano, responsabile dell'agenzia sanitaria locale. Hanno già effettuato il triage, la distinzione tra sani, malati, e casi dubbi da mettere in quarantena. Morbi come la malaria, per esempio, non si manifestano subito o in modo palese. Oggi c'è solo il ferito da curare.

«In genere, a parte la denutrizione, la disidratazione, il freddo, sono molto sani» mi conferma. «È successo di rado che lo sbarco venisse ritardato perché si temevano rischi di qualche contagio. E anche allora, si è trattato delle poche ore necessarie per un controllo approfondito.»

La polizia scientifica ha i suoi «uffici» dentro un semplice container bianco. Attorno ai tavoli che occupano quasi tutto lo spazio disponibile, cinque persone lavorano per registrare i migranti, tra i computer e gli scanner per il rilevamento delle impronte digitali. Indosso per precauzione una mascherina da ospedale ed entro. Una giovane donna sta premendo le dita sulla superficie della macchina, guidata con gentilezza da un addetto per ottenere il risultato più preciso possibile.

«Quando arrivavano i primi siriani, a volte si rifiutavano, si agitavano. Era molto difficile» mi spiega un membro della squadra al lavoro. Qui non succede da un po' di dover costringere i migranti a farsi prendere le impronte, ma quando invece capita, le operazioni di registrazione diventano ancora più lunghe e complicate.

L'uomo tiene gli occhi azzurri fissi sullo schermo su cui compaiono le immagini, che dovrà poi archiviare. «Servono tutte le impronte, per rotazione e poi per pressione, di ogni polpastrello e dei palmi interi. Anche quando collaborano, possono volerci dieci minuti a testa... Oggi sono centoventi, immagini quando ne avevamo ottocento tutti insieme.»

Ma è proprio necessario che tale passaggio si faccia in questo riparo di fortuna, con gente ancora traumatizzata dal viaggio?

«Così se qualcuno fugge da qui almeno abbiamo i suoi dati...» risponde l'uomo. Sta compilando la scheda di Elizabeth, che ha trent'anni e viene dal

Camerun. C'è un cognome, la foto di fronte e di profilo.

È l'unico «documento» che avremo a disposizione per identificare molte di queste persone. La maggior parte non ne ha, o sono falsi. Le poche informazioni raccolte vengono trasmesse alle agenzie europee competenti come Frontex o Europol.

Torno verso l'auto, salutando gli uomini e le donne che continuano il loro lavoro sul ventoso avamposto di Augusta. Non hanno ricette né soluzioni definitive per questo enorme problema, me lo hanno detto chiaramente. Ma hanno elaborato, spesso in totale solitudine, un metodo prezioso per accogliere un'umanità in fuga che nei prossimi mesi e anni continuerà ad arrivare. Qui, o a Bari, o su altre frontiere dell'Italia e del mondo, mentre l'emergenza si aggrava.

Guardo fuori dal finestrino verso il mare che custodisce i suoi cadaveri. E penso alla domanda ricordata da papa Francesco nella sua preghiera a Lampedusa, tanti mesi fa. «Dov'è tuo fratello?» Secondo la Bibbia, lo chiese Dio a Caino. E dobbiamo chiedercelo anche noi, per ogni nuovo giorno che comincia sulla terra. E sul mare.

2

Isis: nascita di un mostro

Aleppo, 28 settembre 2007: un uomo barbuto dal viso allungato esce dalla moschea al-Iman. Ha appena guidato la preghiera del venerdì. Fiancheggiato da guardie del corpo, si dirige verso la sua Mercedes blindata. In questa antica città commerciale della Siria del Nord è noto come lo sceicco Abu al-Qaqaa, ma il suo vero nome è Mahmud al-Aghasi. È un predicatore che a trentaquattro anni si è già costruito una solida reputazione: sa infiammare gli animi chiamando i fedeli al jihad. Che in quegli anni è guerra santa contro gli «infedeli» e i «crociati», cioè i soldati americani che dal marzo del 2003 occupano il vicino Iraq.

Al-Qaqaa scende la scala dell'ingresso e attraversa il grande piazzale, verso la scorta di imponenti Suv. Mimetizzato tra la folla dei fedeli, un uomo lo tiene d'occhio. Al-Qaqaa è anche il leader di un raggruppamento politico che prende il nome di Ghuraba al-Sham, gli Stranieri della Siria, noto per il suo proselitismo di matrice estremista. È difficile immaginare che il potere centrale non sappia nulla di lui: in Siria, come so bene dalle mie esperienze di inviata, i servizi di sicurezza sono onnipresenti. Chi protegge il giovane sceicco in lotta contro l'invasore americano?

Chiunque sia, in quel venerdì di settembre del 2007

è distratto. L'uomo nascosto tra la folla si avvicina. Dribbla le guardie del corpo, colte alla sprovvista, estrae un'automatica dalla tasca della giacca e svuota il caricatore nel petto di al-Qaqaa. Il predicatore si accascia a terra ferito a morte. Il killer si è già voltato e si dà alla fuga.

Abu al-Qaqaa verrà sepolto l'indomani ad Aleppo alla presenza di alte cariche del regime. Uomini del Baath, il partito laico e autoritario che domina la vita politica siriana fin dai primi anni Sessanta. Più tardi, in un comunicato, Ghuraba al-Sham accusa l'assassino di essere un agente americano. Il giovane sicario, dichiarano, era uscito da poco da un carcere statunitense in Iraq.

L'episodio ha riempito qualche pagina dei quotidiani arabi. Da noi, poche righe nei giornali più attenti, poi la vicenda è caduta nel dimenticatoio. Nessuno ha mai spiegato l'accaduto. Eppure quell'omicidio consumato in pieno giorno, davanti a una moschea di Aleppo, è uno dei principali snodi di uno scontro in corso da vari anni in quella parte del mondo. Una guerra clandestina, ma non per questo meno sanguinosa, che si combatte lontano dai riflettori, spesso all'insaputa dei giornalisti.

Dopo gli attentati dell'11 settembre 2001, gli Stati Uniti hanno lanciato la guerra contro il terrorismo. Hanno messo in campo tutti i loro mezzi per annientare quelli che li avevano colpiti: al-Qaida, e il suo capo Osama bin Laden.

Ma hanno anche avviato un progetto molto più ambizioso: trasformare il mondo musulmano al grido di «esportare la democrazia».

L'atomizzazione del mondo arabo è da tempo un obiettivo di alcuni circoli di potere negli Stati Uniti e in Israele. Nel 1996, quelli che sarebbero diventati i neocon lo avevano teorizzato in un documento passato alla storia con il titolo di *A Clean Break*. In cui i neocon, che presero il potere con Bush jr. e sono ancora influenti sotto Obama, portavano avanti l'idea di un cambio di regime in Iraq da imporre con la forza. E della destabilizzazione della Siria.

Nel marzo 2003, gli Stati Uniti attaccano l'Iraq. Saddam Hussein, il dittatore di Baghdad, non ha nulla a che fare con gli attentati del 2001. Ma bisogna sbarazzarsene: è il primo stadio della strategia per ridisegnare il mondo arabo-islamico. Una mossa che dissesterà l'intera architettura geopolitica costruita dopo la caduta dell'Impero ottomano, e ridefinita con la decolonizzazione.

Le ambizioni degli americani vengono presto in conflitto con gli interessi dei protagonisti sulla scena locale. L'invasione dell'Iraq diventa occupazione. I combattimenti si protraggono e fanno nascere decine di nuovi gruppi armati: c'è chi li chiama «resistenti» e chi «terroristi». Organizzazioni paramilitari prendono piede nelle comunità sunnite come pure in quelle sciite, i due principali gruppi religiosi iracheni. Dapprima combattono contro un nemico comune, l'«occupante americano», poi sprofondano in una sanguinosa guerra fratricida.

Una «succursale» di al-Qaida si costituisce, in questo pantano principalmente nell'Ovest del Paese, sotto il nome di al-Qaida in Iraq: Aqi. La guerra in Iraq e la guerra al terrorismo si confondono. E nel caos che si espande nell'antica Mesopotamia e oltre, tutti vogliono giocare la propria partita: servizi segreti, gruppi rivali, organismi ufficiali e ufficiosi, e soggetti pubblici e privati che esistono solo in nome di quel conflitto senza fine. Si mettono all'opera personaggi poco chiari, come lo sceicco Abu al-Qaqaa di Aleppo, che entra nel grande gioco già nelle prime fasi dell'invasione americana in Iraq. E sarà ucciso prima di poter vedere il terribile risultato del suo lavoro.

Quando in Iraq arrivano le truppe statunitensi, si scatena la corsa a incidere sul conflitto. E a guadagnarci, se possibile. Le autorità di Damasco hanno fin da subito due obiettivi contrastanti: bloccare gli americani in Iraq, per evitare che destabilizzino anche la Siria, e al tempo stesso normalizzare i rapporti con Washington, che sono molto tesi. Il primo obiettivo viene affidato ai militari e ai servizi di sicurezza, il secondo al corpo diplomatico.

L'intelligence siriana, coordinata da Ali Mamlouk, si rivolge a persone della risma di Abu al-Qaqaa. Il giovane sceicco è attivo già da anni nei movimenti islamisti del suo Paese. L'islam politicizzato è già un elemento di instabilità, specialmente nelle regioni più povere. I gruppi, le moschee e i predicatori vengono tenuti sotto stretta sorveglianza, «infiltrati» da doppiogiochisti come al-Qaqaa. Il quale, ora, capisce che negli ambienti estremisti può trovare ciò che gli serve. Basta reclutare volontari siriani convinti di combattere una guerra santa, addestrarli e mandarli a lottare contro gli «infedeli» in Iraq, specialmente nella provincia occidentale di al-Anbar.

Di lì a poco anche combattenti venuti dall'estero, i cosiddetti *foreign fighters*, cominceranno ad affluire verso la Siria. Andranno a ingrossare i ranghi delle forze islamiste attive in Iraq. Abu al-Qaqaa è al cuore di questo traffico: gestisce gli arrivi e l'addestramento in territorio siriano, poi aiuta ad attraversare la frontiera irachena, porosa più che mai.

Intanto il regime di Damasco, ufficialmente inviso agli Stati Uniti, collabora invece attivamente con i servizi segreti americani. Il regime di Assad si offre di incarcerare e interrogare i sospettati di «terrorismo» catturati in America e nel resto del mondo. Un programma che diventerà noto con il nome di *extraordinary renditions*. In pratica: detenzione illegale e torture. Anche l'Italia farà la sua parte: il governo Berlusconi, nel febbraio 2003, aiuterà la Cia a far rapire da Milano l'imam della moschea di viale Jenner, Abu Omar. L'uomo sarà trasferito in Egitto, ma altri finiranno in mano ai boia siriani. Eppure il regime di Damasco, a Washington, è bollato come «canaglia». Assurdo? Nulla è impossibile nel mondo parallelo delle guerre segrete.

E così la rotta clandestina dei jihadisti, quella che fin dal 2003 gli americani chiamano la *pipeline*, comincia a funzionare a pieno regime. Siriani, tunisini, sauditi, yemeniti, afghani e ceceni vanno a combattere e spesso a morire sulle sabbie del deserto di al-Anbar, alle porte di Ramadi, Falluja e Abu Ghraib. Sono guerrieri spietati, aspirano al martirio. E trovano anche degli alleati.

Le tribù che vivono nella regione, di osservanza sunnita, non si sono mai piegate volentieri all'autorità di Baghdad, perfino all'epoca di Saddam Hussein. Schiacciate dal predominio numerico e politico degli sciiti, i sunniti iracheni ora si sentono ignorati e umiliati dai nuovi conquistatori americani. E prendono le armi contro le truppe statunitensi e il nuovo esercito iracheno, che considerano illegittimo. Da sempre vivono di traffici con la Siria (petrolio di contrabbando, sigarette, macchine rubate) e non hanno alcuno scrupolo a unirsi ai jihadisti, che fanno arrivare uomini, armi e perfino automobili cariche di esplosivo. L'alleanza risulta talmente efficace che gli americani perdono il controllo dell'Iraq occidentale, dove al-Qaida potrà farla da padrone fino alla fine del 2006.

Già nel 2005 l'America si rende conto che non potrà mai sconfiggere i ribelli sunniti sul terreno militare, così decide di comprarli. E forma, nella regione di al-Anbar, nuove milizie sunnite, «i figli dell'Iraq». Il loro compito è molto semplice: sbarazzare il Paese da al-Qaida e dai fanatici jihadisti venuti dalla Siria, che si sono attirati l'odio delle popolazioni civili locali. Il piano funziona a meraviglia. I «figli dell'Iraq» trionfano, a partire dal 2007. I jihadisti non sono più i benvenuti nell'Ovest dell'Iraq. Anche perché i più fanatici tra questi gruppi sunniti hanno cominciato a prendere di mira le popolazioni locali, soprattutto gli sciiti, che considerano apostati. Una strategia di violenza contro altri musulmani ispirata dall'uomo che ha preso la guida di Aqi: Abu Musab al-Zarqawi.

Al-Zarqawi è un giordano, uno dei promotori più violenti delle aggressioni contro gli sciiti. È lui il primo a fare delle decapitazioni un grande spettacolo mediatico, diffondendo video su internet. A sostenerlo c'è Abu Ayub al-Masri: la sua specialità è il reclutamento di combattenti stranieri, che è in grado di spostare grazie ai canali aperti dallo sceicco Abu al-Qaqaa di Aleppo. Nel giugno del 2006 viene resa nota la morte di al-Zarqawi e al-Masri prende il suo posto alla testa di Aqi. Presiede alla creazione di una federazione di jihadisti che da allora si chiamerà Isi, Islamic State in Iraq. E a fianco di al-Masri appare la figura di Abu Omar al-Baghdadi, presentato come un federatore capace di raccogliere sotto l'insegna dell'Isi vari gruppi terroristici.

Nel frattempo, gli americani hanno richiamato all'ordine il governo siriano, intimandogli di controllare meglio le sue frontiere, e fermare il flusso dei jihadisti. Truppe statunitensi compiono inoltre raid segreti in territorio siriano per togliere di mezzo i capi terroristi. I siriani capiscono il messaggio e richiamano in patria i propri combattenti jihadisti, per i quali l'Iraq è ormai troppo pericoloso.

Nell'aprile 2010, il comando americano a Baghdad annuncia che un loro raid ha ucciso al-Masri e Abu Omar al-Baghdadi nei pressi di Tikrit. E che sono caduti anche i tre quarti dei responsabili di al-Qaida in Iraq. L'organizzazione, decapitata, si può ormai considerare sconfitta. Le truppe statunitensi possono lasciare il Paese, certe di avere svolto il proprio dovere. Missione compiuta, tanto più che anche Osama bin Laden è stato finalmente localizzato e tolto di mezzo il 2 maggio 2011.

Peccato che già dal maggio 2010 abbia cominciato a circolare un nome che diventerà il simbolo della rinascita dell'idra terrorista. È quello del famigerato Abu Bakr al-Baghdadi, successore di al-Masri e Abu Omar al-Baghdadi, un nome che oggi è sulla bocca di tutti. È lui il nuovo capo dell'Isi, che di lì a poco si farà chiamare Isis, risorto dalle ceneri della guerra in Iraq per alimentare l'incendio della Siria.

Per i mercenari del jihad, infatti, le manifestazioni

in Siria del marzo del 2011 sono un'occasione d'oro per tornare in azione. E la colgono in pieno.

Sotto le pressioni di Washington e la controffensiva delle milizie sunnite irachene, Damasco ha dovuto bloccare il traffico di jihadisti fin dal 2007. Ma che fare di questi combattenti costretti a rientrare con armi e bagagli dall'Iraq? Sono una presenza a dir poco ingombrante.

Per Damasco è sempre più difficile controllare quei fanatici bene addestrati, pronti a vendersi al miglior offerente. Gli episodi di turbolenza si vanno moltiplicando nel Paese. Nel settembre del 2008 il culmine: un'autobomba esplode nei pressi della moschea nonché mausoleo di Sayyida Zaynab, alla periferia della capitale. L'attentato, in uno dei luoghi di culto più sacri dell'islam sciita, farà una ventina di vittime. Lo Stato di polizia si scopre vulnerabile, preda dell'intrico di guerre segrete che dilaniano la regione.

Tra il 2008 e il 2009 lo scontro si fa ancora più violento. Centinaia di islamisti erano stati «liberati» dalla prigione di Sednaya, nei pressi di Damasco, per andare a combattere in Iraq contro gli americani. Al loro rientro sono stati nuovamente incarcerati a regime duro. Si sentono ingannati e non hanno più nulla da perdere. Nel luglio del 2008 si ribellano, disarmano o assassinano i secondini e assumono il controllo. Occorreranno sei mesi di assedio e una feroce incursione dell'esercito siriano per stroncare la rivolta. Il bilancio di morti e feriti non sarà mai reso noto, ma è ormai chiaro che la Siria ha creato un mostro. E il mostro è fuori controllo.

Nel 2011, mentre cominciano a soffiare con forza i venti delle primavere arabe, i servizi di sicurezza di

Assad liberano alcuni capi islamisti detenuti a Sednaya. Pensano di servirsene per infiltrare e inquinare la rivolta popolare che sta contagiando anche la Siria. Ma è un ennesimo errore strategico, che farà sprofondare il Paese in un massacro generalizzato.

Mentre nell'ombra i protagonisti del grande gioco mediorientale si scambiano colpi a tradimento, sul piano ufficiale i rapporti tra Damasco e Washington si aggiustano. Dal febbraio del 2010, dopo cinque anni di assenza, per la prima volta c'è di nuovo un ambasciatore americano nella capitale siriana. Contemporaneamente il responsabile dei servizi segreti siriani, Ali Mamlouk, incontra quello del Dipartimento di Stato per la lotta al terrorismo, Daniel Benjamin. Si parla di distensione.

Il 20 gennaio 2009 a Washington si è insediato il nuovo presidente, Barack Obama, convinto che invadere e occupare militarmente un Paese arabo non sia il modo giusto per combattere il terrorismo. Obama è l'uomo dei droni e degli omicidi chirurgici, dei commando e delle unità speciali, e sotto la sua presidenza gli effettivi delle unità di élite raggiungeranno un totale di quasi settantamila tra uomini e donne. Soltanto nel 2015 interverranno in 135 Paesi. Per i cambi di regime, Obama predilige quello che gli analisti definiscono *smart power*, un misto ben dosato di forza e persuasione. Colpi di mano abbinati a rivoluzioni di palazzo, mascherate da cambiamenti programmati. O da sollevazioni popolari.

La rotta del disastro comincia nei primi mesi del 2011 in una città del Sud della Siria, Deraa, non lontano dal confine giordano. Deraa è una comunità agricola di simpatie conservatrici, afflitta da ripetute siccità e dalla disoccupazione. Un gruppo di bambini scarabocchia su un muro una scritta che intima ad Assad di andarsene. Imitano gesti che hanno visto in televisione e su YouTube, immagini venute da Paesi arabi di cui sanno poco o nulla. «Ben Ali, smamma!» e nel giro di qualche giorno il presidente tunisino fa le valigie. «Mubarak, smamma!» e in men che non si dica il rais egiziano è cacciato dalle stanze del potere. I bambini non sanno che, soprattutto in Siria, la realtà è un po' più complessa. La storia non si scrive sui muri, né su Facebook. Si scrive con il sangue.

La Siria è una faccenda molto seria: è il fulcro dell'equilibrio in Medioriente, e fonte di attriti nei corridoi del potere americano. C'è chi la considera un interlocutore indispensabile per riuscire a pacificare quella parte di mondo, e chi, al contrario, è deciso a smantellare il Paese. Un nuovo Iraq.

Quando cominciano le sollevazioni del marzo 2011, le capitali occidentali sperano che Assad alzi bandiera bianca. Che come Ben Ali e Mubarak ceda all'intimidazione, allenti la presa sul potere, scelga l'esilio. Ma gli occidentali sono molto meno influenti in Siria che in Tunisia o in Egitto. L'esercito è corrotto, ovvio, ma l'infiltrazione da parte di potenze straniere è meno capillare che in altri Paesi arabi. Nell'estate di quell'anno, un gruppo di ufficiali siriani tenta di formare un esercito di liberazione clandestino, ma la cospirazione non decolla. Non si pensa nemmeno di replicare il modello libico: un intervento militare delle forze Nato è fuori discussione.

È chiaro a tutti che per scalzare il regime siriano non basterà qualche bombardamento. L'esercito di

Damasco vive sul piede di guerra da decenni: conflitti e disfatte contro Israele, una guerra civile e un'occupazione ventennale in Libano, senza dimenticare gli attriti con i palestinesi di Yasser Arafat e con gli iracheni di Saddam Hussein. È un esercito male armato e demoralizzato, ma non sarebbe saggio sottovalutarlo.

Nel frattempo in Siria i jihadisti guadagnano terreno. È un'eccezionale occasione per riprendere le forze dopo le sconfitte subite in Iraq. Nell'agosto del 2011 viene creato un ramo siriano dell'Isi, con il nome di Fronte al-Nusra. Nel Sud, nel Nord e nell'Est del Paese intanto prendono vita centinaia di gruppuscoli armati. Alcuni vogliono davvero creare una società democratica in Siria. Altri si limitano a imbracciare le armi per difendere la loro comunità. Molti hanno un unico scopo: approfittare del caos per arricchirsi, combattendo per il miglior offerente.

Vari Paesi gettano benzina sul fuoco. Turchi, qatarioti e sauditi finanziano e armano diversi gruppi ribelli, con o senza l'esplicito consenso di Washington. Dopo l'estate del 2013 questo sostegno viene visto con sempre maggior preoccupazione dagli Stati Uniti. Che insieme a Gran Bretagna e Francia appoggiano i cosiddetti «ribelli moderati», senza sapere esattamente chi siano. L'opinione pubblica europea è inorridita di fronte alla distruzione sistematica della Siria, ma comprende ben poco.

Nel 2013 si scatena un contrasto sanguinoso tra le organizzazioni jihadiste della Siria e quelle dell'Iraq: al-Nusra e Isi. Vince l'Isi, che rivendica il controllo sull'intero territorio, e si cambia il nome in Stato islamico dell'Iraq e della Siria. È l'atto di nascita dell'Isis.

Una nuova sigla nell'universo del terrore, determinata a far impallidire al-Qaida. E che decide di allargarsi da Raqqa di nuovo in direzione dell'Iraq, prendendo Ramadi, Falluja e infine, nel mese di giugno, la grande città di Mosul. Colonne di Suv Toyota nuovi di zecca attraversano il deserto. Da un capo all'altro del mondo gruppi di fanatici radicalizzati agiscono in nome del nuovo Stato-canaglia, aumentando il terrore.

Nel giugno del 2014 al-Baghdadi annuncia la nascita del Califfato. Un grande territorio a cavallo tra la Siria e l'Iraq. Il Siraq. Su ciò che vi accade si racconta tutto e il contrario di tutto. Si parla dell'ordine che vi regna, ma anche delle peggiori atrocità commesse ai danni delle minoranze, dei cristiani, delle donne, degli yazidi.

Di fronte al bombardamento di notizie che arrivano dai fronti caldi del Medioriente, le emozioni che mi assalgono sono molte. Una è la frustrazione. Non posso lamentarmi del mio lavoro, appassionante e gratificante, ma certo non mi permette di lanciarmi in avventure per il mondo. Le mie radici di inviata di guerra cominciano a dolere. La tragedia in cui si dibattono quei Paesi lontani, che conosco e amo, mi chiama. E come Ulisse con le sirene, non posso rispondere.

Tutto ciò che posso fare è telefonare alla mia amica Angela Rodicio, una delle più stimate inviate di guerra della televisione spagnola Tve. Ci siamo trovate insieme su molti fronti caldi e ci vediamo spesso, a Roma o nella sua Madrid. So che sta facendo ricerche per il suo nuovo libro sull'Isis, e che ha viaggiato, tra i molti Paesi, in Iraq e in Kurdistan, al confine con il Califfato. Ha coperto anche il «fronte interno», indagando tra i giovani radicalizzati della Gran Bretagna multietnica.

È nella posizione ideale per dirmi come siano cambiati, dopo gli sconvolgimenti degli ultimi anni, i Paesi in cui abbiamo vissuto e lavorato assieme.

«È pazzesco vedere come la situazione sia tanto peggiorata per le minoranze ovunque, soprattutto dove è intervenuto l'Occidente» esordisce di slancio. Angela ha sempre un tono vivace, ma stavolta la sento particolarmente indignata. «Nel caso delle donne yazide che ho incontrato, per esempio, la comunità ha dovuto cambiare abitudini millenarie per riaccogliere quelle che sono state schiave dell'Isis. Sarebbero state condannate a non trovare mai più un marito, perché non erano più vergini.»

Nei suoi incontri europei, quello che l'ha preoccupata di più è la totale incomunicabilità con i giovani radicalizzati. «Ci considerano bugiardi patologici» dice. «Non guardano le nostre tv, non ascoltano le nostre radio e non leggono i nostri giornali, sono totalmente impermeabili a qualsiasi informazione non provenga dalle loro fonti.» Quel che è peggio è che non ha parlato con reietti delle periferie. Ma con giovani istruiti, formati nelle nostre università.

Ciò che è certo è che l'Isis è diventato un marchio, un franchising. E che nel mondo malato della violenza è ormai funestamente di moda. I leader dell'organizzazione, nascosti in un sotterraneo a Raqqa o in comodi uffici climatizzati in giro per il mondo, producono immagini, filmati, scritti, «contenuti» per internet. Il loro messaggio parla di gloria nella lotta armata, di una società più giusta, di soluzioni semplici e scelte chiare. Un programma irresistibile. La serietà del progetto è garantita dal marchio «Doc»: l'islam, una religione che non ha paura di farsi valere in un universo senza Dio.

Nel caos di un mondo arabo in pieno naufragio e nelle incertezze di un Occidente in crisi, l'Isis rappresenta un'alternativa concreta. Ogni giorno centinaia di migliaia di persone cercano di entrare in contatto con quella realtà virtuale. Una specie di shopping nel supermercato del diavolo. La stampa riprende e amplifica gli episodi più ripugnanti, come le decapitazioni accuratamente inscenate e le esecuzioni pubbliche. Quelle immagini vengono chiamate «informazioni», anche quando non sappiamo se siano autentiche né da dove provengano.

La violenza e la propaganda chirurgica dell'Isis esercitano un fascino ipnotico sulla comunità musulmana europea. Giovani in cerca di una causa partono per la Siria decisi a combattere, sposarsi, partecipare. Sono una ristretta minoranza, ma le loro storie diventano leggenda. Anche perché vengono rovesciate senza alcuna precauzione su un'opinione pubblica che ormai ha paura di tutto.

Ma per parafrasare la domanda di Stalin a Yalta: quante divisioni ha l'Isis? A ben guardare, dal punto di vista strettamente militare è ben poca cosa. Nel dicembre 2015 il generale Didier Castres, uno dei pezzi da novanta dell'esercito francese, dichiara quanto segue di fronte alla Commissione per gli affari esteri della Difesa e delle forze armate del Senato: «In Siria e in Iraq, secondo le stime, le forze combattenti dell'Isis sono pari a circa trentamila unità, il 40 per cento delle quali costituito da combattenti stranieri».

L'Isis non ha, inoltre, un'aviazione: il dominio dei cieli è lasciato alle forze alleate occidentali. Secondo Alessandro Orsini, direttore del Centro per lo studio del terrorismo dell'Università di Roma Tor Vergata, «tra il settembre 2014 e il mese di dicembre 2015, la coalizione guidata dagli Stati Uniti ha condotto circa novemila raid aerei contro le postazioni dell'Isis, secondo quanto riporta il sito del governo americano. Questo significa che l'Isis ha avuto novemila occasioni di abbattere un aereo americano, ma ne ha abbattuti zero. L'unico aereo colpito, quello del giordano Muath al-Kaseasbeh che fu bruciato vivo il 3 febbraio 2015, cadde per un guasto tecnico il 24 dicembre 2014».

Il vero potere di questa organizzazione terroristica è quello finanziario, conclude Orsini. E deriva da quattro fattori: le tasse imposte alla popolazione, il petrolio (il cui prezzo però è in calo), i rapimenti, e i «riscatti» chiesti alle minoranze religiose se vogliono aver salva la vita.

E dall'altra parte? È ancora Didier Castres a elencare le forze che tengono testa all'Isis: «Centoquarantamila curdi nel Nord dell'Iraq, settemila curdi siriani e centotrentamila membri delle forze di sicurezza irachene. In Siria, inoltre, opera una variegata costellazione di soggetti combattenti quantificabile in centomila elementi, ottantamila dei quali, secondo gli esperti francesi, appartengono a gruppi terroristici designati come tali dalle Nazioni Unite o a dei gruppi salafiti estremisti».

Il generale, però, alla fine della sua disamina gioca la carta della prudenza. E formula una domanda retorica, forse troppo: «Dobbiamo combattere con le truppe di terra? Possiamo permettercelo?». Risponde così: «È chiaro che per riprendere il controllo delle zone che attualmente si trovano nelle mani dei terroristi, i bombardamenti non basteranno. Allo stato attuale delle cose un'operazione di contro-insurrezione esula dai mezzi dei Paesi arabi e dalle intenzioni dei Paesi occidentali».

La situazione del Califfato di al-Baghdadi, invece, si deteriora senza il bisogno di un intervento di terra. Sotto i bombardamenti, prima americani e poi russi, l'Isis perde terreno in Siria e in Iraq. All'inizio di aprile 2016 i miliziani sono in difficoltà, e i capi eliminati uno dopo l'altro dalle operazioni speciali americane. Sembra quasi che il mostro che ha preso il posto di al-Qaida come nemico numero uno dell'Occidente sia sul punto di dissolversi. Per resuscitare altrove, forse, e tornare a seminare la paura.

A Damasco, Assad, che ha manipolato la furia dei jihadisti senza riuscire a controllarli, è in bilico su un cumulo di rovine. I suoi rivali nella regione hanno dovuto ridimensionare le proprie ambizioni di fronte all'alleanza di fatto tra Washington e Mosca. E l'equilibrio dipende ora da un attore che ha fatto un ritorno trionfale: l'Iran.

3

Catania, all’ombra dell’Elefante nero

Il grande Elefante nero guarda lontano, certo più lontano di noi. Come i migranti che approdano sulle coste siciliane, le sue origini sono africane. Ma si perdono nella notte dei tempi. Nessuno sa con certezza quando sia stata scolpita questa statua in pietra lavica, che domina la piazza principale di Catania. Forse è di epoca cartaginese, certo è stata restaurata più volte, danneggiata da terremoti ed eruzioni lungo i secoli.

«È il simbolo della città» mi spiega Enzo Bianco, sindaco di Catania, affacciandosi accanto a me sul balcone del palazzo del Comune. Quando gli chiedo perché, mi risponde che è per le tre caratteristiche principali di questo animale: la forza, il lavoro, la memoria.

I suoi vivaci occhi scuri osservano soddisfatti la piazza, che si apre davanti a noi con l’inconfondibile barocco in bianco e nero dei suoi palazzi. Sembra splendere nel sole di un febbraio che è già quasi primavera, e brulica di cittadini di ogni tipo e di ogni colore.

«Catania vuole diventare sempre più la città della solidarietà» mi spiega il sindaco, mostrandomi un sondaggio che assegna a questo capoluogo un indice di accoglienza dell’81 per cento. È al primo posto tra le città d’Italia messe a confronto. Di certo, è in prima linea. Enzo Bianco mi racconta i primi anni della grande emergenza migratoria, dopo le primavere arabe del 2011. Gli sbarchi avvenivano a ondate, mancavano attrezzature e fondi, a un certo punto erano stati requisiti dal Comune tutti i palazzetti dello sport, che ospitavano cinque-seicento migranti l'uno. Momenti difficili. Solo nel 2013 sono arrivati ottocento minori non accompagnati, di cui si è dovuta far carico la sua amministrazione. I fondi governativi sarebbero stati assegnati dall'anno successivo.

Non sono mancate le voci di dissenso, in una terra non certo ricca. Con poche risorse disponibili, perché non mettere al primo posto i siciliani? Ma in realtà, conclude Bianco, la risposta della popolazione è stata esemplare.

«Telefonavo all'ospedale e nel giro di poche ore mi arrivavano trecento, quattrocento pasti caldi. Tutti si sono dati da fare.»

Dovunque possibile, i migranti rimasti a Catania sono stati smistati in condomini nel centro, in piccoli nuclei di sei-otto persone, per evitare di creare ghetti.

E non c'è stato solo da pensare ai vivi. Tra le cose di cui lui è personalmente più orgoglioso c'è la tomba monumentale che ha fatto realizzare al cimitero, per dare l'eterno riposo a diciassette morti senza nome arrivati sulle sue spiagge. Sulla lapide, in mancanza di qualsiasi informazione, ha fatto incidere la poesia *Migranti* di Wole Soyinka. «Ha diciassette versi» mi spiega un po' commosso, ricordando la cerimonia interreligiosa organizzata per quelle vittime del mare. «Oggi chi va a mettere un fiore sulla tomba del proprio caro, già che c'è, spesso ne porta uno su quella degli stranieri sconosciuti.»

I morti di nessuno che diventano morti di tutti: anche questa è Catania.

Sono venuta in municipio per assistere alla firma del protocollo d'intesa tra il Comune e Occam, l'Osservatorio per la comunicazione culturale e audiovisiva, con cui si avvia un progetto chiamato E-Med-Med. Catania diventerà uno hub per l'assistenza sanitaria tra i Paesi del Sud del Mediterraneo. Ci vorrà al massimo un anno, promettono i responsabili: quattro mesi per stendere il progetto e altri otto per renderlo operativo. Grazie alla telemedicina, sarà possibile visitare i migranti già nel Paese di partenza, rendere più rapidi gli scambi di conoscenze, fare formazione continua.

«L'obiettivo è monitorare la loro salute, fornirli di una tessera sanitaria che poi porteranno con sé nei loro spostamenti in Europa, mettere in rete i loro dati» mi spiega il sindaco Bianco.

Un progetto che risponde a una paura precisa, e molto forte tra gli italiani: quella delle «nuove malattie» che potrebbero arrivare, particolarmente dalle zone più remote dell'Africa.

«In realtà, la maggior parte di loro ha malattie dovute alle condizioni del viaggio: freddo, denutrizione, disidratazione» elenca la dottoressa Soad Bosseri, diabetologa venuta da uno dei migliori ospedali della Libia per firmare il protocollo. È la stessa cosa che mi hanno detto al porto di Augusta. «Qualcuno però può averne altre come la scabbia, o patologie polmonari come la tubercolosi. O l'Hiv, la più pericolosa: perché anche se sanno di averla non lo dicono.»

Certo, hanno paura di essere rimandati indietro. Ma con un virus come l'Hiv, la diagnosi è ancora più necessaria.

«C'è anche un altro problema» aggiunge la dottoressa. «Molti parlano solo la lingua del Paese di origine, non conoscono i termini per descrivere i loro sintomi.» Grazie ai presìdi che saranno creati nei Paesi di partenza (Marocco, Libia, Tunisia...) almeno questa difficoltà potrà essere superata. Così come quella relativa alle vaccinazioni.

«Non dimentichiamo che anche loro rischiano» mi fa notare il medico. «Noi possiamo infettare i migranti, perché non hanno i nostri stessi anticorpi.»

In ogni caso, mi rassicura Bianco con il suo aperto, contagioso sorriso, «le cosiddette "nuove malattie" non esistono, e nemmeno il pericolo di una bomba sanitaria».

La sensazione è che la gigantesca tragedia umana che stiamo vivendo sia anche uno stimolo per attivare nuove reti di comunicazione. E far crescere scambi proficui attraverso il Mediterraneo.

Il piglio da lottatore del sindaco mi conferma che non per questo la strada è in discesa. Ma esco dal suo splendido Palazzo degli Elefanti per andare a visitare un altro esempio di insostituibile lavoro sul territorio.

La Comunità Futura, nel cuore di Catania, è un grande appartamento dove tutto è colorato: dalle pareti dipinte di verde, giallo, arancio e blu, ai copriletto coordinati nelle linde stanze da due o tre letti, fino ai bicchieri sul lungo tavolo della sala comune. Qui abita uno strano tipo di famiglia, composta da operatori del sociale, alcuni volontari, e da dodici ragazzi, tutti minori. Che hanno problemi con la giustizia: dieci sono sottoposti a procedimenti amministrativi, due a procedimenti penali.

Aziz è uno di questi due: ha sedici anni, ed è sotto processo come scafista. Viene da Rashid, a nord del Cairo, ed è arrivato in Italia il 19 maggio 2015, dopo diciotto giorni per mare, su un barcone che portava duecento persone.

Gli chiedo come mai ci abbiano messo tutto quel tempo per fare il viaggio dall'Egitto e mi spiega che si fermavano a pescare. Lui era incaricato di distribuire a tutti i pasti e l'acqua, bassa manovalanza insomma.

Possibile che sia finito in prigione per questo? Ma i responsabili della comunità mi spiegano che la condanna sarà lieve, e che nel frattempo il ragazzo sarà tenuto sotto tutela e controllo fino ai ventuno, e forse ai venticinque anni. Il suo reinserimento nella società verrà seguito e favorito. Essere stato incriminato, in realtà, per lui è quasi una fortuna. Casuale, o programmata? Non si sa.

Di certo quello che mi trovo davanti è un adolescente come tanti altri, con gli stessi jeans e gli stessi atteggiamenti dei suoi coetanei. Ha un gran ciuffo di capelli scuri, occhi grandi che tiene quasi sempre fissi sul tavolo. È cortese ed educato, anche se sorriderà solo una volta, durante la foto di gruppo.

La prima versione di Aziz è che lui e due suoi amici hanno incontrato gli scafisti durante una passeggiata in riva al mare, e che questi li hanno convinti a tentare il viaggio.

«Hanno detto che ci facevano viaggiare gratis, e ci avrebbero anche dato un po' di soldi. Ma poi non ci hanno pagato» puntualizza amaro.

La storia mi sembra poco plausibile. Adescato da sconosciuti in riva al mare, come Pinocchio con il Gatto e la Volpe? Il ragazzo allora ammette che uno degli scafisti lo conoscevano già, era suo cognato. E soprattutto che la decisione di partire lui l'aveva già presa, e discussa con il padre. Dei fratelli di Aziz, sei tra maschi e femmine, uno è già in Italia dal 2013.

«È partito a undici anni, il papà non voleva ma lui ha insistito» racconta con un po' di orgoglio per il fratellino. La madre, evidentemente, non ha avuto voce in capitolo. Il ragazzino, anche lui sistemato in un centro per minori di Catania, mandava foto e messaggi entusiastici sul suo nuovo Paese.

Chiedo ad Aziz perché abbia deciso di emigrare e mi spiega che in Italia pensa di avere più possibilità di studiare. Andava a scuola anche in Egitto, e dopo le lezioni faceva il cameriere. Ma vorrebbe imparare le lingue e poi trovare «un bel lavoro». Non ha le idee molto chiare su quale, forse il falegname, specifica dubbioso.

Il viaggio è stato duro? No, non molto. Certo, dormivano sul pavimento del barcone, mancava l'acqua ed erano costretti a bere quella del mare, dopo aver aggiunto zucchero. Sì, quando le onde erano alte ha avuto paura. Ma sul barcone non ci sono stati né violenza né morti. Uno degli scafisti gli ha persino permesso di reggere il timone, una volta che doveva andare in bagno. Le foto che mi mostra, di lui e dei suoi amici, sembrano i selfie sorridenti di tre ragazzi in gita.

È stato traumatico, invece, l'arresto. Capisco da come lo racconta che essere preso dalla polizia italiana e portato in prigione è stato un brutto colpo. Lui è cresciuto in una famiglia onesta, padre tassista e madre casalinga. E anche i nove mesi nel carcere minorile non gli sono certo piaciuti. Forse per questo, quando gli chiedo se tornando indietro prenderebbe la stessa decisione, scuote con forza la testa. No, resterebbe a Rashid. Ma ora è troppo tardi, vuole che almeno tutto quello che ha fatto sia servito a qualcosa.

Gli auguro di cuore di trovare la sua strada, che

sia quella di un falegname poliglotta o un'altra. Mentre esco dalla comunità, la scritta che campeggia sulla parete verde della sala comune sembra farsi beffe di tutti noi: «Felicità non è avere ciò che si desidera, ma desiderare ciò che si ha». Caro Oscar Wilde, non sempre è possibile.

Lo chiamavano Residence degli Aranci, quattrocento villette affittate ai soldati americani di stanza nella vicina base di Sigonella. Dal 2011 è il Cara, il Centro di accoglienza per richiedenti asilo politico. In questi anni è stato fonte di polemiche e scandali, dagli appalti truccati allo scambio di voti fino alla tragedia del caporalato nelle campagne del Sud. L'accoglienza, si sa, è anche un business. Si è parlato di ghetto, di case stipate di esseri umani in condizioni igieniche e sanitarie precarie. Le gare d'appalto per la gestione sono finite nel mirino dell'inchiesta della procura di Roma su Mafia Capitale. E due delle sette società che forniscono servizi al centro sono state commissariate, come mi confermeranno gli stessi attuali responsabili del Cara. Ma questo luogo è una delle risposte che la Sicilia ha dato a un'emergenza che non sempre è stata aiutata a gestire. Voglio vederlo di persona, il villaggio della speranza, o della disperazione.

Dopo un'ora in macchina tra gli aranceti, arrivo nel mezzo del nulla. Jacques e io veniamo scortati dall'ingresso, sorvegliato da militari armati, fino alla villetta che ospita gli uffici sull'ampia via principale del campo. Ci accompagna anche un cane randagio assai amichevole, la «colonia» del Cara ne conta una settantina.

I giorni in cui questo centro, che può contenere

fino a tremila persone, ne ospitava quasi cinquemila sembrano lontani. Oggi sono meno di milleottocento, attraverso vie quasi vuote a parte qualche curioso dall'aria diffidente. È passata da poco l'ora di pranzo e molti residenti, timbrato il loro badge, sono fuori. Chissà dove vanno, in questa campagna desolata e con il paese più vicino, Mineo, a chilometri di distanza. Chissà a fare cosa, per chi non ha ancora il permesso di soggiorno temporaneo che permette di trovare un lavoro.

Dall'ottobre 2011 è direttore Sebastiano Maccarrone, che mi riceve nel suo ufficio. Le pareti grondano attestati e quadretti: una Madonna della strada, un Sacro Cuore di Gesù… persino una targa che celebra la prima squadra di calcio formata unicamente da richiedenti asilo.

Solo negli ultimi due anni, mi dice Maccarrone, sono passate di qui cinquantamila persone. Dal 2015, grazie al d.l. 142, dopo sessanta giorni, in attesa del visto d'asilo, viene rilasciato un documento provvisorio, un permesso di soggiorno che consente, intanto, di lavorare. Una volta ricevuto il visto, per la maggior parte di loro, la meta sono i Paesi del Nord Europa.

Maccarrone nel 2014 ha dovuto fronteggiare persino una rivolta: «Tre o quattro ore di blocco del campo e l'incendio di un mezzo» minimizza, «la gente era esasperata per i lunghi tempi di attesa e i disguidi causati dal sovraffollamento… Fino a qualche anno fa, d'altra parte, prima di ottenere i documenti e poter ripartire passavano diciotto-venti mesi». Non abbiamo fatto la traversata della morte per finire chiusi qui, protestavano i migranti.

«Qui» è un singolare villaggio che conta circa trenta nazionalità diverse. Al momento, i residenti provengono quasi tutti dall'Africa subsahariana: Nigeria, Ghana, Gambia, Costa d'Avorio... Ma anche da Bangladesh e Pakistan. Sono soprattutto giovani uomini, ma non mancano una ventina di famiglie, in gran parte monoparentali, donne sole con bambini, o altre che, incinte, hanno partorito dopo l'arrivo.

I piccoli vengono mandati a scuola a Mineo, ma tra il personale del centro abbondano, oltre ad avvocati e psicologi, gli insegnanti: di italiano innanzitutto, e poi di altre lingue, di informatica, di cucito. Gli iscritti sono circa millequattrocento, cioè quasi tutta la popolazione.

«Però istruire quelli che vengono dai villaggi più remoti non è facile» mi fa notare il direttore. «Parlano solo la propria lingua. Per fortuna abbiamo molti e preparati mediatori. E infatti ce li chiedono da tutto il territorio: ospedali, questure, tribunali...» La comunicazione con questi nuovi aspiranti europei è per tutti un problema primario.

L'Italia è al centro di un'impresa che non si era mai vista nella storia, sostiene Maccarrone: questo non è un flusso migratorio, è un vero esodo di massa. Guardo le molte foto alle pareti che lo ritraggono in mezzo ai suoi «cittadini». Mille pose sorridenti a sottolineare l'idea di un'isola di serenità nel cuore di un'immane tragedia. «Siamo una grande famiglia» conclude.

Una famiglia felice? Chissà. Gli chiedo se tra le molte differenze culturali emergano, per esempio, quelle religiose, dato che lì abitano per metà musulmani e per metà cristiani. Nega con forza.

«Non ci sono mai stati problemi religiosi né tantomeno scontri» sostiene. «Il campo ospita una chiesa e una moschea. Quando ci sono stati eventi internazionali drammatici, come i fatti di Parigi, si sono riuniti a pregare assieme.»

Un quadro molto rassicurante. Ma le storie di queste persone di certo non lo sono. Voglio ascoltare in particolare quelle delle donne. Se sono loro, come penso, il futuro dell'integrazione nel nostro Paese, quali percorsi e quali aspettative hanno? La stessa Asmaa, la mediatrice culturale che mi accompagna nella stanza delle interviste, è un'immigrata, del tutto regolare. Viene da Rabat, ha studiato lingue e diritto, e ci tiene a specificare che appartiene a una famiglia aristocratica del Marocco. È colta e combattiva, oltre che bella come un'attrice, con i suoi occhi verdi e il sorriso perfetto. È musulmana ma non porta il velo sui capelli scuri, ricci, raccolti in una coda: «Non ne sento la necessità, la fede è un discorso tra me e Dio, non una questione estetica» sostiene. È arrivata in Italia come coordinatrice amministrativa. «Mi sento italiana» dice semplicemente, e definisce «impareggiabile» l'accoglienza siciliana.

Hasna, la prima delle mie intervistate, è siriana. Ha trentacinque anni, un figlio di dodici, e un marito, tutti qui al campo. Vengono da un paesino vicino a Homs, hanno lasciato la Siria tre mesi fa pagandosi un passaggio per il Libano e poi un volo per la Turchia. La parte più dura è stata la traversata fino in Italia.

Non si sono fermati in Libano perché in quel Paese non sono molto generosi con i profughi siriani, sostiene, ma anche per timore che la guerra da cui scappavano arrivasse fin lì. Tutta la sua famiglia è fuggita, la madre e la sorella si sono rifugiate dal fratello che lavorava già in Arabia Saudita. Ma suo marito Ahmed ha deciso di venire in Italia, dove pensa che il futuro sarà migliore. «In Siria non è rimasto nessuno tranne il regime e l'Isis: adesso che se la vedano fra di loro» conclude amareggiata Hasna.

Il suo villaggio è stato risparmiato dai bombardamenti. Ma racconta che la sua famiglia, come tutti gli abitanti, si è trovata presa negli scontri tra le truppe fedeli ad Assad e i miliziani dell'Isis. «I soldati arrivavano di casa in casa, e noi dovevamo fuggire, fino a che i soldati di Assad riconquistavano il quartiere e potevamo tornare» spiega. Una situazione che sembra folle. Alcuni suoi conoscenti che lavoravano per l'amministrazione di Assad, dice, sono stati uccisi dall'Isis senza pietà.

«Sono musulmani che non conoscono l'islam» è la sua conclusione. «La religione non è questo: frustare le donne che escono di casa, costringerle a portare il velo integrale, vietare la televisione...»

Anche se la guerra finirà, non vuole tornare nel suo Paese, ha già visto abbastanza sofferenze. «L'Italia è bella, è come la Siria prima della guerra. Qui la gente si ama.»

La nostra conversazione si è svolta con la mediazione di Asmaa, perché Hasna non parla italiano. Le chiedo se frequenta i corsi di lingua, al centro, e annuisce. «Ma è un problema» ammette, perché non sa né leggere né scrivere e «alla sua età è difficile imparare». In compenso le piace lavorare con ago e filo ed è brava anche con la macchina da cucire.

Hasna, in Italia, si sente finalmente al sicuro e prega solo che il marito, piastrellista, possa trovare un lavoro. E che il figlio continui a studiare. Ma mi confida anche che non ha contatti con il mondo esterno, nemmeno con la comunità del campo a parte qualche visita in moschea. C'è da chiedersi con quanta curiosità, con quanta comprensione della sua nuova patria, affronterà la sfida dell'integrazione.

Quando però nella stanza entrano Zara, Amira e Isha, capisco che quanto a traumi non ho ancora visto niente. I nomi, ovviamente, sono di fantasia. Vengono tutte dalla Costa d'Avorio, sono musulmane e, attraverso il deserto, sono giunte in Libia. Lì si sono imbarcate per l'Italia. O piuttosto sono state imbarcate, dicono, dopo una vera e propria discesa all'inferno. Parlano francese, seppure assai accentato, ma Jacques capisce al volo la situazione ed esce discretamente dalla stanza: un uomo sarebbe di troppo. Rimango sola con le tre donne, più Asmaa e un'altra mediatrice culturale.

Zara ha vent'anni e racconta di essere sfuggita all'infibulazione e a un matrimonio forzato. Scappata di casa insieme al giovane di cui era innamorata, ha raggiunto casa di lui in Niger, dove però non è stata bene accolta dalla suocera. La bambina che portava in grembo è morta durante il parto, per mancanza di cure. Alla fine lei e il suo uomo hanno deciso di rifarsi una vita in Libia, ma nemmeno lì Zara ha avuto diritto alla pace. La sua storia continua tra violenze domestiche, il marito che la butta sulla strada, l'incontro con una banda di stupratori. «Ho pregato, e pregato, e pregato. Ho desiderato morire» conclude. E anche se la mediatrice culturale la conforta, non trattiene i singhiozzi.

Anche Amira piange, mentre parla, e urla, lancia invettive contro i suoi torturatori. È scappata dopo essere stata data come terza moglie a un uomo che la picchiava, mi dice, ma una volta arrivata in Libia ha incontrato la stessa sorte di Zara: licenziata dalla donna per cui faceva le pulizie, è finita a dormire in stazione ed è stata vittima di violenze di gruppo, sequestrata per mesi in una stanza in balia di ogni forma di sevizie.

Isha è scappata dal marito violento soprattutto per il bene della figlia di sette anni. Con lei ha raggiunto in Libia il fratello muratore, e per un po' è sembrato che avesse trovato la serenità. Ma poi lui ha denunciato un uomo molto potente che non gli aveva pagato un grosso lavoro, racconta, e una notte in casa loro sono arrivati tre uomini, tre sicari. L'hanno violentata di fronte al fratello e alla bambina, e poi l'hanno portata via. Due mesi di abusi chiusa in una casa con la figlia, che dice, grazie al cielo, non è stata toccata. «Volevo solo morire in mare» conclude anche lei, come Zara.

Già, in mare. Perché per queste tre donne l'epilogo della storia è su un barcone. Dove i torturatori, sostengono, le hanno caricate per sbarazzarsi definitivamente di loro.

Guardo Asmaa: perché? Perché affrontare la spesa di un passaggio per l'Italia? Ho paura che la risposta possa essere solo una: per alimentare il mercato della prostituzione.

«Per liberarsene» è la versione di Asmaa.

«Ma perché non ucciderle subito e buttarle in mare, allora?» Nel caos della Libia, dubito che i corpi di tre povere sconosciute sarebbero stati notati.

«Non lo so» risponde Asmaa. «Ma prima le musulmane non venivano toccate. Ora non risparmiano più nessuno. Neanche gli uomini.»

Capisco che non otterrò altri chiarimenti, e forse non ne ho bisogno. Le storie di queste donne sono molto simili, ed è impossibile non notarne le incongruenze, le zone d'ombra. Su cui si può solo farsi un'idea.

Tornando verso la macchina che ci riporterà di corsa a Catania, Jacques mi prende cavallerescamente la borsa pesante e ascolta le storie che ho raccolto. Pesanti anche quelle.

«La storia è una sola. La più vecchia del mondo» commenta infine. Annuisco.

Queste donne scappano davvero da matrimoni forzati e mutilazioni, oppure si tratta di storie inventate per ottenere lo status di rifugiate politiche? Volevano davvero fermarsi in Libia e sono state imbarcate a forza, o la loro meta era l'Europa fin da principio? Hanno venduto il loro corpo per pagarsi il viaggio, o sono state ingannate e rapite? L'unica cosa di cui sono certa è che non sono finte le loro lacrime, né il loro trauma. E che la vita che le aspetta, con violenze senza nome alle spalle e pochi mezzi, in un Paese straniero e a sua volta in crisi, non è certo facile. Ancor meno se fuori da questa recinzione, o addirittura al suo interno, c'è un «protettore» pronto a ricominciare a sfruttarle, come mi ha raccontato Ahmed al porto di Augusta.

Penso alle parole della dottoressa libica, alcune ore fa. Al fatto che una delle poche malattie di cui davvero dobbiamo preoccuparci è un virus sessualmente trasmissibile, l'Hiv. Nell'Africa subsahariana ne è affetto il 40 per cento della popolazione, mi ha detto. E i volontari dell'associazione anti-tratta che avevo incontrato qualche anno fa, quando scrivevo *Streghe*, mi avevano comunicato i dati sugli «utenti» della prostituzione in Italia. Un uomo su quattro. Molti con famiglia.

Mi abbandono contro il sedile mentre la macchina passa accanto ai soldati di guardia. La sera scende su un paesaggio che mi appare più aspro di prima, ignoto, pieno di pericoli. Nonostante i mezzi messi in campo, la sfida della mediazione culturale e dell'accoglienza è tutt'altro che vinta. Ottenere asilo dal proprio passato non è possibile, e tantomeno dal futuro.

Ritrovarmi nel cuore della città è un grande conforto. La mia ultima tappa siciliana è una delle cinque moschee catanesi, la Moschea della Misericordia. Inaugurata nel 2012 in pieno centro, è la più grande di tutta la Sicilia e il più vasto luogo di culto islamico del Sud Italia, realizzato grazie a una generosa donazione del Qatar: due milioni e mezzo di euro.

L'imam, Keith Abdelhafid, mi accompagna assieme alla moglie Rabia a visitarla. Sono giovani e molto ospitali, e l'approccio è subito cordiale. Davanti a noi un assistente srotola un tappeto in modo da poter evitare di toglierci le scarpe. Con un gesto che mi ricorda tanti e tanti viaggi mediorientali, mi avvolgo la sciarpa attorno alla testa a mo' di hijab, ed entro. È un ambiente davvero bello, i tappeti folti e puliti, le piastrelle decorate in ceramica, i quadri calligrafici in arabo. L'imam mi fa notare con fierezza che i lampadari sono stati realizzati sul modello esatto di quelli della Mecca.

«In Arabia Saudita sì che si vive bene» dice Rabia.

Non posso fare a meno di sobbalzare. Sono stata più volte in Arabia Saudita, ovviamente coperta da capo a piedi. Oggetto di pesanti avance da parte di uomini che, in quanto occidentale, evidentemente mi consideravano di facili costumi. E senza mio marito, il mio «protettore», non avrei potuto nemmeno scendere dall'aereo.

«Perché dici questo?» chiedo in tono fermo. «Vorresti vivere in un Paese in cui non puoi guidare la macchina, non puoi uscire con chi ti pare e sei eternamente sotto la tutela di un maschio?»

«Noi crediamo che non abbiano libertà, ma non è così.» Rabia scuote il capo con decisione. «Non devono fare niente in casa, hanno piscine, vestiti, auto...»

Però non possono guidarla, l'auto! E anche se potessero, non sarebbe permesso fare visita a chi vogliono perché devono stare separate dagli uomini. Ma è inutile argomentare: l'unica altra donna del nostro piccolo gruppo sostiene che le saudite sono felici e privilegiate. Che solo a me, in quanto occidentale, la regola della separazione tra i sessi sembra strana. Che per alcune culture è la norma e le donne preferiscono così.

Anche in Italia, alcuni decenni fa, si diceva che noi donne «preferivamo» così. Che certe cose erano «meglio per noi». Quando poi abbiamo potuto scegliere, si è scoperto che non era proprio vero.

Guardo in alto nella moschea, osservando i ben due piani di balconate per ospitare le donne e i bambini. Tradizionalmente gli spazi di culto sono divisi, anche se l'islam ammette la preghiera comune. Mi limito a commentare, ed è vero, che è un ambiente molto bello. Due milioni e mezzo di euro spesi bene, per il Qatar, che può permetterselo.

Per la nostra chiacchierata, passiamo in un ufficio ordinato, dominato dall'intenso odore di qualche preparato anti-zanzare. Dietro al divano su cui mi siedo, la finestra è aperta. La temperatura si è abbassata di colpo, al calare del sole, e mi stringo nel piumino. Rabia ci procura un tè caldo alla menta, ben zuccherato. Una tradizione mediorientale che in questo momento apprezzo più che mai.

L'imam Keith è un uomo giovane e curato, dai corti capelli neri e senza barba. Gli chiedo innanzitutto quanti musulmani ci siano in città.

«Dai venti ai venticinquemila» risponde. «E circa centomila in tutta la Sicilia... Non è un dato ufficiale. Ne saranno passati almeno centottantamila, per l'isola.»

Migliaia di musulmani e niente spazio al camposanto. L'amministrazione comunale non è ancora riuscita a organizzarsi, a quanto mi ha detto il sindaco Bianco non c'è posto per nessuno, in realtà.

«Abbiamo comprato un lotto al cimitero di Messina» spiega l'imam. «Ma è piccolo, oltre che lontano... Comunque, Catania è un modello di integrazione e convivenza. Guarda qua, la moschea è a due passi dal duomo.»

Lui è in Italia da quasi ventidue anni e, come tutti i musulmani, vorrebbe vedere la sua religione riconosciuta ufficialmente dallo Stato, non diversamente dai buddhisti o dai valdesi. La cosa, però, non è facile. Anche perché, obietto, ai vari tavoli organizzati per discuterne, le molte organizzazioni che rappresentano le comunità islamiche – dall'Ucoii al Ccii all'Umi alla Coreis ai vari Caim e Cail – si sono presentate sempre rigorosamente divise.

«Nulla impedirebbe allo Stato di fare un accordo con una o più delle organizzazioni principali» obietta l'imam. «Se ci fosse la volontà politica...»

La volontà politica dovrebbe però esserci anche da parte loro, ribatto. Non può essere così arduo mettersi d'accordo su pochi punti fondamentali da portare avanti in un'intesa con lo Stato. Alla fine ammette che qualche problema interno in effetti ce l'hanno.

«E ci costa molto» aggiunge. «Se pensiamo solo alla

possibilità di ricevere le donazioni dell'8 per mille sulle tasse come accade per altre religioni...»

Immagino che, se già è un problema far parlare con un'unica voce le diverse comunità, quando ci fossero dei soldi da spartire si rischierebbe il caos. Provo a chiedere quali potrebbero essere i punti su cui concordare.

«Vorremmo veder riconosciute le nostre festività» mi risponde. «Per fortuna ne abbiamo solo due importanti: Id al-fitr, la fine del digiuno del Ramadan, e Id al-adha, la Festa del sacrificio. Ma i fedeli hanno il diritto di viverle in famiglia.»

Se penso a tutte le polemiche sulle aperture domenicali e sulle feste comandate degli ultimi anni, già mi immagino una strada in salita. D'altra parte, perché un Paese dovrebbe fermarsi per ogni solennità delle varie religioni? L'unica via mi sembra lasciare i necessari giorni di permesso all'accordo tra dipendenti e aziende. Anche perché se cominciamo con le feste comandate, magari sui luoghi di lavoro serviranno anche luoghi e tempi dedicati al rito? Rispetto ad altri culti, per un musulmano la preghiera incide molto di più nella quotidianità. È un obbligo farla cinque volte al giorno, a orari ben precisi, dopo abluzioni rituali.

«Dipenderebbe dalla quantità di musulmani nell'azienda, immagino.» Ovviamente all'imam sembra una buona idea, ma non la vede come una rivendicazione necessaria. «Sarebbe importante, questo sì, che ci fossero spazi per pregare nelle carceri, dove la loro assenza è un problema.»

La vera richiesta però è di poter avere cimiteri islamici e la cosa più importante, le moschee. Nella Catania dell'integrazione gliel'hanno lasciata costruire, e accoglie anche corsi di alfabetizzazione e di formazione per uomini e donne, una scuola per i bambini, seminari contro il terrorismo. Il tutto sotto gli occhi dei cittadini e dell'amministrazione comunale, e nel rispetto della convivenza. In altre città, però, la situazione è ben diversa.

«A Milano ci sono più di centomila musulmani e solo una moschea, ti sembra possibile? Abbiamo figli che sono nati e cresciuti in Italia, una seconda generazione che ha diritto a vivere normalmente la propria fede, nel proprio Stato.»

Su questo sono pienamente d'accordo. Non solo perché la libertà di culto è sancita dalla nostra Costituzione, ma anche perché tutti gli esperti di terrorismo e di intelligence concordano sul fatto che tirare fuori l'islam italiano dai garage e dagli scantinati è più che urgente. Impossibile infatti, in queste condizioni, controllare tutte le comunità, tutti gli imam. E il rifiuto di concedere spazi per le moschee antagonizza ed esaspera anche i cittadini che, altrimenti, non avrebbero motivo di lamentarsi del Paese che li ospita.

Al momento, sappiamo bene che la galassia frammentata e occulta dei luoghi di preghiera islamici, oltre ottocento noti e chissà quanti clandestini, è il terreno di coltura ideale per il fanatismo.

Anche se il mio misterioso interlocutore di poche ore fa è stato rassicurante rispetto al rischio di radicalizzazione. Perlomeno su quest'isola.

L'uomo che ho intervistato stamattina, ufficialmente, non mi ha mai incontrato. Mi ha chiesto di cancellare il suo nome che, per abitudine, avevo annotato sul taccuino. Mi ha osservato con attenzione mentre lo facevo. Non occorre dire qual è il suo mestiere, ma ha a che fare con l'intelligence. Gli ho chiesto se, nel suo lavoro, gli immigrati siano visti come un problema. Tra le loro fila si possono nascondere gli estremisti pronti a colpire le nostre città? Ha scosso il capo con decisione. «Terroristi che infiltrano i migranti? Questa paura alimentata dai politici è direttamente proporzionale alla felpa che portano...»

Il timore è più che altro quello della radicalizzazione per i musulmani che già abitano in Europa, magari da anni. O che addirittura, come è successo a Parigi, ci sono nati. Ma l'uomo invisibile mi ha anche detto che in Sicilia la situazione è abbastanza sotto controllo, i servizi segreti interni impiegano il cinquanta per cento delle loro energie e mezzi per combattere la mafia e l'altro cinquanta contro il terrorismo islamico.

«Abbiamo infiltrati a sufficienza nelle moschee e nelle comunità musulmane» mi ha assicurato. «Qui siamo un grande paesone, tutti parlano uno alle spalle dell'altro già per natura, e poi li paghiamo... La *taqiya*, la dissimulazione per ingannare il nemico, non fa parte di questa realtà, sono perlopiù furbi ma sinceri.»

E i finanziamenti così generosamente elargiti dall'estero alle moschee? Non sono il sintomo di un'influenza preoccupante di Paesi stranieri sul nostro territorio?

«I soldi sono quasi sempre tracciabili» mi ha risposto. «Arrivano in gran parte dal Qatar, meno dall'Arabia Saudita. I marocchini sono molto controllati dai servizi del Marocco, ma noi non ci fidiamo mai di loro! Gli algerini e i tunisini sono più semplici da gestire. Gli slavi invece sono un problema.»

Già questa gradazione di pericolosità non mi faceva stare molto tranquilla, ma lui sembrava sapere bene il fatto suo. Quando gli ho chiesto se la Moschea della Misericordia, che avrei visitato in serata, fosse «attenzionata», si è limitato a un sorriso. Ne ha fatti molti, di sorrisi, in risposta alle mie domande. «Qui gli immigrati sono parte della società» ha aggiunto. «Del resto, la Sicilia ha un habitat simile al Nord Africa, se vai a Ragusa, o a Vittoria, sembra di stare a Tunisi. Il livello culturale è simile, si sentono a casa loro e il livello di integrazione è più alto.» Nella sua voce risuonava la lieve condiscendenza di un uomo che viene da nord. La stessa di quando parlava della Libia.

«È da quella direzione che arrivano i rischi maggiori. Dopo la caduta di Gheddafi, non ci sono più interlocutori affidabili. Tutti vogliono fare business, e non credo ai tentativi di stabilizzazione in corso… Lì, mi dia retta, funziona solo il bastone. Un grande bastone internazionale. Ci vorrebbe l'Onu. Ma il problema è che un nostro intervento, anche di basso profilo, ovviamente aumenterebbe il rischio attentati. Non si può abbassare l'allerta.»

Penso a questa prima conversazione della giornata, mentre a sera salgo sull'aereo che mi riporterà a Roma. E mi chiedo: sto partendo da un luogo pericoloso, o ci sto tornando? La realtà, infatti, sembra essere un'Italia disseminata di tante piccole polveriere. Nel momento in cui una ben più grande è pronta a prendere fuoco, poco lontano dalle nostre coste. La Libia.

4

Libia, l'ennesimo grande inganno

Pozzallo, Agrigento, Mazara del Vallo, Marsala... Faccio scorrere un dito su questo tratto di carta geografica. E visualizzo un'espressione che sembra un cliché ed è la realtà: «faccia a faccia con il pericolo». L'Africa è lì, di fronte. Dalla costa siciliana alla Libia, dove l'Isis sta prendendo piede, ci sono meno di cinquecento chilometri. L'isola è in prima linea e i suoi abitanti lo sanno bene. Ma invece di farsi prendere dal panico, come ho visto di persona, cercano di impegnarsi nell'accoglienza.

Il governo italiano ha diverse altre preoccupazioni. La Libia è un problema enorme per noi che, secondo i nostri alleati, dovremmo metterci a fare il gendarme del Mediterraneo. Dopo l'intervento della Nato che ha concluso l'avventura politica di Gheddafi, nell'ottobre 2011, la Libia è in mano a manipoli armati di ogni tipo. Hanno svuotato l'arsenale del regime, e saccheggiano le risorse del Paese. Sono in vendita al migliore offerente, che sia arabo o occidentale. E sono in molti a voler mettere le mani sul formidabile tesoro energetico della nazione.

Ora, questo si annuncia come il prossimo bastione di un terrorismo islamico che si avvicina pericolosamente ai confini dell'Occidente. Il quale, a sua volta, sembra deciso a contrattaccare. Ma come? Da mesi Roma e l'Europa intera parlano di intervento armato.

L'Isis, l'ultima incarnazione dell'idra terrorista, si è installata a Sirte, ci dicono. Sirte, luogo natale di Mu'ammar Gheddafi, punto di contatto tra Est e Ovest libici. Tra la Cirenaica, con le due grandi città di Bengasi e Tobruk, e la Tripolitania con Tripoli, la capitale, e Misurata, porto commerciale e riserva di combattenti agguerriti. Al di là della Cirenaica, c'è l'Egitto che ne brama le risorse. Al di là della Tripolitania, la Tunisia che ha bisogno delle sue ricchezze.

La storia che ci hanno raccontato la conosciamo. Un popolo arabo che si solleva contro una dittatura più che quarantennale. Civili massacrati dagli sbirri del regime. Intere città minacciate di annientamento. L'Europa, gli Stati Uniti e alcuni Paesi arabi si mobilitano per prevenire una tragedia, e una coalizione militare interviene. Il peggio è scongiurato. La popolazione viene salvata. Liberata. Il despota cacciato dalla capitale. Le violenze durano ancora qualche mese, ma infine il tiranno in fuga viene ucciso, nel deserto. Ecco l'epico racconto dell'ultima guerra di Libia. E della fine del colonnello Mu'ammar Gheddafi.

Le cose, però, non sono così semplici.

All'inizio del 2011, a Parigi, Londra e Washington, alcuni circoli del potere vogliono la fine della dittatura di Gheddafi. Hanno molte buone ragioni, ma tra esse non c'è la compassione per i cittadini libici. Ci sono invece la vendetta, le ambizioni politiche e gli interessi finanziari. Non dimentichiamo le immense riserve di idrocarburi, sfruttate solo per metà. Una manna dal cielo per un'economia europea che da anni segna gravemente il passo, e che non può dipendere troppo dall'energia russa. C'è bisogno anche di una spinta allo sviluppo dell'Egitto, un gigante sempre più povero e, quindi, sempre più pericoloso. Bisogna risollevare la Tunisia, l'utile vetrina di un esperimento di laicità e democrazia nel mondo arabo. Insomma, la Libia ha un potenziale immenso, che non può restare oltre nelle mani di un capo di Stato considerato «instabile».

Anche il Qatar è pronto a venire in aiuto. Il piccolo emirato, banchiere e padrino di tante ribellioni regionali, per sopravvivere ha bisogno dell'Occidente. Ieri la sua protettrice era la Gran Bretagna, oggi sono gli Stati Uniti.

Gheddafi però è convinto di potersi cavare d'impaccio. Fin dalla sua ascesa al potere nel lontano 1969, il focoso colonnello ha sempre avuto un approccio assai pragmatico alle relazioni con le grandi potenze. Ha rinunciato a competere per la leadership nel mondo arabo con Paesi più vasti, più ricchi o in posizione migliore del suo, come l'Egitto, l'Arabia Saudita, l'Iraq o la Siria. E invece ha deciso di giocare a fare il capo imperiale in Africa. Ne ha i mezzi: le ricchezze energetiche gli permettono di far piovere dollari sui riconoscenti capi di Stato africani. Non si fa scrupoli a entrare in rotta di collisione con potenze ex coloniali come la Francia e l'Italia. Tanto gli affari non si fermano, in particolare l'acquisto di armi proprio dalla Francia: aerei Mirage, radar, missili… Riesce persino a trovare un equilibrio, o perlomeno una convergenza di interessi, con gli americani. Che sin dalla fine della Seconda guerra mondiale hanno deciso di giocare un ruolo di primo piano in Africa.

Ma Gheddafi sa di non potersi fidare di nessuno degli occidentali che vengono a fargli le moine. È un criminale accorto. E per sopravvivere conta sui suoi dossier segreti.

Per sua sfortuna, non basteranno. Al contrario, mentre il vecchio ordine del mondo arabo collassa, il colonnello diventa un pericolo. Sa troppo: sulla corruzione, gli appalti truccati, gli intrighi. Sa a chi ha distribuito denaro e favori e ha le prove: lettere, intercettazioni telefoniche, registrazioni video clandestine che testimoniano delle «relazioni privilegiate» tessute in quarantadue anni di potere. Con tutti: europei e americani. È questo il famoso tesoro del despota, di cui tutto il mondo parla e che mai nessuno troverà.

Uccidete il soldato Gheddafi, dunque.

Nel febbraio del 2011 il tempo sta scadendo. È cominciata la stagione delle primavere arabe, le «sollevazioni spontanee» per la libertà e la democrazia. Nei vicini Tunisia ed Egitto prendono vita sommosse che portano a radicali cambiamenti di regime. E, anche in Libia, il malcontento popolare verso il dittatore cresce fino a esplodere in una rivolta, a Bengasi. I ribelli vengono incoraggiati, armati, finanziati. Agenti stranieri, francesi, britannici, americani ma anche arabi (e in particolare qatarioti) aiutano la ribellione armata. Si trovavano sul terreno già molto prima del giorno cruciale, il 17 febbraio, che segna l'inizio della fine per il regime del colonnello.

Vengono lanciate le accuse: massacri, crimini orribili. Una campagna allarmista mobilita l'opinione pubblica. Si parla di pratiche orribili, stupri collettivi, il progetto di un genocidio. Le cifre vengono gonfiate e le chiacchiere alimentate. I numeri divulgati dalla Lega libica per i diritti dell'uomo, che appoggia l'opposizione al regime, vengono ripresi dai governi occidentali. Organizzazioni internazionali come Human Rights Watch li contestano, Amnesty International non è in grado di stabilire la veridicità delle accuse, nonostante le sue inchieste sul territorio. La responsabile di Amnesty, Donatella Rovera, sul posto durante la rivoluzione, dichiara di non poter confermare quei dati. Ma la campagna di demonizzazione del leader libico (a dire il vero facile da demonizzare) pesa in maniera determinante sulla decisione del Consiglio di sicurezza dell'Onu. Viene votata la risoluzione 1973 che prevede la «protezione delle popolazioni civili».

In marzo, il regime viene condannato dai Paesi arabi del Golfo, e poi dalla Lega araba e dalla comunità internazionale. Il Consiglio di sicurezza dell'Onu dà il via libera all'intervento armato. È il 17 marzo 2011, due giorni dopo si apre il fuoco.

L'armata di Gheddafi è bersaglio di massicci bombardamenti, ben oltre ciò che l'Onu aveva autorizzato. Il suo esercito si disintegra. Forze speciali occidentali e arabe si uniscono ai gruppi ribelli per dare il colpo di grazia, il grosso del lavoro viene svolto dal Qatar insieme ai francesi. Ci vorranno comunque più di sei mesi per stanare il dittatore. Che sarà torturato e abbattuto con due colpi in testa, non lontano dalla natia Sirte, il 20 ottobre 2011.

Nessuno piange per un tiranno. Ma dovremmo chiedere conto, tutti, di questa esecuzione, del metodo e della tempistica, dei colpevoli e dei complici. Perché conosciamo bene il seguito: lo scenario di transizione pacifica immaginato da Washington, Parigi e Londra non si verifica. La Libia piomba nel caos. La popolazione fugge in massa verso i Paesi vicini. Primo fra tutti la Tunisia, che sta cercando di mettere in piedi una democrazia e che diventa la destinazione di centinaia di migliaia di rifugiati, e teatro di sanguinosi attentati.

Per mesi, uomini e materiali sono entrati abbastanza facilmente dalla Tunisia in Libia per sostenere la ribellione anti-Gheddafi. Ma ora chi approfitta del tracollo del sistema di sicurezza dei due Paesi sono gli estremisti armati. Clan locali, incontrastati, fanno man bassa delle risorse libiche. L'enorme arsenale bellico abbandonato va ad alimentare la guerra civile in Siria. Le reti dell'emigrazione clandestina prosperano, a un passo dal Sud d'Europa. E così pure i gruppi terroristici. L'Isis comincia a prendere piede, come posizione di ripiego in caso di disfatta in Iraq e in Siria. Intanto la situazione politica rimane molto instabile, con il governo del premier designato e approvato dall'Onu, Fayez al-Sarraj, costretto ad approdare in barca nel proprio Paese, a fine marzo 2016, perché l'aeroporto è stato bloccato.

In Francia, Gran Bretagna e Stati Uniti si aprono tre diverse inchieste. Alcuni personaggi chiave sono messi sotto accusa, e si scandagliano le loro motivazioni per volersi sbarazzare del tiranno di Tripoli. Vengono al pettine i nodi delle menzogne e manipolazioni di questi apprendisti stregoni. Che con la loro guerra hanno destabilizzato l'intero bacino mediterraneo.

Andiamo a vedere più da vicino queste tre inchieste. Ci serviranno a capire meglio perché l'eliminazione di Gheddafi può essere letta, in realtà, come un regolamento di conti.

Washington, dicembre 2014. Cominciano i lavori della commissione d'inchiesta della Camera dei rappresentanti sull'assassinio dell'ambasciatore americano Christopher Stevens, l'11 settembre 2012, a Bengasi. Un incidente di importanza cruciale. Non solo perché la vittima è uno dei membri più blasonati della diplomazia americana. Ma anche per le circostanze: un attacco in piena regola contro un edificio in cui si trovavano l'ambasciatore e le sue guardie del corpo, e un altro contro una residenza della Cia a Bengasi. Per giorni a Washington è regnata inoltre una grande confusione sulla dinamica esatta degli eventi. Dapprima sono stati presentati come la rabbia spontanea di una folla inferocita per la diffusione, in internet, di un breve video che insultava i musulmani. E solo in seguito riconosciuti per ciò che erano: l'imboscata di un gruppo terroristico che voleva mandare un messaggio agli Stati Uniti. Ma quale?

Alla commissione d'inchiesta questa domanda non interessa. È stata formulata su richiesta dei repubblicani e si trasformerà in fretta in un tribunale per giudicare Hillary Clinton, segretario di Stato all'epoca della guerra in Libia. La campagna elettorale presidenziale è senza esclusione di colpi. E i repubblicani sono ben decisi a distruggere la sua immagine di donna di Stato, capace di guidare l'America attraverso un mondo in tumulto.

Ma intanto si profila un'altra domanda: qual era il vero compito di Stevens al consolato americano di Bengasi? Perché la sua scorta era così scarsa? E che ci facevano nello stesso momento in quella città una trentina di agenti della Cia, che in seguito sono stati evacuati verso Tripoli?

Non vengono date risposte. In compenso, un vero fuoco di fila di domande investe la Clinton su un argomento delicato. La si accusa di aver utilizzato un indirizzo di posta elettronica privato per inviare e ricevere messaggi rilevanti per la sicurezza nazionale. Hillary è costretta a rendere pubbliche centinaia di email, e nell'ottobre del 2015 compare davanti alla commissione d'inchiesta.

È così che capiamo meglio come l'America ha deciso di farla finita con Gheddafi. Si tratta di corrispondenze, che risalgono a prima dell'inizio del conflitto in Libia, tra la Clinton e due personaggi chiave. Si delinea una vera e propria cospirazione per abbattere il regime del colonnello: gli scambi rivelano come Hillary ha manipolato la presidenza e il Congresso per scatenare la «sua» guerra. Contro il parere del Pentagono e della Cia. Per esigenze legate al petrolio e alla difesa.

Il primo dei personaggi chiave, che morirà nel 2015 senza vedere la fine della storia, si chiama Tyler Drumheller ed è un ex agente della Cia. Si trova sul campo prima dell'inizio della ribellione. Rappresenta un'azienda che si occupa di consulenza in materia di sicurezza. Drumheller invia rapporti sulla situazione nel Paese, sui protagonisti locali o stranieri, sugli sviluppi della situazione esplosiva in Egitto e Tunisia.

Il destinatario è Sidney Blumenthal, che lavora alla Fondazione Clinton anche se non è tra i consiglieri ufficiali del segretario di Stato. Lui li passa direttamente a Hillary, all'insaputa della Cia e dello stesso Dipartimento di Stato. E i dossier insistono sempre di più sulla necessità di sbarazzarsi di Gheddafi, cogliendo di sorpresa Paesi come l'Italia. Che ha forti interessi commerciali ed energetici in Libia.

Solo gli Stati Uniti avevano la potenza di fuoco necessaria a decapitare quel regime. Ma né i militari, né gli agenti segreti volevano lanciarsi in un'operazione che poteva finire molto male. È servita la determinazione della Clinton, e la sua capacità di convincere un presidente come Obama. Hillary era ben decisa a ostentare fegato e potere, come dimostra la sua breve chiosa alla morte di Gheddafi: «*We came, we saw, he died*». Siamo venuti, abbiamo visto, e lui è morto. Una rielaborazione del «*Veni, vidi, vici*» di Giulio Cesare.

Londra, luglio 2015. Il Parlamento inglese forma una commissione d'inchiesta sulle motivazioni dell'intervento britannico in Libia. E sulle sue conseguenze. Conduce i dibattiti il deputato conservatore Crispin Blunt.

Viene messo sotto accusa il ruolo di Tony Blair, che nel 2007 è stato artefice del riavvicinamento tra Occidente e Libia. All'inizio del 2016, l'ex premier britannico è costretto a rendere pubbliche le conversazioni avute con Gheddafi prima dell'intervento militare del 2011. Il colonnello era convinto che il suo amico Tony lo avrebbe aiutato a salvare la pelle. Ma Blair non poteva più fare niente per lui. «Se ha un luogo sicuro dove rifugiarsi, ci vada subito» è il consiglio dell'inglese. «La situazione non si risolverà pacificamente.»

Gheddafi insiste nel dire che il suo Paese è «sotto attacco da parte di cellule dormienti di al-Qaida in Nord Africa, simili a quelle degli Stati Uniti prima degli attentati dell'11 settembre». Aggiunge: «Siamo davanti a una situazione di jihad». Ma poi esclama: «Lasciateci stare, non abbiamo alcun problema» e infine manifesta il timore di un intervento militare internazionale. E Blair, allora inviato per la pace in Medioriente, lo rassicura: «Non c'è pericolo, nessuno si sogna di intervenire». Pochi giorni più tardi, l'Onu approva la risoluzione che dà il via libera ai bombardamenti, e il destino di Gheddafi è segnato.

Perché David Cameron, primo ministro dal 2010, ha avuto tanta fretta di gettarsi in un'avventura bellica che i vertici delle sue forze armate di certo non approvavano? È il più giovane premier che la Gran Bretagna abbia mai avuto, ed è un conservatore. Voleva anche lui la «sua» guerra? Bramava di riuscire dove Blair aveva fallito tanti anni prima, quando aveva attaccato un altro dittatore, Saddam? Se è così, anche Cameron ha avuto il suo Iraq. E anche in questo caso non è solo la Gran Bretagna a pagarne le conseguenze.

Parigi. Nel 2012 si apre l'inchiesta giudiziaria sui finanziamenti di Gheddafi alla corsa presidenziale di Nicolas Sarkozy, nel 2007. Lo stesso uomo che ha portato il suo Paese a giocare un ruolo di primo piano nell'eliminazione del dittatore.

È in Francia che la campagna d'opinione contro il tiranno libico ha acquistato forza, grazie al filosofo-dandy e beniamino dei media Bernard-Henri Lévy. Parigi è stata la prima capitale a riconoscere e a fornire credibilità al Consiglio nazionale di transizione, l'autorità politica che si era attestata nelle regioni del Paese controllate dai rivoluzionari. E ha fatto da cassa di risonanza alle accuse di violenze, massacri, stupri lanciate contro il colonnello e le sue truppe.

Sul terreno si trovavano personaggi come Pierre Marziali, un ex parà diventato uomo dei servizi segreti. Se Marziali non fosse caduto a Bengasi, nel maggio del 2011 in circostanze poco chiare, avrebbe potuto raccontare come aveva aiutato ad armare la ribellione. Ma anche come aveva messo in guardia la Francia contro il potere crescente degli islamisti, nel caos dell'offensiva contro il regime. Il suo socio, Robert Dulas, oggi accusa le autorità francesi di aver eliminato Marziali per insabbiare i suoi avvertimenti.

Davanti ai giudici anti-corruzione francesi i testimoni parlano, protestano, si contraddicono: persone vicine a Sarkozy, intermediari libanesi, esuli libici… Esce allo scoperto un mondo di corruzione e di commistioni molto complesse, incluse quelle per gli armamenti. Un sistema cominciato nel 1969, con l'ascesa del colonnello.

Nel gennaio 1970 la Francia aveva firmato con il nuovo padrone di Tripoli un contratto per più di cento Mirage 5. Un «vecchio amico» di Jacques, incontrato a Parigi, gli ha assicurato che in quei tempi un personaggio centrale della Quinta Repubblica, più volte ministro, aveva negoziato un finanziamento occulto dell'allora partito gollista, l'Unione dei democratici per la Repubblica. Nomi e dati non si possono fare. Ma la compromissione della politica francese con il dittatore non riguarda certo solo l'ex presidente Sarkozy.

Negli anni Duemila, in ogni caso, i rapporti con Gheddafi si andavano normalizzando in tutta Europa e oltre: Roma, Parigi, Londra, Mosca, New York, non c'era capitale in cui il dittatore non fosse ricevuto. Con gli onori dovuti a un capo di Stato, piantando la sua tenda dove desiderava, accompagnato dalle sue amazzoni-guardie del corpo. Nessuno storceva il naso. Il denaro, come si dice, non puzza, e nemmeno il petrolio, il gas, i contratti per le industrie di armamenti.

Nel giugno 2009 il dittatore viene ricevuto in pompa magna a Roma, tra molte polemiche. Installa il suo accampamento nel bellissimo parco di Villa Pamphilj e ha una fitta agenda di appuntamenti: dal premier Silvio Berlusconi al presidente della Repubblica Giorgio Napolitano, dal sindaco della capitale Gianni Alemanno alla presidente di Confindustria Emma Marcegaglia. Per opporsi all'incontro organizzato all'Auditorium con settecento donne «rappresentanti del mondo imprenditoriale, culturale e della società civile», firmano una petizione molte intellettuali. E fa scandalo la conferenza sul Corano organizzata la domenica pomeriggio, in cui il colonnello fa arruolare circa cinquecento ragazze da un'agenzia, distribuisce a tutte copie del libro sacro dell'islam e registra, pare, tre conversioni, inneggiando a un'Europa musulmana.

Sui rapporti tra il dittatore libico e il mondo politico e imprenditoriale italiano non sarà aperta alcuna inchiesta. Ma nel 2011 il presidente del Consiglio Berlusconi dichiara ai media che entra nella guerra autorizzata dall'Onu su insistenza degli alleati europei, per il bene dello status internazionale dell'Italia. Sembra farlo molto a malincuore e assicura che saranno colpiti solo obiettivi militari.

Alla fine del 2012 esce un libro a firma del generale Giuseppe Bernardis, capo di stato maggiore dell'Aeronautica militare italiana, che racconta nel dettaglio la parte svolta dall'Italia nell'intervento. Un totale di circa millenovecento raid, quasi cinquecento missioni di bombardamento vere e proprie, autorizzate dal governo Berlusconi. Lo stesso Silvio che aveva accolto con baci e abbracci l'amico Mu'ammar, il quale tra le altre cose si occupava di un problema ben preciso: quello dei migranti. In gran parte provenienti dall'Africa subsahariana, senza il blocco fornito dal regime sarebbero partiti a frotte dalle coste libiche in cerca di un futuro migliore.

La fine di Gheddafi non ha certo migliorato la situazione. E oggi un altro capo di Stato allergico ad alcune forme di democrazia, Recep Tayyip Erdoğan, si fa pagare per chiudere i rubinetti delle migrazioni dalla Turchia. Mentre dalla Libia soffiano di nuovo venti di guerra.

In questo gioco di grandi potenze, fin dall'inizio della partita libica è entrato un giocatore «amatoriale», troppo ricco però per restare in panchina: il Qatar. È dominato dal clan al-Thani, che sta seduto su immense riserve di gas naturale. E, grazie a queste, può ambire a un ruolo internazionale sproporzionato rispetto alla sua reale importanza.

Il Qatar sembra deciso a fare e disfare i destini del mondo arabo, a suo piacimento. Denuncia le dittature, sostiene le ribellioni, fa piovere milioni di dollari sulle forze democratiche e mette al servizio del progresso – e dei protettori occidentali – anche la sua televisione, Al Jazeera. Assolda una schiera di consulenti britannici per presentarsi come vetrina di un mondo arabo moderno e accogliente. E da dieci anni è la base militare più avanzata degli Stati Uniti nel Golfo.

Mentre le primavere arabe portano al potere i suoi protetti, il Qatar sembra volersi sedere al tavolo dei grandi, al posto dell'arrogante vicino saudita.

È in Libia che l'interventismo del Qatar conosce il suo momento di gloria. Diplomatico occulto senza pari, il primo ministro Hamad Ben Jassem al-Thani è uno dei principali fautori della risoluzione 1973 del Consiglio di sicurezza dell'Onu. L'Arabia Saudita, mortificata dalla caduta di Ben Ali in Tunisia e di Mubarak in Egitto, cede al pressing di Doha. Il re saudita Abdullah, d'altra parte, ha un contenzioso personale aperto con Gheddafi, sospettato di aver complottato per ucciderlo nel 2003, quando era ancora principe ereditario. E nel marzo del 2009 a Doha, durante un summit arabo, il leader di Tripoli aveva definito il sovrano saudita una «marionetta» dei britannici e degli americani. Davanti a tutti.

Le telecamere di Al Jazeera sono le prime ad arrivare a Bengasi, testa di ponte della sollevazione libica. Tra le sabbie della Cirenaica lo stile Al Jazeera, una versione riveduta e corretta della prima Cnn che mescola informazione e propaganda, dà il suo meglio.

Ma oltre alle telecamere, il piccolo emirato manda a dare manforte ai Rafale francesi un pugno di Mirage 2000, la metà della sua aviazione militare. E, come abbiamo visto, saranno le forze speciali qatariote a formare e guidare i ribelli libici. In particolare nell'assalto simbolico contro Bab al-Azizia, il quartier generale fortificato di Gheddafi, alla fine di agosto del 2011.

Un Paese arabo illuminato e filo-occidentale? Può darsi. Ma – che si tratti di contraddizione o di strategia ben precisa – il Qatar è anche il maggior protettore dei Fratelli musulmani. Una delle principali organizzazioni internazionali dell'islam politico, fieri oppositori dell'occidentalizzazione del mondo musulmano. L'allora emiro del Qatar, Hamad Ben Khalifa al-Thani, sembra convinto che l'islamo-conservativismo della Fratellanza sia proprio quel che ci vuole per i popoli arabi. Tanto che a Doha hanno trovato rifugio numerose figure di spicco dell'islam politico, tra cui il celebre predicatore televisivo Youssef al-Qaradawi.

Se l'Occidente si lacera nelle proprie contraddizioni, insomma, il mondo arabo non è da meno. Ma c'è un luogo in cui tutti finiscono con il trovarsi d'accordo. La piazza di un mercato globale. Quello delle armi.

All'inizio del 2014, Jacques si mette sulle tracce di una storia pericolosa. Come me fa il giornalista da una vita, e negli ultimi anni ha cominciato a realizzare documentari di attualità per la televisione francese. Sono abituata a vederlo lanciarsi in inchieste scomode. Ma quando una sera mi annuncia: «Amore, sono sulle tracce dei trafficanti di armi. Parto per la Tunisia», persino la mia tranquillità vacilla.

La storia comincia con il *Lutfallah II*, un vecchio cargo che si aggira nelle acque del Mediterraneo battendo la bandiera della Sierra Leone. Salpata nel marzo del 2012 da un piccolo porto della Libia, al-Khams, a est di Tripoli, l'imbarcazione ha fatto scalo in Egitto prima di proseguire per la Turchia. Ma non giungerà mai nella zona di Antiochia, la sua destinazione: le autorità turche hanno cambiato idea. Il *Lutfallah II* non è più autorizzato ad attraccare.

Colto alla sprovvista, il comandante decide di puntare su un porto del Libano settentrionale, Tripoli, una città a larga maggioranza sunnita. Quando il 27 aprile 2012 l'imbarcazione entra nelle acque territoriali libanesi, però, ecco un nuovo colpo di scena. Il *Lutfallah II* viene messo in stato di fermo e deviato verso il porto di Selaata, a nord di Beirut.

Le autorità perquisiscono il vascello. Nei tre container sul ponte i militari libanesi trovano centocinquanta tonnellate di armi. Il comandante e l'equipaggio sono messi agli arresti. Si scopre allora che sono di nazionalità siriana, così come l'armatore, che però vive in Arabia Saudita e rimarrà uccel di bosco. Secondo gli ordini ricevuti, spiega il comandante, l'imbarcazione doveva gettare l'ancora a Tripoli. Lì il carico sarebbe stato preso in consegna da contrabbandieri incaricati di trasportarlo oltre la regione settentrionale di Akkar fino alla città di Homs, in Siria. Ad attenderlo avrebbe trovato i miliziani ribelli in lotta contro il regime di Bashar al-Assad.

Ma da dove vengono le armi a bordo del *Lutfallah II*? Dalle riserve di Gheddafi. Il suo grande arsenale, saccheggiato dalle milizie che si contendono il controllo della Libia, alimenta ancora oggi un fiorente mercato clandestino che va da una sponda all'altra del mar Mediterraneo, paradiso dei trafficanti.

La giustizia libanese apre un'inchiesta sulla vicenda. Il comandante e l'equipaggio dell'imbarcazione sono rinviati a giudizio, ma l'udienza, prevista per l'aprile del 2014, viene aggiornata. Il fascicolo è incendiario: sono implicati alcuni grandi protagonisti del gioco diplomatico e politico mediorientale. È l'Onu a farlo sapere.

Nei container del *Lutfallah* II si scoprono alcuni dettagli interessanti: tra i kalashnikov, gli M-16 e i lanciarazzi saltano fuori dei missili terra-aria Sa-24, modelli di fabbricazione russa, oltre che dei missili Milan, ultimo grido dell'industria bellica francese. Si tratta di armi anticarro di estrema precisione in grado di colpire un bersaglio a duemila-tremila metri, ma potrebbero tornare utili anche per abbattere voli di linea in fase di decollo. In un rapporto datato febbraio 2014, il comitato sanzioni dell'Onu incaricato di questa indagine chiede spiegazioni a Mosca e a Parigi. Sembra infatti che i missili Milan fossero stati consegnati dalla Francia al Qatar, e da quest'ultimo ai ribelli anti-Gheddafi, dopo l'inizio dell'embargo internazionale del 2011 sulla fornitura di armi alla Libia. Una situazione imbarazzante per molte persone.

La storia del *Lutfallah* II è soltanto la punta dell'iceberg, la parte visibile di un traffico d'armi in piena espansione. Il fulcro di quel mercato è la Siria, un campo di battaglia alle porte dell'Europa. Ma il contrabbando alimenta anche focolai di crisi più lontani: l'Iraq, l'Afghanistan, una Somalia in disgregazione e uno Yemen sempre più instabile.

Il mercato mondiale delle armi leggere rappresenta un giro d'affari di 8,5 miliardi di dollari l'anno, una goccia nel mare della spesa militare del pianeta, che secondo alcuni esperti ammonta a 1800 miliardi di dollari l'anno. Ma una goccia letale: si calcola che le armi leggere uccidano ogni anno tra le 500.000 e le 750.000 persone. E sono stati degli Ak-47 a firmare le stragi parigine del gennaio e del novembre 2015.

Seicentocinquanta degli 875 milioni di armi leggere in circolazione nel mondo sono in possesso di singoli individui: comuni cittadini e collezionisti, ma anche e soprattutto combattenti. Tra questi ci sono indubbiamente «terroristi», ma anche uomini e donne (talvolta perfino bambini) che impugnano un'arma per una causa, per denaro o per sopravvivere. E non si parla di semplici pistole: i missili portatili terra-aria, per esempio, sono molto gettonati nei teatri di guerra siriani. La disponibilità di simili tecnologie è un incubo per i servizi di sicurezza incaricati di proteggere gli aeroporti.

Le piazze di questo mercato clandestino sono città come Beirut, Peshawar, Mogadiscio o Bogotá... ma anche Parigi, Londra o Washington. L'Onu ha impiegato dieci anni per negoziare e firmare un trattato *ad hoc*, approvato nel 2013. Prevede una severa regolamentazione del commercio mondiale di armi, anche nel campo degli armamenti leggeri. Ma non basta, come hanno ricordato gli esperti dell'Undoc, l'Ufficio delle Nazioni Unite per il controllo della droga e la prevenzione del crimine. Anche perché i maggiori produttori e consumatori di armi sono Stati Uniti, Cina, Russia, Germania, Gran Bretagna, Francia, seguiti da Arabia Saudita, Israele, Turchia e Pakistan. Attori piuttosto importanti.

Dall'affare *Lutfallah II* esce male la Francia, ma anche due Stati considerati amici dell'Occidente: l'Arabia

Saudita e il Qatar. Il traffico illegale di armi leggere è un gioco per «grandi potenze», le stesse che siedono nel Consiglio di sicurezza dell'Onu, che se ne servono per i propri disegni strategici. Altre nazioni, nel Medioriente, in Africa, in Asia o in America Latina, lo usano per difendere i propri interessi. Ma è un gioco pericoloso, e non è da ieri che suona il campanello d'allarme.

L'Italia, lambita dal Mediterraneo, è uno dei Paesi più esposti ai contraccolpi dell'avventurismo politico in Medioriente o in Nord Africa. Così come lo è la Francia. Gli esempi concreti si vanno moltiplicando: la sparatoria nella redazione di «Charlie Hebdo», la notte sanguinosa del 13 novembre a Parigi e le esplosioni a Bruxelles, Susa, Tunisi sono soltanto alcuni possibili esempi. Gli attentati terroristici sono sempre più facili, anche perché gli strumenti per compierli sono a disposizione di tutti.

I rischi di fornire armi a certe regioni del mondo sono evidenti: si tratta di un vero e proprio boomerang. Ma sono ben chiari anche gli incentivi economici.

All'inseguimento della sua pista, Jacques viaggia in Libano e in Egitto, dopo la Tunisia. Non dormo sonni tranquilli, ma non sarò certo io a fermarlo.

Ci pensa invece una telefonata, che riceve una sera a Parigi. La voce di un amico: «Dobbiamo vederci». L'amico è un alto funzionario governativo, che lavora per i servizi segreti, e il messaggio è chiaro: questa inchiesta non s'ha da fare. Jacques deve pensare alla sua sicurezza e a quella della sua famiglia.

La storia del *Lutfallah II* purtroppo è destinata a rimanere senza finale. Mentre anche grazie ai trafficanti di armi, la guerra continua. E oggi è arrivata nelle nostre piazze con una violenza senza precedenti.

5

Gli 007 di Roma

Quando gli pongo la domanda da cento milioni, se esista una minaccia islamica in Italia, il «super-poliziotto» seduto davanti a me mi dà una risposta quasi accademica: «Non mi fido delle semplificazioni».

Chiamarlo poliziotto è riduttivo: Claudio Galzerano è primo dirigente della Polizia di Stato e direttore della seconda divisione del servizio centrale antiterrorismo internazionale. Una lunga carriera lo ha portato a diventare uno degli uomini chiave della lotta contro il terrorismo islamico, non solo in Italia ma in Europa. «Sono anni che conviviamo con l'islam, in Italia, e abbiamo avuto ben poche noie» dice. «Nella sua dimensione patologica, il problema è circoscritto. Certo, anche pochi elementi possono essere molto lesivi. Ma la mia "clientela" forma un gruppo ristretto.»

Distende in un sorriso le labbra sottili e mi guarda da sopra gli occhiali. È un uomo alto, dal fisico asciutto e dall'espressione seria, ma gli occhi tradiscono lampi di umorismo. Sono venuta a incontrarlo nella sua stanza del modernissimo palazzo a vetri romano che ospita, tra molti uffici del ministero dell'Interno, anche quelli della Digos. Dietro di me, un po' incongrua, è appoggiata alla parete una splendida bicicletta da corsa: il super-poliziotto è anche un appassionato ciclista. Oggi è sabato, avrebbe diritto a essere a spasso per i Castelli romani, una tentazione visibile dalla sua finestra. Invece, c'è da convalidare un fermo di polizia, e Galzerano è al lavoro.

«Ci sono indicatori che ci consentono di valutare i rischi per l'Italia» riprende. «Ma il terrorismo è un fenomeno transnazionale e dobbiamo combatterlo tutti insieme. A una rete si risponde con un'altra rete, quella della prevenzione, fatta di tanti snodi attraverso cui avviene un travaso di informazioni.»

È un'idea di cui è molto convinto. C'è una sola azione di contrasto veramente efficace: la sensibilizzazione della popolazione agli indizi di un'attività terroristica. Un fenomeno così diffuso e clandestino non può essere controllato con le risorse a disposizione. Forse, nessuna risorsa basterebbe. Nella lotta vanno ingaggiati i comuni cittadini, a fianco dei professionisti. Per citare un caso concreto: uno dei molti possibili ingredienti per una bomba artigianale è l'acetone, venduto, naturalmente, sul libero mercato.

«Possibile che chi lo vende non si chieda che cosa deve farne un tizio di quattro litri di acetone, se non ha un salone di bellezza? Quante unghie dovrà mai pulire?» Ed è solo un esempio frivolo, mi assicura, i modi in cui i cittadini possono vigilare sono molteplici. A partire da maestri e insegnanti, o da chi lavora nelle carceri. Su questa strada c'è il rischio di arrivare alla delazione e alla limitazione di alcune libertà? Sì. Ma questi sono i massimi sistemi. Lo scopo del gioco, per Claudio Galzerano, è evitare che le metropolitane delle città d'Italia esplodano.

Pochi giorni fa, un giovane rifugiato somalo è stato arrestato in un centro d'accoglienza di Campobasso. Ventidue anni mi sembrano pochi per essere un imam, come scrivono i giornali, ma di certo tentava di infiammare i suoi compagni con prediche estremiste. E in camera passava ore a guardare sul telefonino video di propaganda dell'Isis. Aveva in programma di partire per la Siria e addestrarsi per il jihad, forse di riportarlo anche in territorio italiano. La procura di Campobasso l'ha fatto arrestare, dopo varie intercettazioni, anche se non c'è la certezza che stesse per passare all'azione. Un dettaglio che resta però in secondo piano di fronte al messaggio che tutti colgono subito: qualsiasi rifugiato potrebbe essere un terrorista.

Quasi contemporaneamente, Sky ha diffuso un vero scoop: è entrata in possesso di migliaia di schede di identità di combattenti dell'Isis. Si parla di ventiduemila nomi, per ciascuno un questionario con ventitré domande, riempito per arruolarsi nell'esercito del diavolo. Un vero tesoro di informazioni. Per ogni combattente, nome, numero di telefono, preferenza di ingaggio (combattimento o azioni suicide) e persino il recapito di un'altra persona che può garantire della sua buona fede.

La lista sarebbe arrivata in Europa grazie a un «pentito» dell'Isis, un certo Abu Hamed. L'incontro in cui il giornalista di Sky ha ricevuto la chiavetta con i preziosi file sarebbe avvenuto in Turchia. Sembra un romanzo di John le Carré, e non posso evitare un certo scetticismo. Una breve lista simile a questa era già stata messa in circolazione a gennaio, dal sito di opposizione siriano Zaman al-Wasl. Contava 1736 nomi. Questo nuovo elenco di ventiduemila contiene molti doppioni. La stampa tedesca che si è recata sul posto, in Turchia e nelle zone curde dell'Iraq, spiega che in realtà circolano decine di liste del genere, offerte ai giornalisti più «generosi». E gli esperti fanno notare che i loghi ufficiali su questi documenti, o il linguaggio utilizzato, non hanno nulla a che vedere con quel che sappiamo delle pratiche dell'Isis. Un mostro che soffre di schizofrenia? O un semplice colpo mediatico nella battaglia, anche simbolica, tra l'Isis e i servizi segreti che la combattono? Lo Stato islamico, in fondo, ha tra le sue armi più affilate la «campagna d'immagine» di terrore.

Galzerano è prudente: questa lista di ventiduemila nomi lui non l'ha mai vista. Non può dare alcuna opinione sulla sua autenticità. È un professionista serio: il terrorismo è diventato il terreno più fertile per i luoghi comuni, e con l'Isis si è arrivati al parossismo. Gli «esperti» si moltiplicano e fanno a gara a commentare informazioni impossibili da verificare, testimonianze di seconda mano. Racconti destinati a sconvolgere o a commuovere, non a informare e chiarire.

«Lavoriamo con i dati che ci forniscono i servizi informativi» dichiara l'uomo dell'antiterrorismo. «L'intelligence ha il compito di trovare le informazioni. La polizia quello di scoprire i riscontri.» Il braccio armato, insomma. «Ciascuno dei due rami comunica con i propri omologhi internazionali» continua. «Da vent'anni tratto esclusivamente questa materia, e posso testimoniare che la collaborazione è migliorata. E funziona.» Anche se è impossibile essere del tutto al sicuro, né eliminare il rischio di «atti di violenza motivati religiosamente».

Il cuore dell'islam politico in Italia, mi ricorda, è stato a lungo il maggiore istituto culturale islamico di Milano, la famigerata «moschea di viale Jenner». C'è stato un tempo in cui i servizi di sicurezza americani la consideravano la base principale di al-Qaida in Europa. Alla fine degli anni Ottanta, era diventata un centro logistico, per il reclutamento di uomini e la raccolta di fondi per la Gama'a al-Islamyya, un gruppo armato egiziano di stampo sunnita. Il suo obiettivo era rovesciare il regime egiziano e sostituirlo con uno Stato islamico. Dopo l'assassinio del presidente Anwar al-Sadat nel 1981 a opera di un altro gruppo islamico, però, è seguita una dura repressione in Egitto. E un calo delle attività in Europa.

Negli anni Novanta, il «garage» islamico di Milano, sotto la guida dell'imam Anwar Shaban, è stato molto attivo nell'arruolare combattenti islamici, da mandare in appoggio ai musulmani della Bosnia contro i serbi. Shaban è stato ucciso nel 1995 a un posto di blocco sul confine croato. Era lo stesso giorno dell'Accordo di Dayton, che avrebbe posto fine alla guerra nella ex Jugoslavia. In quegli stessi anni, sul territorio italiano hanno fatto la loro comparsa altri gruppi estremisti. In modo più diffuso, e più discreto, hanno cominciato a radicarsi due organizzazioni algerine: il Gruppo islamico armato (Gia) e il Fronte islamico di salvezza (Fis).

«Ma nessuno di questi ha mai elaborato azioni efficaci contro l'Italia» specifica Galzerano. «Il nostro Paese era per loro solo una base logistica.»

È con il 2001 e le Torri Gemelle che la situazione è cambiata. Anche in Italia.

«Siamo divenuti un bersaglio» dice il mio interlocutore, «per la stessa ragione che motiva tutti gli attentati, in tutto il mondo occidentale, da sempre. La risposta non è nella religione, ma nella storia e nella politica, negli interventi "occidentali" che si sono susseguiti in Africa, Medioriente, Caucaso e così via.»

Getto un'occhiata alle mappe storiche incorniciate, allineate sul muro del suo ufficio. Una carta delle Comunità ebraiche in Palestina, una del Caucaso, una di Palestina e Transgiordania... Lo sguardo di quest'uomo spazia ben oltre le singole moschee di provincia e i loro sobillatori.

«Registriamo le minacce al nostro Paese come effetto indotto dai nostri interventi internazionali. Da quando l'Italia ha mandato le prime truppe in Afghanistan, nell'immaginario di questo islam siamo entrati a far parte dei "nemici"» asserisce.

Il contingente italiano in Iraq ha sperimentato questa tragica verità nel 2003, quando a Nassiriya un attentato ci è costato diciannove vittime. Gli altri Paesi della coalizione hanno pagato un prezzo più alto, sul loro stesso territorio: la Spagna nel 2004, la Gran Bretagna nel 2005.

«Ricordiamo che in Italia un attentato l'abbiamo avuto: a Milano, nel 2009» precisa Galzerano. Nell'ottobre di quell'anno Mohamed Game, un libico di trentaquattro anni, si presenta davanti alla caserma Santa Barbara e fa esplodere una bomba artigianale contenuta in uno zaino. Fortunatamente, l'ordigno è stato confezionato male. La prima vittima è Game stesso: ferito agli occhi, perde anche una mano. Due militari riportano lesioni lievi. Game sarà condannato a quattordici anni di carcere per attentato terroristico. Un lupo solitario, secondo Galzerano. Ma sono quelli più difficili da individuare.

Il kamikaze di Milano voleva punire l'Italia per l'intervento in Afghanistan. Ma Galzerano allarga ancora il campo: la radicalizzazione è una delle possibili derive di chi viene a trovarsi in un Paese straniero in crisi. È un effetto della povertà, della mancanza di prospettive. «La propaganda fondamentalista va a toccare le corde del disadattato, dell'emarginato. E gli vengono anche forniti gli strumenti per fare un danno grave.»

Ma la religione non c'entra proprio niente? Certo

che sì, e anzi può essere un elemento cruciale di disagio, soprattutto per le seconde e terze generazioni di musulmani. «L'islam, che è una religione prescrittiva, in un territorio non islamico si vive malissimo» è la sua opinione. «La difficoltà nel capire chi sei, nel venire a patti con le tue radici, può portare a frustrazioni terribili e a derive violente.» Non è facile vivere con rigore in una società laica un'esperienza religiosa così totalizzante, che impatta su tanti aspetti della propria quotidianità. Mi trovo perfettamente d'accordo: per questo l'idea del Califfato ha tanto *appeal.* «Perché promette la creazione di uno spazio pubblico islamico» conclude lui.

Uno spazio di riduzione della complessità e soluzione dei conflitti. La chiave del successo per tanti messaggi contemporanei.

L'analisi di Galzerano mi convince, ma obietto che molti musulmani, anche giovani, si impegnano per cercare un'integrazione. E non per questo rinunciano a praticare la loro fede.

«Una parte non integralista, tollerante, quietista certo esiste» annuisce. «Non so se sia minoritaria. Quel che so è che non mi lascia tranquillo il fatto che ci sia chi predica un islam politico radicale nelle nostre società. Chi sostiene che Dio può intervenire direttamente nei nostri affari. Ciò detto, un islam europeo è necessario per arginare l'islamismo. Questa parte della popolazione si deve poter sentire rappresentata… ma devono farsi rappresentare.»

Un problema di cui ho già parlato con diversi imam, gli racconto. Non ho avuto però l'impressione che le moschee potessero essere i luoghi principali di un'attività clandestina. Galzerano mi conferma che le dinamiche di reclutamento e radicalizzazione ormai si sono trasferite perlopiù su internet. Le comunità sanno bene che i luoghi di culto sono sotto gli occhi dei servizi di sicurezza. «Hanno troppo da perdere» riassume, «e sono sotto un'enorme pressione.» Gli imam hanno tutto l'interesse a collaborare con la polizia, segnalando gli elementi incendiari e i contatti con i gruppi sospettati di attività politica fondamentalista.

Galzerano cita il caso di un adolescente di Brescia, Anas el Abboudi, di famiglia marocchina. Posto sotto sorveglianza dalla polizia, è stato infine arrestato per incitamento alla violenza terroristica. Lo hanno rimesso in libertà in attesa di processo, riferisce il mio interlocutore a labbra strette, ed è scomparso. Per ricomparire su Facebook nell'estate 2013, con il nome di Anas al-Italy. Sosteneva di essersi unito ai ribelli che combattono Assad nel Nord della Siria. Brandiva un kalashnikov. E minacciava l'Italia in un lungo monologo sulle perversioni della società occidentale, sul ritmo del rap che era la sua specialità a Vobarno. Poi più niente. «Probabilmente è morto» conclude l'uomo dell'antiterrorismo, nella voce il rimpianto di chi si sente personalmente sconfitto. Ogni volta che un ragazzo va a perdere la vita in una battaglia che non sarà lui a vincere.

Il fenomeno della radicalizzazione è certo molto meno importante in Italia rispetto a Paesi come la Francia o la Gran Bretagna. I *foreign fighters* partiti dalla nostra penisola sono solo novantatré, alcuni ancora vivi, altri no. Ma si tratta comunque di tragedie che potrebbero, che dovrebbero essere evitate. Costruendo una catena di attenzione collettiva. «Nelle città, nelle periferie, nelle scuole» elenca con calore Galzerano. «È qui che si formano i concetti e le condizioni di una sensibilità che può salvarci o perderci. Viviamo in una stagione che ci ha insegnato a non sottovalutare nulla. E ci ha mostrato che la vittoria si ottiene solo grazie al duro lavoro, alla condivisione delle informazioni, e anche contrapponendo valori positivi alla negatività del crimine. Quello terroristico come gli altri.»

Non è tra i migranti ammassati al porto di Lampedusa che dobbiamo cercare il viso del nostro nemico, mi assicura. Su settantacinquemila persone arrivate lì nel 2015, quelli che lui chiama «elementi di interesse» saranno stati cinque o sei.

«Migrazione e terrorismo vanno tenuti separati» dichiara con forza. «I migranti non arrivano come terroristi. Se poi lo diventano, è anche colpa nostra.»

Il prossimo ufficio del mio percorso, alla ricerca di risposte dai responsabili della nostra sicurezza, sta in uno dei palazzi del potere di Roma. L'uomo che lo occupa non ha un nome: è la condizione che ha posto per ricevermi. Non è il primo, come ho visto a Catania, e non sarà l'ultimo a porla. Gli pongo innanzitutto una domanda che sta a cuore a tutti: dobbiamo intervenire in Libia? Se sì, al fianco di chi? A che scopo? Non sembrano esserci risposte.

«È una battaglia che cambierà il mondo. O si vince o si perde: questa è la partita contro l'Isis» mi garantisce. Sono parole forti, ma lo ascolto con attenzione. Voglio scoprire che cosa sanno le persone che decidono della nostra sicurezza. Cosa ci minaccia, e quanto da vicino. Cosa si sta facendo per prevenire ed evitare altri attacchi.

Lui è convinto che la guerra contro il terrorismo e il suo nuovo volto, lo Stato islamico, sia uno scontro decisivo. E che l'Europa rischi di rimetterci l'anima, abbandonandosi a quella che lui chiama «sindrome della sottomissione». Perdendo terreno sui campi più essenziali, come i nostri valori, la nostra libertà, le nostre leggi, mentre proprio sui princìpi etici occorre un cambio di passo. Dobbiamo riproporre un Occidente che «fa cose giuste» argomenta. «La lotta al terrorismo deve coinvolgere teste e cuori delle popolazioni.»

Dobbiamo riuscire a sconfiggere questo nemico senza violare i princìpi della nostra Costituzione, continua. E senza cadere nella trappola della paura.

Facile a dirsi. Lo Stato islamico ha nella paura la sua arma più potente. «È la prima volta nella storia che un'organizzazione terroristica occupa e controlla un territorio considerato alla stregua di uno spazio nazionale, con tanto di confini, servizi pubblici, un bilancio...» mi fa notare lui. Dando una struttura nazionale al suo Califfato, sostiene, l'Isis ha scelto di giocare la carta dello scontro convenzionale. «Quando parlano i vari Jihadi John ci dicono: "Vi conosciamo molto bene". Ed è vero. La nostra conoscenza, al contrario, è molto limitata.» La sfida all'Occidente è chiara: «Venite a snidarci se ne avete il coraggio!». Una provocazione che chiede una risposta di tipo militare, e per giunta vittoriosa.

In Afghanistan, continua, al-Qaida si trincerava come in un covo, nascondendo i suoi leader e i suoi campi di addestramento. La rete di Osama bin Laden era una nebulosa di cellule disperse in un Paese ospite, quindi meno pericolose. Se la memoria non mi inganna, all'epoca la musica era diversa, anzi, ci dicevano tutto il contrario: al-Qaida era difficile da combattere proprio perché inafferrabile e ubiqua. Dove stava, dove sta la verità?

Oggi, a quanto pare, va di moda il terrorismo stanziale. Installato nel Siraq, sotto il controllo di Abu Bakr al-Baghdadi. E il Califfato creato dall'Isis, sostiene il mio interlocutore, ha uno sguardo strategico di lungo periodo: vuole estendere il proprio dominio alla totalità del mondo musulmano, se non oltre. Un programma quantomeno ambizioso, commento.

«Certo» concorda, «ma ci sono tre dinamiche decisive a incoraggiare quell'ambizione. Lo scontro aperto tra sunniti e sciiti, la rimessa in discussione delle frontiere nazionali disegnate un secolo fa alla caduta dell'Impero ottomano, e il fallimento delle primavere arabe, che non hanno portato a sistemi democratici solidi in Nord Africa e in Medioriente.»

Noto che l'enorme errore costituito dalla guerra in Iraq non viene più nemmeno ricordato. Eppure, senza quel conflitto la situazione oggi sarebbe ben diversa.

Indubbio, secondo lui, è che gli attentati parigini del 13 novembre segnino un salto di qualità. Innanzitutto nelle capacità dei terroristi che minacciano l'Europa. E poi nelle strategie, nelle possibili complicità. A partire dai giubbotti esplosivi, non un articolo facile da procurarsi sul mercato. Anche se Galzerano mi aveva specificato che le componenti possono viaggiare separatamente, in anonimi container, per poi essere assemblati sul posto. «Non è poi così difficile» aveva aggiunto con l'aria di chi ne ha viste molte.

Ma Galzerano non sembrava considerarsi in guerra, mentre questo mio nuovo ospite sì. Gli chiedo quale sia, esattamente, il ruolo dell'Italia. Rischia quanto gli altri Paesi europei, mi garantisce. Anche se è vero che gli italiani partiti per diventare jihadisti sono molto pochi, e un terzo è rimasto ucciso sul campo in Medioriente. Qualche dato positivo c'è. Gli elementi da tenere sotto sorveglianza in patria si contano sulle dita di due mani. Infine, la comunità musulmana italiana è molto meno numerosa che in altri Paesi e meglio distribuita: non si concentra in grandi periferie senza legge. I luoghi di preghiera non tendono a trasformarsi in luoghi di radicalizzazione. «Dieci, cento, mille moschee!» sorride. Non si può fermare un culto. Ma occorre chiedere trasparenza alla comunità, prediche in italiano agli imam, e lavorare per una rappresentanza dell'islam nel nostro Paese.

E poi c'è papa Francesco, mi ricorda. Ha avuto il coraggio di compiere gesti importanti per disinnescare le mine da sotto i piedi degli italiani. Nel novembre del 2015, in viaggio nella Repubblica Centrafricana, ha visitato nella capitale Bangui la moschea di un quartiere musulmano soprannominato «il PK5». Gli abitanti sono letteralmente assediati da milizie cristiane e non si azzardano a mettere piede oltre il perimetro della loro zona. Il papa, invece, è voluto andarci, contro il parere del suo servizio di sicurezza. Per portare un messaggio di dialogo e di pace tra comunità religiose manipolate dai signori della guerra.

Sia pure, ma questa bella tranquillità reggerà, ora che la violenza bussa alle nostre porte? Resisterà se decidiamo di intervenire in Libia?

Secondo il mio interlocutore le condizioni, nel caso, sono chiare: occorrono un mandato internazionale, alleati, mezzi militari. «Soprattutto ci vuole un obiettivo politico preciso. Evitando una spaccatura della Libia in due parti.»

Replico: tutto bello a parole, ma che cosa contate di fare in un Paese nel caos? Dove operano centinaia di bande armate e decine di migliaia di miliziani, alcuni dei quali già affiliati allo Stato islamico?

La risposta delinea un progetto politico che raccolga un'assemblea di tribù in una Libia unita, in grado di godere appieno di tutte le sue risorse energetiche.

Una posizione che mi lascia perplessa. Il destino della Libia è stato manipolato fin dall'inizio. E nella fine di Gheddafi, ciascuno ha fatto la sua parte: Paesi vicini e lontani. I risultati sono stati pessimi, con buona pace delle eccellenti intenzioni di tutti. Non rischiamo di finire a giocare sul terreno dell'avversario, chiunque esso sia? E poi, chi decide questi «obiettivi precisi»? Europei e americani hanno davvero gli stessi interessi? Chi paga oggi il conto dell'intervento militare in Nord Africa e in Medioriente? Non certo gli strateghi della Casa Bianca e del Pentagono. Piuttosto gli avamposti, dalla Sicilia a Lesbo a Calais, in cui affluiscono centinaia di migliaia di disgraziati da sfamare, curare, ospitare.

«E se tra i profughi si infiltrassero dei pericolosi terroristi?» è l'argomento che sentiamo ripetere dai politici che sfruttano la paura degli elettori, alla deriva anche loro. Non sono più i tempi in cui per sedurre i cittadini occorreva la promessa di un domani radioso. Oggi, bisogna saper manipolare il panico.

Non molti mesi fa, il ministro della Difesa francese Jean-Yves Le Drian ha accusato l'Italia di lassismo. Secondo lui, Roma mette a repentaglio la sicurezza dell'Europa spalancando le porte ai jihadisti e agli attentatori. «Parole a vanvera, una sciocchezza colossale!» mi assicura un altro funzionario romano, il mio terzo appuntamento, anche lui senza nome per scelta. È uno degli uomini che vedono passare sulla propria scrivania i rapporti più segreti dello Stato italiano. I fatti, le cifre, le tendenze, le previsioni, i rischi… una fitta rete di informazioni incrociate.

«Un terrorista» prosegue «è un investimento. È un combattente formato, addestrato, indottrinato. Un investimento non si fa viaggiare a bordo di canotti gonfiabili che rischiano di colare a picco o di venire intercettati dalla Marina militare. Basta un visto turistico e il terrorista va dove vuole.»

Rimane il fatto che due degli attentatori di Parigi, a quanto si dice, erano arrivati in Europa da poco.

«Tutto da verificare» mi risponde. Due dei tre uomini che il 13 novembre si sono fatti esplodere nei pressi dello Stade de France sono stati presentati come siriani, poi come iracheni giunti in Europa passando per la Grecia. Tutto questo in base a documenti trovati sui corpi. Documenti rubati. Il terzo membro di quel gruppo era francese.

Quali sono, gli chiedo, le misure prese per scongiurare nuovi attentati? Si tratta di un rischio concreto anche per noi?

«Mai dire mai» sentenzia, «ma un'operazione di quel tipo mi sembra un'eventualità improbabile da noi.» I servizi di sicurezza italiani si sono dotati da oltre dieci anni di una struttura di coordinamento, il Comitato di analisi strategica antiterrorismo (Casa). «Non va dimenticato che possiamo vantare un'esperienza storica importante nella lotta al terrorismo. L'abbiamo pagata con il sangue» mi ricorda. La nostra intelligence ha inscritto quella esperienza nel proprio Dna.

Allude agli anni di piombo. Alla guerra contro le Brigate Rosse e l'eversione nera. Un periodo nel quale l'Italia ha oscillato tra democrazia e derive autoritarie. Terrorismo rosso, terrorismo nero, servizi paralleli, corruzione di Stato, ingerenze straniere. La risposta è stata una battaglia in nome del diritto e della legalità. Oggi quella sfida torna a riproporsi. La paura che ci ispira il terrorismo islamico rischia di portarci a scegliere la sicurezza a ogni costo. Anche a costo della libertà.

Il terrorismo, però, va misurato in base al suo reale potere di azione. La forza di un gruppo come l'Isis sta nella sua capacità di destabilizzare le nostre società. Sono molto abili nell'usare le immagini di violenza che circolano in rete. Sanno che hanno di fronte un pubblico assuefatto, che non si chiede nemmeno più da dove vengano, o se siano autentiche. Chi le ha prodotte, come, a che scopo? Chi gestisce quella propaganda e perché circola liberamente su una rete spesso descritta come controllabile e manipolabile? Perché, se l'accesso ai dati sensibili è così facile, le fonti non vengono braccate, identificate e neutralizzate?

Nell'immediato, il governo italiano deve far fronte a un'emergenza vera. Ben più concreta dell'ipotetico sbarco di terroristi agli ordini di Abu Bakr al-Baghdadi.

«Attendo con grande inquietudine la prossima ondata di emigrazione» mi confida il mio interlocutore. L'anno scorso il Paese è stato in grado di «gestire» oltre centomila migranti. Nel 2016 i numeri sono già in aumento. Nel primo trimestre, gli sbarchi sono quasi raddoppiati rispetto allo stesso periodo del 2015. «Siamo tecnicamente in grado di accogliere centocinquantamila migranti» prosegue: oltre quella soglia il sistema andrà in tilt.

Chiedo che cosa si può fare. «Aprire dei campi di concentramento?» ribatte ironicamente lui. «Bisogna riuscire a gestire la situazione senza farne un dramma» dichiara poi, dall'alto dei suoi trent'anni di esperienza in posizioni chiave della macchina statale italiana.

Più facile a dirsi che a farsi. E proprio per riportare

il «fenomeno islam» alla sua dimensione più pragmatica, quella sociale, stasera ho appuntamento con un uomo che non è un agente segreto. Ma che è stato creduto tale, perché poneva domande sull'islam. In un tempo in cui le risposte, in Italia, sembravano ancora facoltative.

Per mappare la realtà dell'islam italiano, vent'anni fa Stefano Allievi ha percorso migliaia di chilometri. All'epoca, mi racconta, in Italia vivevano appena trecentomila musulmani, e di questa comunità non importava niente a nessuno. Allievi, giovane sindacalista, aveva scoperto che esisteva un islam europeo solo qualche anno prima, partecipando a un convegno sul tema, in Belgio. I ricercatori francesi erano i più ascoltati, poiché venivano da un Paese con una popolazione musulmana in forte crescita.

Dopo quel convegno, l'interesse di Allievi, cattolico convinto, per questo tema non ha fatto che crescere. E lui ne è diventato uno dei maggiori esperti italiani. Non più sindacalista, ora insegna Sociologia all'Università di Padova.

Quando comincia la sua inchiesta, nel 1991, l'Italia conta un centinaio di luoghi di culto, «moschee» per modo di dire, spesso periferici, o in paesi della provincia. All'inizio, le sue indagini suscitano sospetti. «Per via del mio nome, c'era chi pensava che avessi ascendenze ebraiche e che potessi essere un agente dei servizi israeliani!»

Ma Allievi persevera e nei suoi viaggi attraverso l'Italia scoprirà quello che chiama «islam popolare», una comunità laboriosa che da Nord a Sud cerca di praticare la sua fede in un Paese a maggioranza cattolica. Si stupisce del meticciato già molto avanzato che scopre in Sicilia. L'ho notato anch'io, in quella terra: una capacità di accogliere e integrarsi quasi camaleontica. Allievi spiega questa particolarità con la storia di un'isola rivolta verso il Mediterraneo, il Levante e il Nord Africa. Ma anche con la povertà di una popolazione che vive di pesca e di agricoltura.

«I migranti sono poveri tra i poveri» sottolinea. Si cementa una solidarietà di classe, che non viene intaccata dalle differenze religiose.

Negli anni Novanta, lo Stato italiano comincia a occuparsi del problema dell'immigrazione. La legge Martelli statuisce l'esistenza di questo fenomeno e ne regola aspetti diversi, tuttora oggetto di dibattito, tra cui il diritto d'asilo e i permessi di soggiorno.

Ma è una quindicina di anni fa che il tema esplode, sostiene Allievi. Lui lo chiama «settembre nero» italiano, echeggiando la storica definizione data al settembre 1970, che vide gli scontri sanguinosi tra palestinesi e giordani. Per il professore, lo spartiacque italiano è il settembre 2000. In ottobre, immigrazione e questione islamica irrompono nel dibattito pubblico con le manifestazioni della Lega Nord contro la costruzione di una moschea a Lodi. Guidati dall'allora segretario regionale della Lega, Roberto Calderoli, i manifestanti non risparmiano insulti e provocazioni. È la legittimazione pubblica della violenza, perlomeno verbale, contro i musulmani in Italia. «La Repubblica» titola sulla «guerra santa» della Lega contro l'islam italiano.

Nel ristorante romano in cui ci siamo incontrati, luci soffuse e voci basse, sembra di ricordare un'epoca lontanissima. Ancora di più quando Allievi prosegue evocando il secondo degli episodi che a suo parere connotano il «settembre nero». Alla fine di quel mese l'arcivescovo di Bologna, il cardinale Giacomo

Biffi, dà alle stampe un documento. Pagine in cui sostiene che i musulmani hanno una «umanità» diversa da quella dei cristiani. E che è impossibile per loro integrarsi nelle società democratiche e laiche. Scrive Biffi: «Gli islamici – nella stragrande maggioranza e con qualche eccezione – vengono da noi risoluti a restare estranei alla nostra "umanità", individuale e associata, in ciò che ha di più essenziale, di più prezioso, di più "laicamente" irrinunciabile: più o meno dichiaratamente, essi vengono a noi ben decisi a rimanere sostanzialmente "diversi", in attesa di farci diventare tutti sostanzialmente come loro.

«Hanno una forma di alimentazione diversa (e fin qui poco male), un diverso giorno festivo, un diritto di famiglia incompatibile col nostro, una concezione della donna lontanissima dalla nostra (fino a praticare la poligamia). Soprattutto hanno una visione rigorosamente integralista della vita pubblica, sicché la perfetta immedesimazione tra religione e politica fa parte della loro fede indubitabile e irrinunciabile, anche se aspettano prudentemente a farla valere di diventare preponderanti. Non sono dunque gli uomini di Chiesa, ma gli Stati occidentali moderni a dover far bene i loro conti a questo riguardo».

Secondo Allievi, queste esternazioni corrispondono alla posizione delle cerchie più conservatrici della Chiesa cattolica. Ma l'atteggiamento di sfiducia nei confronti del mondo islamico è reale. E già diffuso.

Il terzo elemento, conclude Allievi, è un libro pubblicato dal politologo Giovanni Sartori sul pluralismo e sugli «stranieri», *Pluralismo, multiculturalismo e estranei. Saggio sulla società multietnica*. Anche il professore, editorialista del «Corriere della Sera», argomenta che i musulmani non possono integrarsi, e rappresentano un pericolo per le società europee. Arrivando a teorizzare che «responsabile del razzismo è chi lo provoca». Discussioni da bar, secondo Allievi. Ma dando loro credito, uno stimato studioso apre le porte a un approccio xenofobo alla problematica dell'immigrazione, nei circoli intellettuali laici e di sinistra. Senza alcun elemento concreto a sostegno della sua tesi.

L'idea che un Paese come l'Italia possa essere «invaso» dai migranti, e vedere i propri valori minacciati dai musulmani, non regge infatti all'analisi delle cifre. Su una popolazione di sessanta milioni di abitanti, i musulmani sono circa 1,6 milioni. E i luoghi di culto circa ottocento, millesettecento fedeli per ogni centro religioso. Siamo nella media europea.

Il professore prosegue il suo racconto «storico» con un altro settembre, quello del 2001. E con il colpo di grazia: esce sul «Corriere della Sera» un lungo articolo di Oriana Fallaci, *La rabbia e l'orgoglio*, ispirato dagli attacchi terroristici dell'11 settembre a New York, dove la giornalista vive da anni. «Una femminista considerata di sinistra che attacca l'islam in questo modo. Una manna per chi vuole vedere nella religione musulmana un nemico del mondo civilizzato» spiega Allievi. L'articolo della Fallaci diventerà un saggio best seller, milioni di copie vendute in tutto il mondo, a cui ne seguiranno altri dello stesso tenore.

E il dibattito, da allora, si è polarizzato sempre di più: tra «noi» e «loro», tra buoni e cattivi. Le voci di chi invita a guardare la realtà con occhi più disincantati, meno emotivi, si sentono poco e male. È tanto più facile e redditizio propagare i luoghi comuni. Mentre la risposta giusta è quella di Galzerano: «Non mi fido delle semplificazioni».

Chiedo al professor Allievi se è corretto dire che, rispetto ad altri Paesi d'Europa, l'Italia fa eccezione. Se davvero negli ultimi quindici anni abbiamo vissuto meno tragedie, meno tensioni degli altri. E se la presenza così forte della religione cattolica, invece di essere il problema per una convivenza con l'islam, sia parte della soluzione.

«Esiste una medesima grammatica religiosa che accomuna cattolici e musulmani» annuisce Allievi. È più facile per noi capire la visione della vita politica e sociale dei musulmani, così intrisa di religione. Anche in Italia, l'abbraccio tra Chiesa e Stato non si è mai del tutto sciolto.

Ma quello che viviamo è un equilibrio fragile, che può rompersi in ogni momento. Il nostro Paese può diventare un bersaglio. Riferisco ad Allievi l'opinione di Galzerano che attraversiamo un periodo di rischio terroristico senza precedenti, se non saremo capaci di attivare le giuste reti di attenzione sociale. Soprattutto per contrastare la frustrazione dei giovani. E il professore è d'accordo.

Nell'Italia di oggi alcuni giovani musulmani, come tanti coetanei, si sono secolarizzati. Ma la laicità non basta più. Non dà risposte a chi si trova chiuso in una società ansiogena, in un futuro spesso senza vie d'uscita. E per i musulmani di seconda e terza generazione, aggiunge Allievi, il problema dell'incertezza è aggravato da quello dell'identità.

«Si sono staccati dai loro Paesi d'origine. Hanno difficoltà a farsi accettare in quello d'arrivo, l'Italia. E trovano in un islam semplificato una nuova forma identitaria.» Così diventano facile preda della propaganda esaltante che circola in internet. E che di internet ha l'immediatezza, la facilità, la comoda dimensione mista di realtà e immaginazione. Prospettive incerte? Senso di marginalità sociale? Razzismo diffuso, o apertamente subìto? La risposta è semplice: jihad. La guerra santa in Siria, contro questo Occidente da cui viene ogni male!

Senza sapere nemmeno di cosa parlano, i ragazzi e le ragazze si ritrovano parte di una nuova grande tribù. Che per di più si propone come vittoriosa. Si inebriano di coraggio e di fervore: uccidere o morire per Allah! Finalmente hanno una missione. Alcuni si convincono di poter passare all'azione, e qui è in agguato il pericolo.

«Il rischio è grande» dichiara Allievi. «Il terreno è fertile, e un individuo può cambiare con estrema rapidità.»

Tanto più se è facilitato da reti di finanziamento occulte. Sembra fin troppo semplice per un teenager organizzare il viaggio verso la terra del jihad. Arrivano fino in Turchia, e si spostano verso le aree più vicine alla Siria, sotto gli occhi – apparentemente ciechi – delle autorità turche. Poi i loro contatti li aiutano ad attraversare la frontiera per arrivare ad Aleppo, Idlib o Raqqa.

E la linea di Allievi come di Galzerano è che per fermarli serva una mobilitazione di massa della società italiana. Nelle scuole, nei luoghi di socializzazione, ma anche negli ospedali, nelle carceri. Le ferite di chi si sente respinto dalla comunità a cui appartiene, la nostra, vanno rimarginate all'origine. Prima che si trasformino in fratture destinate a inghiottirci tutti.

6

Maroni e il disegno diabolico di Renzi

La cravatta, naturalmente, è verde. È una delle certezze che ho quando vado a incontrare il governatore della Lombardia Roberto Maroni, una delle sue caratteristiche fisse. Insieme al sorriso da ragazzo, e al fatto che terrà accuratamente per sé eventuali posizioni estremiste. Nelle sue interviste a «Libero» successive agli attentati di Parigi, ho letto frasi incendiarie. Quello che mi riceve oggi, nel suo luminoso ufficio romano dall'arredamento moderno, è un uomo delle istituzioni, sobrio e disposto al dialogo.

Quando ci vediamo, la notizia è fresca: la Corte Costituzionale ha bocciato all'unanimità quella che i giornali chiamano «legge anti-moschee», dichiarandola incostituzionale. La legge della Regione Lombardia, fortemente promossa dalla Lega e da Maroni, dovrebbe regolamentare la costruzione di nuovi luoghi di culto. Ma secondo la Consulta, la norma pone tanti e tali paletti da bloccare di fatto l'edificazione. Per esempio, stabilendo che debba essere svolto un referendum tra i cittadini, che dovrebbero scegliere se consentirla o meno.

Roberto Maroni ci tiene subito a specificare la sua posizione: «Non è una legge sulle moschee, è una legge urbanistica che riguarda regole ai Comuni per la realizzazione di luoghi di culto. Di tutti i culti, non solo quello islamico. Adesso, invece, ognuno può fare ciò che vuole. La nostra non era una legge discriminatoria come è stato detto. Stiamo ancora aspettando le motivazioni, ma penso che la censura sia sulla distinzione che abbiamo fatto tra i culti cosiddetti riconosciuti, con cui c'è un accordo, e gli altri. Resta il fatto che anche i rapporti con le religioni devono essere soggetti a regole. Secondo la nostra legge, il Comune può decidere se inserire o meno, nel piano regolatore, la costruzione di nuovi edifici destinati alla preghiera. Questa credo che sia la seconda censura: qualcuno ha sostenuto che c'è l'obbligo di riservare degli spazi. Secondo me non è così, e sceglie il sindaco. Ma non è una legge contro le moschee né contro l'islam: serve per regolamentare».

Quindi, una volta ricevute le motivazioni della Consulta, riproporrete la legge? In che termini?

Se secondo la Consulta il sindaco deve riservare per forza, nel nuovo piano regolatore, uno spazio per luoghi di culto da costruire, lo accetteremo. Ma manterremo le limitazioni che abbiamo chiesto, in particolare quella relativa al referendum tra i cittadini.

Quali sono le regole specifiche cui devono attenersi questi centri di preghiera?

Le stesse che valgono per qualsiasi edificio. Non possono superare un certo numero di piani, devono stare distanti da certi altri… E ci sono luoghi sensibili, per esempio non puoi fare una moschea vicino a una chiesa.

Perché no? Nel cuore di Firenze c'è la Comunità islamica, a pochi passi la sinagoga, e chiese dappertutto…

L'abbiamo fatto per esempio anche per le sale gioco.

Abbiamo imposto distanze minime tra luoghi sensibili ed esercizi dove ci sono le slot machine.

Si presuppone che l'attività di una sala da gioco sia molto diversa da un luogo di culto, no?

Sì, ma il principio è che occorrono regole di carattere urbanistico, non limitazioni all'esercizio dell'attività o della religione. Dopodiché sentiamo le motivazioni: se ci diranno che si possono fare moschee o edifici di altro tipo ovunque, ne prenderemo atto.

Facevo l'esempio di Firenze perché qualcuno potrebbe vederla anche in un'altra ottica: stando vicini l'integrazione è più facile, ci si conosce meglio. Anche a Catania hanno fatto questa scelta. Mentre a Milano c'è un centro travagliato come quello di viale Jenner. I cui fedeli, peraltro, da anni pregano accampati nei tendoni accanto all'ex Palasharp. Non è un bello spettacolo, per una città moderna e civile. Non sarebbe meglio costruire una moschea che li contenga?

Ci vogliono delle regole e sulla base di queste è giusto che ognuno possa professare la religione nel luogo adatto. Viale Jenner non era una moschea, era un luogo di culto ma anche di ristorazione, vendita di alimentari... Quando ero ministro dell'Interno siamo intervenuti per garantire il rispetto delle norme del commercio e di quelle igieniche. Volevamo evitare che, a differenza di tutto il resto della città, lì si potesse fare quello che si voleva.

A Milano, dove i musulmani sono circa centoventimila, basta la moschea di Segrate?

Non lo so se basta, ma funziona. Conosco bene questa realtà, è ordinata, accettata, bene inserita nel tessuto sociale. Una cosa del genere va benissimo. Non va bene invece far passare il messaggio che alcuni possono fare cose che ai milanesi e ai lombardi sono vietate dalla legge.

Cito da una delle sue interviste: «I luoghi di culto, le moschee, i centri religiosi, sono luoghi di radicalizzazione». Perché?

Alcuni possono esserlo... Ma non ho generalizzato. Non generalizzo mai. Quando ero ministro ricordo che c'era la proposta di rendere obbligatori i sermoni in italiano per poterli controllare. A me sembrava una forzatura. Se c'è una moschea il cui predicatore desta preoccupazione, l'intelligence mette le microspie e qualunque lingua parlino siamo in grado di tradurre tutto, quindi non è questo il problema. Era una richiesta inutile, anche perché chi vuole fare predicazione radicale riesce a farlo comunque.

Sarebbe importante che la formazione degli imam italiani non avvenisse in Arabia Saudita o in Egitto?

Questo non possiamo regolarlo noi, come non regoliamo noi la formazione dei preti della religione cattolica.

L'islam è tra noi ed è qui per restare. È di sicuro necessario, spiegare all'opinione pubblica che i musulmani non sono il male assoluto. In un'intervista lei afferma: «L'islam moderato non esiste». Lo pensa ancora?

Da ministro dell'Interno avevo creato la Consulta per l'islam e avevo escluso quelli dell'Ucoii perché – parliamo del 2009 – non li consideravo certo moderati, anzi. Forse mi riferivo a questo tipo di associazioni. L'islam moderato in realtà esiste, ma non si fa sentire.

E c'è il problema che al contrario della religione cattolica non ha una gerarchia. Ogni imam può dare la legittima interpretazione del Corano. Per questo la Consulta per l'islam non serve a niente: chi vi partecipa che potere di intervento ha sugli imam? Zero. È questo il problema. Non c'è la possibilità, grazie a questi organismi, di governare davvero il fenomeno sul territorio. Quindi… confidiamo nell'intelligence.

Lei pensa che l'islam sia compatibile con le nostre regole democratiche? Con le nostre società aperte?

Il dibattito è in corso da tempo. Se io fossi musulmano a Milano farei di tutto per integrarmi, e per affermare il mio diritto di vivere da musulmano a Milano. E farei bene. Il problema è chi, nell'illusione di aiutare questa integrazione, rinuncia alle proprie tradizioni. Scuole che non fanno il presepe, che non festeggiano il Natale, una scuola di Milano ha eliminato il 19 marzo che è la festa del papà, che c'entra coi musulmani? C'è uno stravolgimento, e io lo sento anche personalmente come un fastidio vero. Sono gesti simbolici con una forza intrinseca straordinaria. Parliamo della scuola, il luogo dove si forma la classe dirigente del futuro.

Sul non rinunciare alle proprie tradizioni sono d'accordo, ma ricordiamo che sono stati una manciata di casi su centinaia di migliaia di scuole. Se non ci rifacciamo sempre ai numeri, rischiamo di creare un allarme dove non c'è. Torniamo piuttosto alla compatibilità dell'islam con i nostri valori democratici.

L'islam è una religione: si può mettere in rapporto con la democrazia, che è un sistema di governo? Non lo so. Noi abbiamo cercato di esportare la democrazia nei Paesi arabi, e abbiamo visto il risultato. Hanno una forma diversa rispetto alla democrazia occidentale: sono da condannare per questo? Io dico di no. In Arabia Saudita non c'è democrazia, significa per questo che sono tutti schiavi? Non mi pare. Non ha quindi molto senso, trovo, discutere della convivenza tra islam e democrazia. Di quella tra islam e cristianesimo invece sì. Storicamente non c'è quasi mai stata, fino a Lepanto. La storia che è venuta prima di Lepanto, e da Lepanto in poi, è stata una storia di conflitto tra l'islam e il cristianesimo. Penso che la nostra ambizione debba oggi essere far convivere le due grandi religioni monoteiste, oltre all'ebraismo con cui però il problema non c'è. Ma serve rispetto reciproco.

Ma chi non rispetta chi? Cosa origina i conflitti?

Loro – si veda viale Jenner – pretendono a volte di avere cose senza rispettare le nostre leggi. Perché da *loro* si fa così. La macellazione, per dirne una... Il nostro errore più grave è la convinzione che per integrarli meglio bisogna farli sentire come a casa loro. È il contrario. Dobbiamo farli sentire bene a casa nostra, se no si crea un ghetto. Io sono per l'integrazione. Convivenza sì, ma nel rispetto delle *mie* regole.

Facciamo un esempio: il cardinale di Milano, Angelo Scola, ha detto che le due feste religiose principali della religione islamica dovrebbero essere riconosciute, inserite in calendario. Lei è d'accordo?

Io penso che la Chiesa cattolica dovrebbe pensare a fare di più la Chiesa cattolica. Se la regola è che tutte le religioni hanno diritto alla propria festa, rimarranno forse venti giorni l'anno in cui si lavora. Io sono perché lo Stato riconosca le feste che ci sono adesso: punto. Credo che la Chiesa, in alcune sue espressioni, alimenti molto questo eccesso di apertura, che è sbagliato. Non si può dire: «Venite qui e comandate voi». Ho partecipato a una messa in Duomo, il celebrante non era l'arcivescovo, e al momento del *Padre nostro* ha detto: «Recitiamo tutti la preghiera che Gesù ci ha insegnato... naturalmente mi rivolgo a quelli che ci credono, gli altri sono liberi di non dirla». In chiesa! Capisce? È come dire: «Venite qui voi e diteci quello che dobbiamo fare». Cosa che non sono certo *loro* a chiedere, peraltro. Ho sentito tanti musulmani dire, anche nelle scuole: «Ma noi non siamo contrari a festeggiare il Natale, fatelo pure». È un nostro eccesso di zelo. Mentre basta essere chiari: «Voi festeggiate le vostre feste, noi festeggiamo le nostre e viviamo assieme. In una società più laica».

Ed ecco la parola magica: laicità. E il ruolo della religione nello spazio pubblico. Su questo tema ho avuto dei veri dibattiti. Per fare un esempio pratico: c'è chi mi ha detto che bisognerebbe istituire per i musulmani praticanti due ore di libertà al venerdì per la preghiera, e magari anche luoghi di culto in ufficio e nelle fabbriche. Si deve fare o non si deve fare?

Io non ho obiezioni, però deve essere una libera scelta degli imprenditori, non una legge dello Stato. Alcune imprese aprono asili nido: costa, riduce il profitto dell'azienda, ma migliora la qualità del lavoro. Se l'imprenditore ha una maggioranza di musulmani e decide di istituire questo tipo di permesso, vuol dire che gli rende. Ma non può essere un diritto, né un obbligo di legge. Io non lo faccio. Né per la Chiesa cattolica né per altri. Non apro un luogo di culto dentro al palazzo della Regione, non mando in libera uscita anticipata chi deve andare a pregare. Dopodiché, tutto ciò che non è vietato si può fare. Quanti imprenditori di fede musulmana ci sono in Italia? Tengono aperta la fabbrica il venerdì? L'imprenditore musulmano sa che dovrebbe decidere che al venerdì non si lavora, ma fa diversamente, se no fallisce. Per questo dico: lo Stato dovrebbe star fuori. Le regole sono quelle della società, dell'economia, del mercato. È una situazione in continua evoluzione, glielo concedo, quindi bisogna mostrare attenzione, ma io sono contro l'interventismo. Meglio consentire a tutti di *fare*.

Questo per quanto riguarda le aziende. E nella pubblica amministrazione?

C'è un contratto di lavoro collettivo che prescinde dalla religione professata, e che prevede orari stabiliti in giorni stabiliti. Ma facciamo un esempio concreto. Il palazzo della Regione è aperto la domenica, per consentire l'accesso al belvedere del 39° piano, e servono dipendenti presenti per controllare. Se ne trovassi uno che, essendo musulmano, chiede di stare a casa il venerdì ma è disposto a lavorare la domenica senza che debba pagargli lo straordinario, perché per lui è un giorno feriale, direi di sì. Questa può essere un'idea che serve a integrare rispettando le regole.

Pensa che la società italiana cambierà, e si islamizzerà?

No. Ci saranno tutte le religioni come adesso, con magari percentuali diverse di presenza. Dico una banalità: prima che venisse il cristianesimo non c'era il cristianesimo. Chi può sapere tra mille anni… Ci sarà una nuova religione, ci saranno ancora le religioni? Non lo so. Io dico che voglio salvaguardare il mio modo di vivere, le mie radici che sono cristiane. Questo è l'equilibrio che ancora non abbiamo, perché c'è molta strumentalizzazione da una parte e dall'altra. E molto vittimismo.

Veniamo all'immigrazione. Ha detto che su questo fronte il governo Renzi non fa nulla: perché?

Non fa nulla di quello che dovrebbe fare: fermare i flussi, giocare un ruolo da protagonista in Europa, visto che noi siamo la porta d'ingresso. Bisogna evitare che partano i barconi. Fare degli hotspot in Libia, sulla costa. Organizzati dal Consiglio di sicurezza delle Nazioni Unite, di cui la Libia fa parte, e presidiati dai caschi blu. Nella mia opinione l'Onu non vuole farlo perché è rischioso, ma il governo italiano dovrebbe esercitare pressioni. Picchiare i pugni sul tavolo e dire: «Dovete fare gli hotspot, i centri di prima accoglienza nei Paesi africani». E lì effettuare le verifiche del caso: hai diritto all'asilo, alla protezione internazionale o alla protezione umanitaria? Ti prendo e in aereo ti porto in Europa, dove vuoi andare. Non hai diritto a nessuno di questi tre? Stai fermo lì o torni a casa tua. Così salvi le vite, non li fai imbarcare.

Ma per fare questo occorrono accordi con la Libia, la Tunisia, l'Egitto... Accordi che non ci sono, Paesi che sono in guerra o non hanno comunque interesse a ritrovarsi in casa dei grandi campi profughi. E comunque la metta, l'Onu non potrebbe mai assumersi la responsabilità di andare in Libia con i caschi blu ad aprire degli hotspot.

Ci vada l'Europa, ma sotto le insegne dell'Onu, questo dico. Sarebbe un'operazione straordinariamente innovativa. Anche nell'Unione devono cambiare le regole. La competenza sul contrasto all'immigrazione illegale dovrebbe passare dai singoli Stati membri alla Commissione.

Darebbe più potere all'Europa, ma il suo partito è per l'uscita dall'euro...

Fuori dall'euro è una cosa. L'Europa è un'altra. Noi non siamo anti-europeisti, siamo neo-europeisti. Io voglio un'Europa delle regioni, di aree omogenee, che funzioni. Qui invece è un casino, perché l'Europa non ha poteri. Occorre intervenire con più decisione. Perché non si fa? Per due motivi: il primo è che c'è un po' di incapacità e ben poco coraggio. E il secondo è che a Renzi non interessa risolvere il problema. Il suo disegno è un altro: vengano tutti quelli che vogliono, gli diamo la cittadinanza, lo *ius soli* e questo lo avvantaggerà. La legge sullo *ius soli* è in corso di approvazione. Arriva una donna incinta, partorisce qua, il bambino diventa cittadino italiano, vuoi non dare la cittadinanza anche alla mamma? E poi non chiami il papà, poveretto? E intanto i genitori votano.

C'è quindi, secondo lei, un disegno politico per concedere la cittadinanza agli immigrati, in modo che per ringraziare la sinistra votino Pd? Mi sembrerebbe un progetto di lungo termine e alquanto incerto. Nel breve, Renzi ha esattamente gli stessi problemi di tutti i governanti e amministratori, tra cui placare le ansie dell'opinione pubblica inquieta. Per tacere di decisioni ben più gravi: lei, per esempio, è favorevole all'intervento in Libia?

Sono contrario all'intervento militare, perché la Libia è fatta di tante tribù. Gheddafi era l'unico che riuscisse a tenerle insieme. Entrare lì adesso vuol dire avere la forza di combatterle tutte, senza dimenticare l'Isis: è impossibile, non abbiamo le conoscenze né le forze.

7

Arabia Saudita, il regno del maschio

Quando la sera del 23 febbraio 2011 re Abdullah torna a calpestare il suolo dell'Arabia Saudita, la sua mente è inquieta. Il sovrano ottantaseienne è rientrato in patria dopo un'assenza di tre mesi, e nel frattempo il mondo è cambiato.

Il 14 gennaio il presidente tunisino Zine el-Abidine Ben Ali è stato cacciato dai militari, ed è stato accolto a Jeddah nel nome dell'ospitalità araba. Un mese dopo, l'11 febbraio, il presidente egiziano Hosni Mubarak è stato costretto dall'esercito a dare le dimissioni, dopo violente manifestazioni di piazza. Quanto al colonnello Mu'ammar Gheddafi, che Riyad non ha mai granché apprezzato, la rivolta nel suo Paese gli costerà tra breve la vita.

Re Abdullah ha seguito a distanza il terremoto che ha sconvolto il Nord Africa. Operato per un'ernia al disco in un ospedale statunitense, ufficialmente il 22 gennaio si è stabilito in una delle sue residenze in Marocco per riposare. Le voci si susseguono. Si parla già della necessità di sostituire il re, onnipotente ma ormai spossato.

Nei mesi della convalescenza, la situazione comincia a deteriorarsi. Ci sono stati disordini nel Bahrein, un arcipelago a maggioranza sciita con 1,2 milioni di abitanti, collegato alle province orientali dell'Arabia da un ponte lungo ventiquattro chilometri. La situazione è molto tesa nel sultanato dell'Oman, che monta la guardia allo stretto di Hormuz attraverso cui passa il petrolio del Golfo, e che confina per un lungo tratto con l'Arabia Saudita. E il problema più grosso è lo Yemen, parente povero e frammentato della penisola arabica. Fragile e tribale, lo Yemen è terreno fertile per le organizzazioni dello stampo di al-Qaida. La famiglia di Osama bin Laden affonda le radici in quel territorio.

Verso la fine di febbraio 2011 re Abdullah interrompe il riposo. Il vento della libertà ha cominciato a soffiare sulle distese desertiche del suo regno, le cui immense risorse petrolifere sono indispensabili a tutti. Le popolazioni sciite delle province orientali, le più ricche di oro nero, sono in subbuglio. A Hofuf e Qatif i manifestanti sfidano le rappresaglie della polizia. Vari predicatori e militanti sono già stati arrestati, e agguerriti cortei sfilano per le strade per chiedere la loro liberazione. Gli sciiti, tra il 10 e il 15 per cento della popolazione, si sentono marginalizzati in un Paese dominato dal wahhabismo, la dottrina sunnita più retrograda, che impone una interpretazione letterale, ultra-ortodossa del Corano. Le autorità di Riyad, per giunta, li sospettano di avere un filo diretto con il regime di Teheran, la teocrazia sciita. Il grande rivale per il predominio nella zona del Golfo.

Come se non bastasse, la rete si popola di appelli alla ribellione: chiedono a gran voce riforme politiche, la fine della monarchia assoluta.

Fermare il contagio della primavera araba è una questione di vita o di morte, per la dinastia fondata nel 1902. Il problema della successione di Abdullah viene momentaneamente messo da parte. La famiglia deve formare un fronte compatto e servirsi della sua arma più efficace: il denaro.

Il destino dell'Arabia Saudita è cambiato sul finire

degli anni Trenta del Novecento, quando si è capito che il suo sottosuolo racchiudeva favolose riserve di petrolio. Da allora la rendita petrolifera, ricchissima soprattutto a partire dagli anni Settanta, ha trasformato il volto del pezzo di deserto dove nel 622 ha visto la luce l'islam. E ha rivoluzionato una società rimasta immobile da secoli. Ma il potere politico è ancora un affare di clan, anzi, proprio una questione di famiglia.

In quel 2011 cruciale, re Abdullah sa che ci si attende da lui un'apertura. Finora l'Arabia Saudita è stata risparmiata dalle contestazioni popolari, ma è tempo di concedere un piano di riforme politiche. Anche l'élite chiede una maggiore condivisione del potere, e una gioventù preparata, abbiente e cosmopolita preme per entrare nella stanza dei bottoni. La rappresentanza democratica è a dir poco scarsa: il Paese, fino a quel momento, ha votato una sola volta, nel 2005, e per eleggere metà dei membri dei 178 consigli municipali. L'altra metà è stata nominata direttamente dalle autorità.

Ma qualunque desiderio riformista del re è ostacolato dalle pressioni degli ultra-conservatori. I tempi sono troppo turbolenti, insistono. Quindi, la «carota» per il popolo può essere solo una: il denaro. Il sovrano attinge alle sue riserve finanziarie, stimate a oltre 450 miliardi di dollari, grazie anche a un prezzo del petrolio che all'epoca supera i 100 dollari al barile.

L'aereo di Abdullah è appena atterrato a Riyad che la televisione di Stato annuncia un pacchetto di misure di protezione sociale: 36 miliardi di dollari. Per aiutare i giovani sauditi in cerca di lavoro, tutelare le fasce sociali più vulnerabili ed estinguere i debiti di chi è finito in carcere per insolvenza. Sarà accelerata la costruzione di nuovi alloggi, verranno aumentati i finanziamenti alla pubblica istruzione. E sostenute le associazioni di beneficenza, quelle culturali e quelle sportive.

I principi e i loro vassalli vengono a rendere omaggio al sovrano nel suo palazzo e gli fanno scivolare in mano centinaia di petizioni: è il metodo tradizionale per informarlo dei bisogni dei suoi ventotto milioni di sudditi. Negli ultimi tempi, reclami e lamentele si moltiplicano.

Il re studia le petizioni dei suoi sudditi, e intorno alla metà di marzo procede a nuove elargizioni. In un breve messaggio televisivo annuncia che il regno investirà 100 miliardi di dollari per il bene dei cittadini. Tra i vari programmi, c'è anche la creazione di un comitato di lotta contro la corruzione, posto sotto la personale supervisione del sovrano. Potrà esercitare il suo controllo su tutti i settori del governo. Il messaggio è chiaro, ma per farsi capire ancora meglio Abdullah annuncia anche che aumenterà le forze di sicurezza: sessantamila nuove assunzioni.

Parallelamente, entra in azione la diplomazia saudita. Discreta ma efficace. Senza esporsi, per evitare l'accusa di essere servi degli interessi di Washington, che da mezzo secolo protegge il regno. Di fronte a un mondo arabo in subbuglio, l'unico peso massimo superstite non può rimanere a guardare. Questa è la culla dell'islam. I sauditi per intervenire scelgono di passare per un organo regionale nel quale hanno la maggioranza: il Consiglio di cooperazione del Golfo. Creato nel 1981, il Ccg federa Arabia Saudita, Kuwait, Emirati Arabi Uniti, Qatar, Bahrein e Oman. Regimi profondamente conservatori, ma anche produttori del petrolio e del gas naturale dei quali il mondo libero e l'Asia hanno bisogno. Anche sul piano finanziario, una forza di prima grandezza. Trainato dai sauditi, il Ccg scopre una nuova vocazione: dare l'esempio (e fornire alibi) alla Lega araba, all'Onu e alla Nato. Guidare la reazione alle nuove sfide create dalle primavere arabe.

Le precauzioni prese dal re e dai suoi consiglieri allontanano, almeno per il momento, le minacce della primavera araba. Ma la famiglia degli al-Saud non potrà far nulla per fermare un cambiamento che si verifica nello stesso momento: la crisi della coppia Riyad-Washington. Un'alleanza formata negli anni Trenta sulla base di un patto semplice: i sauditi forniscono petrolio, l'America protezione. Da decenni questo matrimonio di convenienza si traduce in spartizione dell'oro nero, vendite di armamenti, e co-gestione delle crisi del mondo musulmano. Ma con l'arrivo di Obama alla Casa Bianca nel 2009 l'aria comincia a cambiare. Forte della sua nuova indipendenza economica, l'America rimette in questione un'unione da cui sono nati mostri: l'islam fanatico e la logica della «guerra permanente» in Medioriente.

Nel 2012, le tensioni tra Washington e Riyad sono già notevoli. L'accusa agli americani è di aver fatto precipitare gli eventi causando la caduta di Ben Ali e soprattutto di Mubarak. Ora il vero test è la Siria e i sauditi faranno del loro meglio, ma invano, per spingere gli Stati Uniti a scendere in campo contro Assad.

Nell'estate del 2012 la monarchia degli al-Saud entra in assetto da battaglia. Il principe Bandar Ben Sultan, che è stato ambasciatore a Washington tra il 1983 e il 2005, assume il comando dei servizi di intelligence. Ha una lunga esperienza nei meccanismi arcani del Congresso americano. E all'epoca del jihad anti-sovietico in Afghanistan si è dimostrato un abile alchimista, capace di dosare islam radicale, petrodollari, Cia e missili Stinger…

Il 18 luglio 2012 un attentato devasta il quartier generale dell'unità di crisi del regime siriano a Damasco. Coincidenza o primo effetto collaterale della nomina di Bandar Ben Sultan? Tra le vittime ci sono il ministro della Difesa nonché cognato del presidente Assad, Assef Shawkat, e il capo della Sicurezza nazionale. Per qualche tempo si crede che sia rimasta uccisa anche la principale spia iraniana, Qassem Suleimani, il comandante dell'unità di élite al-Qods, ma così non è.

Contemporaneamente, in Siria, Aleppo è invasa dai ribelli, che avanzano un po' dappertutto. Prendono possesso dell'intero confine con la Turchia, poi di quello con l'Iraq. A Sud l'acquisto di armi pesanti croate pagate da Riyad consente di aprire un nuovo fronte. Perfino Damasco è minacciata.

Consapevole del pericolo e incalzata dai guardiani della Rivoluzione, Teheran decide di mobilitarsi per salvare Assad. Gli Hezbollah libanesi vengono chiamati alla riscossa, assieme alle milizie sciite irachene. L'esercito siriano viene riorganizzato da uno stuolo di consulenti militari iraniani. Mosca, da parte sua, non risparmia sulle forniture di armi.

Il contrattacco sciita dà i suoi frutti. Nel giugno del 2013, con la caduta di al-Qusayr, città in posizione strategica nei pressi della frontiera libanese, Bashar al-Assad riesce a riprendere in mano la situazione. Il fronte dei ribelli, invece, si va disgregando sotto i colpi brutali dei gruppi jihadisti. A partire dal più feroce di tutti, l'Isis, che all'ombra del suo vessillo nero semina il terrore nelle zone «liberate».

Giungiamo così al tardo agosto del 2013, quando Assad è accusato di avere passato il segno, servendosi di «armi chimiche». Di questa crisi parleremo tra qualche pagina. Quel che interessa qui è il rifiuto degli

Stati Uniti di intervenire militarmente in Siria. Vissuto dall'alleato saudita come un «tradimento».

Che non è l'unico. Nel marzo del 2013 ha luogo un abboccamento segreto tra emissari iraniani e statunitensi. Con la benedizione della guida suprema dell'Iran, Ali Khamenei, che sotto la sua chiassosa retorica antiamericana è uno stratega senza pari. Tre mesi dopo, gli elettori regalano all'Iran il tassello che mancava per rientrare da protagonista sulla scena internazionale: un presidente presentabile, Hassan Rohani. Che chiama agli Esteri un uomo chiave della strategia di riavvicinamento con l'America: Mohammed Javad Zarif, che conosce alla perfezione il dossier nucleare. È laureato in Relazioni internazionali all'Università di San Francisco e in precedenza ha rappresentato l'Iran all'Onu.

In sintesi, tra il 2011 e il 2014 il mondo arabo-musulmano cambia volto. Non perché il popolo è sceso nelle strade a Tunisi, al Cairo, a Sana'a o a Tripoli, ma perché sono mutati gli equilibri geopolitici tra Washington, Teheran e Riyad. E se la primavera araba fosse stata solo uno specchietto per le allodole? Se la vera rivoluzione fosse stata un'altra, un radicale rovesciamento delle alleanze con gli Stati Uniti?

A Teheran, l'Arabia Saudita è percepita come un Paese sull'orlo del baratro. Ma non senza inquietudine. «Perfino noi, loro concorrenti, ci rendiamo conto delle conseguenze terribili di un eventuale tracollo» ha confidato di recente a «Le Monde» uno dei consiglieri della guida suprema iraniana.

Il 23 gennaio 2015, con la morte dell'anziano re Abdullah, le cose cominciano a cambiare in Arabia Saudita. Non è chiaro, però, se in meglio o in peggio.

Sale al trono il quasi ottantenne Salman Ben Abdelaziz, e il regno si mette in offensiva. Una politica a immagine e somiglianza del giovane (troppo giovane?) ministro della Difesa, il principe Mohamed Ben Salman. È lui lo stratega della guerra nello Yemen, che alcuni hanno già definito il Vietnam dei sauditi. Quell'intervento, partito nel 2015, è giudicato molto imprudente da chi conosce bene la storia della penisola arabica.

Riyad sostiene di volere soltanto tenere a bada l'influenza di tribù sciite che descrive come marionette di Teheran: gli Huthi. Vivono a ridosso del confine con l'Arabia Saudita e hanno assunto il controllo di una parte del territorio yemenita, con l'appoggio delle truppe fedeli al vecchio presidente Saleh. Hanno scacciato da Sana'a l'attuale presidente Abd Rabbuh Mansur Hadi. Gli iraniani hanno giurato di non sostenere gli Huthi, e l'Arabia Saudita tenta di riportare Hadi al potere. Dal marzo del 2015 quella guerra ha fatto circa seimila morti, la metà dei quali, secondo l'Onu, sono civili. Le organizzazioni di tutela dei diritti umani sono già insorte. Washington ha chiesto un cessate il fuoco, ma la popolazione saudita appoggia la guerra. Il regno ha messo in moto la sua potente macchina mediatica, tra cui l'influente canale televisivo Al Arabiya.

L'aspetto più pericoloso, tuttavia, sembra essere un altro: le violenze cominciano a dilagare. I ribelli hanno intensificato le scorrerie alla frontiera, colpiscono oltre il confine con missili Scud e, secondo gli esperti, hanno abbastanza combattenti per prendere piede in territorio saudita.

Eppure Riyad non cede. È convinto che dietro quella guerra ci sia la mano di Teheran, ad ampliare la propria influenza sciita a spese della monarchia sunnita. L'ex capo dei servizi di intelligence sauditi, il principe Turki al-Faisal, in visita in Europa, è convinto che Teheran voglia «scatenare delle insurrezioni» in altri Paesi del Golfo, come il Kuwait e il Bahrein, dove vivono nutrite comunità sciite.

Soltanto due giorni prima, a Riyad, il ministro degli Esteri saudita Adel al-Jubeir ha definito l'Iran «il principale sponsor del terrorismo mondiale», durante una visita del segretario di Stato americano John Kerry. Uno schiaffo al capo della diplomazia statunitense, considerato come l'artefice del riavvicinamento con Teheran. E Washington, per parte sua, non ha esitato a criticare certe decisioni del regno, come l'esecuzione dello sceicco Nimr Baqr al-Nimr, giustiziato il 2 gennaio 2016 insieme ad altri quarantasei condannati a morte. Era una figura di punta della contestazione sciita nelle aree orientali dell'Arabia Saudita. Risultato: la rottura dei rapporti diplomatici tra Riyad e Teheran. Mentre l'alleanza tra Riyad e Washington sembra vacillare.

Il re ha tentato con scarso successo di federare gli Stati arabi musulmani già all'epoca della «grande coalizione antiterrorismo» di trentaquattro Paesi, proclamata il 15 dicembre 2015, per combattere l'Isis «sul piano militare e ideologico». Ma non si è andati molto oltre l'annuncio.

Intanto, la brusca flessione del prezzo del petrolio mette in crisi le finanze del regno. Il prezzo al barile è sceso di quasi il 70 per cento dal primo semestre del 2014, costringendo a draconiane misure di austerità. Da Stato più che assistenziale, si è trovato costretto ad aumentare – fino all'80 per cento – carburanti, elettricità e acqua. Una situazione inedita nel Paese dell'oro nero!

In questi anni ho seguito con molta attenzione lo sviluppo degli eventi in Arabia Saudita. L'ho visitata varie volte ascoltando sempre buoni propositi, persino promesse. In particolare, con il libro *Figlie dell'Islam*, ho cercato di capire la vita delle donne in queste regioni. E dall'Arabia Saudita mi sembrava arrivasse un messaggio positivo: la strada da fare era lunga, ma l'avevano imboccata. «Non possiamo privare della partecipazione alla vita sociale, economica, politica del Paese la metà della nostra popolazione» mi diceva più di un interlocutore. E molti aggiungevano che la società era pronta a nuovi e più decisi passi verso la parità tra i sessi.

Avevo capito male? Confondevo i miei desideri con la realtà? Forse sì, perché in questi anni non è cambiato niente, o ben poco. Le saudite sono ancora sotto tutela in fatto di libertà individuali, economiche, e di uguaglianza davanti alla legge islamica, nonché legge dello Stato, la sharia.

Però, si potrebbe dire, ora sono davvero entrate in politica! Alle elezioni municipali del dicembre 2015, per la prima volta dalla presa del potere da parte degli al-Saud nel 1932, alcune donne sono potute andare alle urne. Centotrentamila iscritte nelle liste elettorali, per 1,3 milioni di votanti uomini. C'erano anche 978 candidate, rispetto a 5938 candidati maschi. Ne sono state elette 21.

Un'altra cifra è importante: sono andate a votare l'82 per cento delle aventi diritto, contro il 44 per cento degli uomini. È evidente che quando c'è una possibilità di farsi vedere e sentire, le donne la colgono al volo, con il coraggio e la determinazione di chi deve combattere a ogni passo. In Arabia Saudita come altrove, sanno che non sarà facile conquistare i diritti che rivendicano. Nessuno lotterà al loro posto. Gli alleati sono pochi: anche tra le loro «sorelle», molte non hanno capito che l'uguaglianza tra i sessi è l'unica garanzia di una società più giusta e più democratica per tutti. In primo luogo per i loro figli.

Quelle che sono entrate nella vita politica del regno hanno dovuto affrontare mille difficoltà. Quando prendevano la parola davanti a un'assemblea di potenziali elettori, dovevano stare dietro una tenda, se c'erano uomini in sala. Oppure far pronunciare i propri discorsi da un maschio. Ovviamente non potevano spostarsi senza un autista, dato che nel loro Paese alle donne è vietato guidare. E dovevano essere sempre in compagnia di un tutore, poiché non hanno il diritto di uscire di casa senza un marito, un fratello, un cugino che faccia da chaperon.

In tema di guida, il piccolo regno del Brunei, che per vivere non ha bisogno di sussidi sauditi, ha fatto un bello scherzo alla monarchia wahhabita. Il 26 febbraio 2016 un volo della Royal Brunei è atterrato nella grande città portuale di Jeddah, non lontana dai luoghi santi della Mecca e Medina. Mentre si avvicinava, i controllori dei cieli sauditi sbalordivano, ma era troppo tardi. Non si fa fare inversione a U a un Boeing 787 Dreamliner, non senza un'ottima ragione. Ma quando si sono aperte le porte dell'aereo e ne sono usciti il comandante e i suoi due co-piloti… erano donne! Per la prima volta nella storia, un aereo con un cockpit interamente rosa era atterrato nel Paese che rifiuta loro anche di tenere il volante di un'auto.

La disuguaglianza a oltranza tra i generi che esiste in Arabia Saudita ha pochi paralleli al mondo. Eppure la dinastia degli al-Saud ha utilizzato le immense ricchezze petrolifere per far studiare le proprie figlie, fino all'università. Alcune all'estero. Nonostante le difficoltà, queste ragazze si lanciano nel mondo degli affari, creano imprese, fanno innovazione. Ma come mi diceva un'amica saudita durante uno dei miei viaggi: «Qui le donne non cozzano contro il soffitto di vetro del potere aziendale, come le occidentali, ma contro le pareti di vetro di una società in cui la segregazione dei sessi è la legge fondamentale». Quelle come lei, inserite appieno nella vita sociale, sono ancora una minoranza, e le guerre che imperversano in quell'area geografica non le aiuteranno certo a diventare maggioranza.

Continuo a restare convinta che il progresso di una società si misuri con i progressi dei diritti delle donne. Vale per l'Arabia Saudita ma anche per i Paesi europei, e in modo particolare per l'Italia. Quando, per esempio, un politico come Berlusconi dichiara che non si può essere nel contempo madre e sindaco, è la modernità a essere minacciata. Dimostra una visione del mondo arcaica, ancorata in un machismo volgare e sprezzante.

I pochi progressi sui diritti femminili, in Arabia Saudita, vanno di pari passo con la repressione violenta della contestazione. Nel gennaio 2016, il regime ha giustiziato quarantasette oppositori politici, accusati di «terrorismo»: la maggior parte vengono decapitati, quattro di loro fucilati. Ma per quanto tempo si può reprimere ogni voce di dissenso? E quanto a lungo si può tenere sotto il tallone l'altra metà del cielo?

Quando ero a Riyad, un'amica saudita mi aveva portato in via Tahlia. Naturalmente in macchina, guidata dal suo autista pakistano. Coperte dalla testa ai piedi, il viso velato, ci siamo immerse nel traffico del venerdì sera, sull'asfalto bollente della strada più calda della capitale del regno. Nelle file di auto che procedevano a passo d'uomo, o stavano addirittura ferme, uomini e donne si scambiavano numeri di telefono. Due i metodi principali: o via bluetooth, o scrivendoli su un pezzo di carta che attaccavano al finestrino. Difficile rimorchiare nel Paese dei «guardiani della virtù», ma la forza della natura è inarrestabile.

Una volta stabilito un «contatto», il primo appuntamento avveniva di solito in uno dei grandi centri commerciali aperti tutta la notte. Uno sguardo furtivo, un sorriso discreto, e la situazione poteva evolvere nella direzione giusta. Verso una conclusione a casa del gentiluomo, lontano dagli strali della *mutawwa*, la polizia della virtù, una sorta di buoncostume ma molto più pericolosa. Uomini barbuti con lunghi abiti tradizionali a metà polpaccio, armati di bastone, che nel regno pattugliano senza sosta le strade per vegliare che le donne non si allontanino dalla retta via. Inutilmente.

Allora non c'era ancora Facebook. Oggi le cose sono sicuramente più semplici e il bizzarro «struscio» di via Tahlia non sarà più lo stesso. Impossibile fermare la modernità. Ma anche il potere dei social media è limitato. Come hanno dimostrato le primavere arabe, con i loro aneliti di libertà brutalmente soffocati, non bastano uno stato di Facebook o un tweet a cambiare un Paese. Soprattutto il Paese ricco, tradizionalista, chiuso, dalle cui sabbie è nato l'islam.

E da dove oggi, come vedremo in modo plateale tra qualche capitolo, si diffonde l'interpretazione più retrograda di una religione che non pecca certo di femminismo.

8

Colonia, giù le mani dalle donne

Poco dopo gli attentati di Parigi, un altro evento incendia le pagine dei giornali, anche se stranamente in ritardo.

Nella notte di Capodanno 2016, la città di Colonia si trova nell'occhio del ciclone. Secondo le prime notizie, che escono sulla stampa internazionale qualche giorno dopo l'accaduto, bande di arabi assatanati hanno aggredito centinaia di donne durante i festeggiamenti in piazza. Le hanno molestate, palpate, violentate. I commenti viaggiano veloci prima ancora che i fatti siano accertati. La cancelliera Angela Merkel viene accusata di aver lasciato che il lupo entrasse nell'ovile. Ovvero che la Germania fosse «invasa» dagli immigrati, che lei ha deciso di accogliere a centinaia di migliaia. Non solo maschi ma maschilisti, per cultura e religione. Frustrati, perché arrivano a frotte senza le loro famiglie, senza le «loro» donne. Ubriachi, per via della festa (e, dunque, pessimi musulmani, dato che l'islam proibisce di consumare alcol). E hanno preso di mira le donne tedesche, che rappresentano un simbolo d'emancipazione e di modernità.

È lo scontro di civiltà. Sono in molti a decretare che le società cristiane europee e l'islam sono incompatibili.

Sulle colonne del «New York Times», Ross Douthat

descrive una Germania sull'orlo del precipizio. Le sue argomentazioni appaiono a molti pertinenti e fondate. L'iniezione di una massa di giovani maschi in una società che invecchia è destinata a creare tensioni sessuali, che degenerano in tensioni culturali, sociali e politiche. Nella visione di Douthat, siamo alla vigilia di un'esplosione paragonabile ai pogrom europei degli anni Trenta. La soluzione? Sostituire Angela Merkel, chiudere le frontiere, deportare i giovani immigrati... Insomma, misure drastiche e radicali.

Le opinioni più equilibrate, per esempio in Italia quella della storica Lucetta Scaraffia, hanno più difficoltà a imporsi. Uomini provenienti dal mondo islamico hanno attaccato donne occidentali, scrive, e questo è un fatto. Messo bene in evidenza nei titoli principali dei giornali. Ma, aggiunge, manca la contestualizzazione: «I commenti della stampa occidentale partono da un presupposto sbagliato: quello secondo cui le donne in Europa possono comportarsi come vogliono, senza timore di subire delle violenze. La realtà è tutt'altra. Le donne subiscono violenze in Europa, indipendentemente dai fenomeni migratori». La storica aggiunge che i responsabili dei fatti di Colonia arrivano da società ispirate all'islam, in cui vige l'oppressione femminile. E sono ancora più impreparati alla libertà che trovano in Europa, dove le nostre società hanno abbassato le barriere dell'identità sessuale. Mettendo in discussione la differenza stessa tra uomo e donna.

Il silenzio totale dei primi giorni lascia il passo a una confusione di informazioni, opinioni, controversie, dati. Fa notizia un'analisi dell'«Economist» sul problema della *sex ratio*: in Germania due terzi dei richiedenti asilo sono maschi giovani, con una cultura del rapporto tra i sessi diversa dalla nostra. Anche solo per ignoranza, rischiano di leggere come «inviti» comportamenti che per le donne europee sono la normalità dei rapporti interpersonali. E di trovarsi «iperstimolati». Sul «Venerdì» di «la Repubblica» lo psicoanalista Luigi Zoja, in un articolo che inserisce il problema in un quadro storico di più lungo periodo, ricorda che l'Italia da questo punto di vista è ancora più a rischio della Germania. «I richiedenti, pur in numero molto minore, sono maschi al 90 per cento.» Tra i molti commentatori c'è chi invoca un filtro che dia la precedenza a donne e bambini, chi ne approfitta per tuonare di nuovo «respingiamoli tutti.» Chi ricorda che nessuna, in realtà, si sente del tutto al sicuro anche nelle nostre città e chi grida «giù le mani dalle nostre donne». Per settimane il dibattito infuria.

Si va dal rifiuto xenofobo più violento al relativismo assoluto. I numeri continuano a cambiare – decine di denunce per molestie e violenza, poi centinaia; decine di stupri, poi nessuno, poi pochi... – e, a settimane dall'accaduto, i fatti sono ancora incerti. Vengono catturati, grazie al segnale dei cellulari rubati, solo i ladri, ma non i violentatori. Una cosa è sicura: le forze dell'ordine – proprio quelle tedesche! – non hanno saputo fare il loro lavoro. Wolfgang Albers, il capo della polizia che nel comunicato del 1° gennaio dichiarava «La festa si è svolta tranquillamente», viene rimosso.

Quando le acque si sono un po' calmate, qualche giorno dopo l'8 marzo 2016, ne parlo con Giovanni Di Lorenzo, italiano di nascita ma tedesco di adozione. È il direttore della «Zeit», il settimanale di attualità più diffuso in Germania dopo la «Bild-Zeitung»: cinquecentomila copie, un centinaio di redattori fissi per la sola edizione cartacea, più quella online e i freelance.

«La polizia ha fatto un pessimo lavoro, ha disinformato» dichiara Di Lorenzo. «Hanno visto che erano troppo pochi rispetto agli aggressori, e non sono intervenuti. In Germania, d'altra parte, abbiamo ceduto a lungo alla tentazione di minimizzare per non voler vedere.»

Il polverone di ipotesi e opinioni si è ormai posato e alcune cose sono chiare. Il 7 marzo, un lucido articolo di Bia Sarasini sul sito di informazione DeA – Donne e Altri ha fatto il punto su quel che ormai si sa: «Si parla di 379 denunce, di cui il 40 per cento per reati sessuali, tra cui due stupri. Sono trentuno i fermati per aggressione e rapina, di cui diciannove sono rifugiati. Ma ci sono anche uno statunitense e tre tedeschi. Le donne che hanno denunciato hanno raccontato molto vividamente lo spavento, la paura. Analoghi episodi sono stati denunciati in altre città della Germania, ma anche a Zurigo, in Finlandia, in Svezia, in Austria».

Secondo il direttore della «Zeit», da un male è venuto perlomeno un bene: far aprire gli occhi ai tedeschi sui problemi che il tentativo di integrazione porta con sé. «È un punto di svolta nella società tedesca» sostiene. Adesso si parla più apertamente, senza cadere nella trappola del *politically correct*.

«La Merkel ha diviso la Germania, radicalizzando il dibattito in un modo che non si vedeva dai tempi della Ostpolitik» dichiara. E la stampa tedesca l'ha seguita, «facendosi partito pro-profughi». Di Lorenzo è critico della politica della cancelliera sull'immigrazione, anche se l'apprezza.

«Il suo *Wir schaffen das*, "Ce la facciamo", è umanamente lodevole» commenta. «Ma ha sottovalutato la potenza delle immagini, non ha pensato che i selfie dei profughi assieme a lei avrebbero fatto il giro del mondo, che i flussi si sarebbero messi in movimento verso una Germania dalle porte aperte. Lei sosteneva che non c'è comunque modo di fermare le migrazioni, ma non è vero. La Turchia potrebbe, è solo che non vuole.»

Secondo lui, la chiusura delle frontiere sulla rotta balcanica è un segnale chiaro, che può convincere almeno qualcuno a non partire. Io temo che abbia l'unico risultato di riorientare i flussi verso le coste italiane.

A Colonia, comunque, gran parte dei criminali di Capodanno sono rimasti impuniti, mi conferma. E d'altro canto non si trattava, come all'inizio molti dicevano, di una congiura contro le donne, di una campagna organizzata da chissà quale organizzazione terroristica.

«È stato una specie di flash mob» dice. «Tipo: beviamo, facciamo baldoria e andiamo a donne.» Alcuni di quei giovani non sono di recente immigrazione, ma persone che si trovano in Europa da anni, molti con permessi di soggiorno scaduti e qualche precedente penale. «Marocchini e algerini sono, assieme ai libanesi, quelli con il più alto indice di criminalità» aggiunge.

Mi concedo un piccolo tuffo nel passato. «Musulmani», gli spiego, è un termine che mi è familiare fin da quando ero bambina. A casa di mia nonna Elsa si discuteva di politica continuamente, e da un punto di vista ben preciso: quello di cittadini dell'Impero austroungarico, in «esilio» dopo il passaggio del Sudtirolo all'Italia nel 1919. Dai miei nonni sentivo parlare dei *Mohammedaner*, gente agli antipodi rispetto a noi, non solo per la religione che professavano. Si riferivano innanzitutto ai turchi. Non quelli contemporanei: proprio quelli che avevano assediato Vienna nell'estate del 1683. Sembrava fosse successo ieri.

Dalla battaglia con cui gli austriaci avevano respinto i turchi l'11 e il 12 settembre 1683, mio nonno Franz Deutsch tracciava una linea dritta fino alla Prima guerra mondiale, da cui entrambi i grandi Imperi, austroungarico e ottomano, erano usciti sconfitti. E univa così i due traumi storici della cultura austriaca (e sudtirolese): la minaccia dei *Mohammedaner* e lo smembramento del vasto territorio imperiale. Il nonno, che aveva studiato bene la storia e si sentiva austriaco, si identificava con gli eroi che avevano respinto i musulmani: «Noi li abbiamo fermati alle porte di Vienna. Se non ci fossimo riusciti...». Il musulmano per lui coincideva con l'invasore, il nemico che aveva cercato di sopraffare il grande Impero degli Asburgo.

Chi nel 2016 si stupisce che l'Austria rifiuti le «quote» europee di migranti, rimproveri aspramente l'Italia e chiuda le frontiere, non ha avuto il privilegio di conoscere mio nonno Franz, e tanti come lui. Non ha scavato a fondo nell'inconscio più o meno rimosso della Mitteleuropa. La paura che oggi serpeggia nel cuore del nostro continente è ancora e sempre quella dei «maomettani». Tre secoli dopo l'assedio di Vienna, l'invasione è destinata a riuscire?

Eppure, in Germania, i turchi sono stati accettati. Magari non si può parlare di piena integrazione, ma nemmeno di emergenza. Tra gli anni Sessanta e Settanta, mentre mio nonno rievocava l'Impero, il miracolo economico faceva affluire nella Germania dell'Ovest circa tre milioni di turchi. Forza lavoro che si rivelava preziosa per svolgere i compiti meno qualificati.

In tedesco si chiamano tuttora *Gastarbeiter*. Una parola interessante. «*Gast*» è l'ospite, e «*Arbeiter*» il lavoratore. Lavoratori ospiti. Un termine in apparenza gentile che in realtà sottolinea l'estraneità dell'immigrato. Graziosamente accolto, a patto che si attenga alle regole di casa. È un po' meno che dire «cittadino». Ma il processo di integrazione non è stato così traumatico, almeno non agli inizi. La violenza estremista razzista avrebbe però conosciuto un'impennata nei tre anni successivi alla caduta del Muro di Berlino, tra il 1990 e il 1992.

E anche oggi, mi conferma Giovanni Di Lorenzo, l'islamofobia è più forte nella ex Germania dell'Est, oltre che tra i maschi più anziani e negli strati più bassi della popolazione.

«A Est non hanno conosciuto il nostro processo di integrazione» mi ricorda. «Le loro frontiere sono state a lungo chiuse, per via del regime comunista.» Inoltre, come da noi, soprattutto nei Länder meno ricchi, c'è la percezione che il governo «faccia di più per gli immigrati che per i tedeschi».

Le elezioni regionali in Germania, pochi giorni dopo la mia chiacchierata con il direttore, confermeranno che sulla questione migratoria si gioca la partita politica dei nostri anni, per la Merkel come per tutta l'Europa. Nei tre Länder dove si svolgono le consultazioni, la Cdu perderà infatti terreno rispettivamente a favore dei Verdi e, il dato più preoccupante, del partito xenofobo emergente Afd, Alternative für Deutschland. Che conquisterà il 20 per cento dei voti, non a caso, in una regione dell'ex Ddr, la Sassonia-Anhalt. Dove il partito della Merkel, un tempo trionfante, manterrà con fatica la maggioranza relativa.

Non è un bel segnale, per l'Europa.

I fatti di Colonia sono la conferma di una configurazione che si va facendo sempre più chiara. Il terrorismo, i flussi migratori e le forme estreme dell'islam politico con la nascita dell'Isis sono i tre vertici di un triangolo. Le tragedie che hanno distrutto intere comunità in Medioriente e mietuto vittime in Europa, e le paure che ne nascono, corrono sul perimetro di quel triangolo. Che sembra stagliarsi su uno sfondo uniforme, l'islam.

Solo che l'islam non è affatto uniforme, e per la maggior parte di noi resta un mistero. Ne sappiamo poco, a parte quello che ci viene spiegato da esperti o sedicenti tali, spesso con i minuti contati per esigenze televisive. E ciò che non conosciamo, o conosciamo male, ci spaventa.

In ogni religione ci sono i fondamentalisti e gli illuminati. Ma quando si parla di islam sembra fallire ogni tentativo di distinguere tra integrati e fanatici, moderati e criminali. Anche perché la confusione sotto il sole è grande, e non sempre innocente. Molti dei Paesi che l'Occidente ha presentato come amici, a partire dall'Arabia Saudita, sono francamente indifendibili: tagliano teste, flagellano e giustiziano gli oppositori politici, finanziano le scuole coraniche più retrograde. E le donne saudite, come abbiamo visto, non godono di alcuna parità. Solo ora, mentre cala il prezzo del petrolio, si cominciano a sentire voci di protesta sui diritti umani violati in quel regno. E si riabilitano Paesi che hanno incarnato il male per decenni, come l'Iran. La teocrazia, il bastione dell'islam più radicale? Oggi il suo presidente Hassan Rohani è ricevuto in pompa magna a Roma e in tutta Europa.

Di questo gioco di specchi, che con la religione ha ben poco a che fare, la donna è spesso uno strumento. Si chiamano in causa i suoi diritti negati o le violenze su ragazze e bambine quando si vuole delegittimare un regime politico. Quando quel regime diventa amico, i loro problemi finiscono rapidi sotto il tappeto. È un modo profondamente offensivo di strumentalizzare l'altra metà del cielo. Perché il tema è serio, e non solo per i musulmani: anche per l'Occidente.

E perché è innegabile che con le donne, con il sesso, con il corpo l'islam abbia un problema. Come molte religioni.

Quando scrivevo che la modernità nel mondo musulmano non poteva che passare dal riconoscimento del ruolo centrale delle donne, parlavo di un'emancipazione non solo femminile. Sarebbe dovuta essere l'avanguardia o la condizione di una liberazione più ampia dell'intera società. Affermandosi, avrebbe dovuto portare con sé la libertà di parola, di contestazione, la gestione comune del futuro di una comunità. Ma purtroppo non è accaduto.

Le cosiddette primavere arabe hanno avuto breve durata. Sono state un utile esercizio di stile giornalistico, più che la narrazione di una realtà politica e culturale. Siamo passati rapidamente a un «inverno arabo», fatto di colpi di Stato militari, di destabilizzazione, di ripristino della sicurezza. E di marginalizzazione delle donne. Anzi, una vera battaglia contro di loro: esposte, rinchiuse, vendute, violate o ridotte a icone impotenti... Irachene, siriane, curde, nigeriane. Musulmane e non. Sono divenute parte di un grande racconto splatter, sempre più morboso. Come se la lotta senza fine per il controllo dell'universo femminile avesse trovato un nuovo spazio in un solco aperto tra i fanatici di tutte le fazioni e di tutte le religioni.

L'inverno arabo è anche la vendetta di una struttura sociale patriarcale, dove gli uomini dominano grazie alla forza e all'ignoranza. Quanti volti femminili si affacciano oggi nel dibattito pubblico, in Nord Africa o in Medioriente? Quante voci contestano i vari sistemi totalitari? Tutti quei Paesi sono dominati da uomini, che si tratti della monarchia saudita o della dittatura militare in Egitto. La parola «speranza», che echeggiava nelle manifestazioni di piazza del 2011, si è ormai spenta. E temo per molto tempo.

Un fanatismo violento ha invaso lo spazio della riflessione e boicotta gli sforzi di un islam politico progressista. La propaganda dell'Isis, i suoi metodi, i suoi obiettivi non hanno nulla a che vedere con l'islam che tenta di riformarsi. È una forma di fascismo omicida, tirannico, che si nutre di paura e uccide il pensiero.

Il corpo delle donne, scrive ancora nel suo articolo Bia Sarasini, si è trasformato in un campo di battaglia. E cita il commento dello scrittore algerino Kamel Daoud ai fatti di Colonia sulla «miseria sessuale» dell'islam, e sul «porno-islamismo a cui i predicatori ricorrono per reclutare i propri "fedeli". Evocando un paradiso che più che a una ricompensa per credenti somiglia a un bordello, tra vergini destinate ai kamikaze, caccia ai corpi nei luoghi pubblici, puritanesimo delle dittature, veli e burqa». La Sarasini va a fondo nell'ampliare il quadro, superando la distinzione tra «noi», protettori delle donne, e «loro», i violentatori. «È la battaglia del neoliberismo, che pretende la libertà sia la libertà del consumo, in un gioco ambiguo se non violento con la stessa disponibilità del corpo delle donne a essere consumato, perfino da se stesse. È la battaglia dei legami, delle relazioni, dei rapporti» scrive. «Gli uomini che nei nostri Paesi bruciano, uccidono, sfregiano le donne che li lasciano, quale guerra combattono? [...] È la battaglia della libertà, dura, mai finita.»

Sono convinta, come ho detto a Rabia, la moglie dell'imam di Catania, che questo scontro infinito sia la principale causa della diffidenza con cui guardiamo all'islam. Diffidenza comprensibile. Oggi il velo, domani orari separati nelle piscine, dopodomani i tribunali islamici per regolare «secondo le norme islamiche» divorzi, affidi dei figli, casi di violenza. Idee che causano inquietudine, in un'Italia che ancora è teatro di dibattiti durissimi, per esempio, sull'interruzione di gravidanza. Le donne non si possono permettere di perdere terreno sui diritti conquistati: in politica, sul lavoro e tra le mura domestiche. E guardano con disagio queste «sorelle» musulmane, portatrici di un'idea ben diversa di partecipazione femminile nello spazio pubblico.

Come scrive la sociologa turca Nilüfer Göle, musulmana: «L'islam ha prepotentemente fatto il suo ingresso nel dibattito pubblico e nel giro di un paio di decenni si è trasformato da una questione meramente teologica a una visione del mondo che incide (e chiede di incidere) più o meno profondamente nella nostra vita quotidiana. I musulmani manifestano infatti la loro religiosità attraverso un sistema di segni, gesti e simboli che, inevitabilmente, mettono in discussione abitudini nonché valori che credevamo acquisiti. Come la libertà d'espressione, di culto e tolleranza. Valori che, ci siamo improvvisamente accorti, funzionavano solo sulla base di opinioni condivise, ma che sono sistematicamente sfidati in presenza di visioni della vita diverse».

Secondo la sociologa, dunque, il nostro spazio pubblico è destinato a islamizzarsi sempre di più. Aggiungerei: purtroppo. Perché la religione, tutte le religioni, dovrebbe starne fuori. La sfida ai valori non riguarda solo l'Occidente. Nei miei viaggi l'ho vista in atto in molti Paesi musulmani, e la prima linea del fronte era sempre la questione femminile.

Per questo mi ha preoccupato il silenzio delle femministe occidentali subito dopo i fatti di Colonia. E mi preoccupa la difficoltà delle islamiche cosiddette «moderate» di far sentire la propria voce contro l'interpretazione retrograda del Corano. Oggi le donne sembrano condannate all'afasia, in un mondo in bianco e nero: Buoni e Cattivi, Giusto e Sbagliato. Vita e Morte. La crisi economica ha portato disoccupazione, precarietà, il collasso del welfare, degli aiuti alle famiglie e al lavoro femminile. Non solo: ha rialzato la testa chi pensa che il modo migliore per le donne di esprimersi sia semplicemente tacere. Nelle moschee come in chiesa, nei consigli di amministrazione o in Parlamento.

Siamo prigionieri, e prigioniere, dell'islam? Sì: dell'ottusità con cui viene interpretato al suo interno e dell'ignoranza con cui ci avviciniamo a esso dall'esterno. Questa violenza è un errore degli uomini. La salvezza è un lavoro per donne.

A Milano, la sala al piano terra di Palazzo Isimbardi è piena fino a scoppiare, nonostante il diluvio universale che imperversa fuori. Sulle file di sedie sono schierate in maggioranza spettatrici, quasi tutte indossano hijab eleganti, colorati, drappeggiati intorno a visi dal trucco perfetto. Qualche marito barbuto staziona nell'anticamera o va avanti e indietro nei corridoi, tenendo in braccio bambini piccoli. È davvero la rappresentazione di un islam esemplare.

Sono venuta alla presentazione del progetto Aisha, che oggi viene inaugurato dal Caim, il Coordinamento associazioni islamiche di Milano, Monza e Brianza.

Sono noti, in città, come i «musulmani democratici» e i loro leader, come Davide Piccardo e Sumaya Abdel Qader, sono interlocutori di cui le istituzioni si fidano. Aisha è un progetto contro la violenza sulle donne, pensato nello specifico per le comunità islamiche. È un osservatorio permanente sulla realtà delle musulmane in Italia. Fa un lavoro di informazione capillare per renderle consapevoli dei loro diritti, aiutarle a difendersi da soprusi e discriminazioni. E offre formazione per gli imam, facendoli affiancare da mediatrici culturali istruite su ogni complessità sociale e giuridica. Si tratta, per tutti, di imparare quali sono i diritti che, nella società occidentale, spettano a ciascuno. E quali sono gli strumenti per difendersi dalle violazioni. Per evitare che gli stereotipi ricaccino i musulmani ai margini della società, dove la violenza diventa un circolo vizioso, impossibile da spezzare.

Non c'è da stupirsi che l'idea abbia suscitato molte polemiche. È come dire che i musulmani sono più violenti degli altri! hanno protestato alcuni, tra cui diversi imam. Come se i «bravi italiani» non picchiassero le mogli e non uccidessero le fidanzate…

«Molti fedeli che frequentano la moschea, uomini in particolar modo, e alcuni responsabili dei centri, tendono a dare una risposta semplicistica: "Non è un problema nostro, perché l'islam non prevede la violenza sulle donne"» mi spiega Sumaya Abdel Qader. La incontro dopo la presentazione in un ristorante amato dalla borghesia milanese, nel pieno del Quadrilatero della moda. «E questo significa essere del tutto ciechi, è come guardare solo all'ideale e non alla pratica di tutti i giorni.» Mentre loro, alla moschea di via Padova, mi racconta, si trovano di continuo di fronte a casi anche difficili da risolvere. «Riceviamo le segnalazioni e rimandiamo le vittime ai centri antiviolenza o agli psicoterapeuti, a seconda dei casi, perché ancora non abbiamo la preparazione per seguirle noi direttamente. Adesso stiamo mettendo in piedi una formazione specifica.»

I problemi sono molti, mi elenca Sumaya. Dal «semplice» abuso domestico, alla proibizione di uscire di casa e avere una vita sociale, fino alle botte che ti fanno finire all'ospedale. Poi, naturalmente, il matrimonio forzato: alcune ragazze vanno a chiedere aiuto perché la famiglia le costringe a sposare uno sconosciuto, in Italia o nel Paese di origine. E l'infibulazione delle bambine: spesso sono le madri a decidere di praticarla e magari un'amica o una parente «illuminata» segnala il caso per cercare di impedirglielo. «Ma purtroppo le famiglie possono andare a farlo nei loro Paesi» aggiunge Sumaya. «Non mancano nemmeno i praticoni clandestini in Italia, che mettono a rischio la vita delle bambine.»

In questo ambiente ovattato, le vicende di violenza famigliare che racconta Sumaya sembrano storie venute da un altro mondo, anche se si svolgono pochi quartieri più a nord. Nelle strade milanesi qui attorno, dove si concentrano le boutique più eleganti e costose, è possibile incontrare donne velate, anche con il niqab. Ma sono saudite accompagnate dai ricchi mariti, spendono centinaia di migliaia di euro, e nessuno si scandalizza per il loro aspetto.

Sumaya ha abitato qualche anno in Arabia Saudita, quando era adolescente, e le chiedo se è d'accordo con la moglie dell'imam di Catania. Riyad paradiso delle donne?

«È stato il peggior periodo della mia vita» risponde senza mezze misure. «Sembrava di essere in un'altra dimensione, strana. Non uscivo quasi mai, era proibito andare in giro a passeggiare dopo una certa ora, mia madre all'improvviso non poteva più accompagnarci nei posti in macchina… E a scuola ho vissuto l'inferno, regole rigidissime.» Il suo bel viso incorniciato dalla stoffa verde dell'hijab si incupisce nel ricordo. «Entravamo la mattina e, dopo l'inno nazionale e dopo aver letto il Corano, ci controllavano le mani. Per vedere se c'era lo smalto. Io il primo giorno avevo un'unghia sì e una no colorate, con il bianchetto, figurati. Mi hanno fatto stendere le mani e mi è arrivata una bacchettata. Mi hanno costretta a toglierlo. Sono tornata a casa piangendo.»

E quando sua madre è andata a lamentarsi con la preside, questa si è stupita. Come osava chiedere conto di una cosa così ovvia? Certo che avevano sgridato sua figlia per quelle mani dipinte. Impossibile mediare, convincere, convivere. Alla fine il padre, medico, ha trovato un altro posto in Italia e ha portato tutta la famiglia fuori da quell'universo parallelo.

Con noi al ristorante c'è anche Batul Hanife, psichiatra di origini siriane che abita a Bolzano, ammalianti occhi verdeazzurri che il suo velo colore del mare fa risaltare ancora di più. È venuta a Milano per partecipare all'inaugurazione del progetto Aisha. Di donne traumatizzate ne ha conosciute parecchie. Le chiedo se è d'accordo con il concetto di «miseria sessuale» espresso da Daoud.

«Il discorso sull'immagine della donna è complesso. Sicuramente le cose sono cambiate negli anni» risponde, cauta.

«È vero: negli ultimi vent'anni lo sguardo dell'uomo verso la donna è peggiorato, è diventato misero, come dice Daoud» annuisce Sumaya. «Cammini per strada e arriva il fischio, la battutina, quello che ci prova... Nel mondo arabo non era così.»

Secondo lei, è una questione di iperstimolazione. «L'introduzione di un immaginario occidentale, non solo attraverso il porno, ma anche la possibilità di accedere a internet nelle chat erotiche... li iperstimola e li spinge a cercare sempre quello.»

Io con questa visione del maschio «stimolato», incapace di esercitare un minimo di autocontrollo, non concordo. Come se l'eccitazione di vedere una donna in bikini – ma per un certo islam che impone il burqa, anche guardarla negli occhi – giustificasse automaticamente la libidine più aberrante. Mi sembra una visione davvero umiliante per l'uomo, ridotto ad animale senza volontà. E in generale una dimensione tristissima della relazione tra i generi. Il femminismo ha combattuto senza quartiere, per proporre la realtà di un vero dialogo, di un vero spazio di desiderio.

«Forse c'è questo stridore tra un tempo, come dire, post-moderno e un tempo tradizionale. Accentuato nel mondo arabo-musulmano» commenta Batul. «A volte l'uomo, che tradizionalmente è inquadrato come la parte che protegge, si trova privo del proprio contenuto, impotente nella nuova dimensione sociale. E pur di mantenere questo ruolo usa la violenza e la prevaricazione.»

Anche questa obiezione l'ho sentita spesso: noi abbiamo avuto decenni per educare noi stesse e i nostri uomini, abbiamo fatto un percorso che non è stato facile né indolore. Molti musulmani che arrivano da culture tradizionaliste, magari da piccoli paesi, sono nelle condizioni degli abitanti delle nostre campagne – e non solo – di mezzo secolo fa. E il percorso devono ancora cominciarlo.

Ebbene, c'è un problema. Non abbiamo tempo di dar loro tempo. Non in un'Italia in cui questo processo è ancora a metà, con solo il 25 per cento delle violenze domestiche denunciate, e con stereotipi velenosi sulla donna ampiamente in circolo nella società.

«Io sono molto convinta che certi processi culturali vadano spinti» concorda Sumaya. «Anche per questo, con il progetto Aisha, siamo partite senza aspettare. Forse l'ideale sarebbe stato parlare con tutti, convincere ogni comunità, ogni imam... ma non ne saremmo mai venuti a capo.» La risposta, però, è stata molto positiva, riferisce soddisfatta. Ora sono i centri islamici che chiamano per aderire.

«Il mutare dei ruoli di genere fa sorgere questioni che devono essere affrontate nella comunità musulmana» annuisce Batul. «Un aneddoto banale: quando sono andata a studiare all'università ho dovuto spostarmi dal mio paesino trentino e andare a Padova, vivere da sola in un'altra città. Non ero sicura che mi sarebbe stato permesso farlo. Anche gli amici di famiglia erano un po' perplessi.»

«Ha aperto la strada a tutte noi!» ride Sumaya. «Abbiamo potuto dire alle nostre famiglie: se lo ha fatto Batul che è una brava ragazza... Tutte a studiare fuori casa.»

Ho notato che la figlia di Sumaya, una dodicenne altissima che ho incontrato alla presentazione del progetto, non porta il velo. I nonni da entrambe le parti spingono perché lo indossi, ma la ragazza non vuole e i genitori non la costringono.

«Ne abbiamo parlato e le ho detto: questo è il significato dell'hijab per noi. Se un giorno te la sentirai e avrai maturato un percorso spirituale che ritieni tuo, sceglierai liberamente di metterlo» spiega. Magari fosse sempre così, penso, una scelta libera e consapevole. Potremmo tutti smettere di preoccuparci di questo fazzoletto così simbolico.

Su questo aspetto, però, Sumaya non è d'accordo.

«Il velo non è un simbolo. Noi non lo vediamo così. È un atto di fede, è vivere un nostro rapporto con Dio. A me dà proprio fastidio vederlo trattato come un simbolo, che deve rimanere fuori dalla porta. E dove lo lascio?»

Il velo, bisogna ammettere, non è del tutto alieno, in un Paese in cui tante italiane hanno portato e portano un fazzoletto in testa, per esempio in chiesa. Una prescrizione che peraltro arriva dal Nuovo Testamento, e più precisamente da san Paolo: «Ogni donna che prega o profetizza senza velo sul capo manca di riguardo al proprio capo, poiché è lo stesso che se fosse rasata».

Il professor Bruno Nassim Aboudrar, che insegna Estetica all'Università Paris 3-Sorbonne Nouvelle, ha analizzato la storia del velo nelle religioni giungendo a una conclusione interessante: è stato proprio san Paolo a «inventare» la valenza religiosa del velo, come segno di sottomissione all'uomo. Mentre nel Corano ci sono solo due sure che ne parlano, di cui una, la 33, è quella a cui si fa riferimento per sostenere che l'islam prescrive alle donne di coprirsi il capo. «Al versetto 53 Dio comanda ai fedeli di rivolgersi alle donne del Profeta attraverso un velo: "Quando domandate un oggetto alle spose del Profeta, fatelo restando dietro un velo. Ciò servirà meglio alla purezza dei vostri e dei loro cuori". In tal caso il velo si riferisce chiaramente a una tenda, e se il versetto sta a fondamento di qualcosa allora è la reclusione delle donne, ancor più che il loro velarsi. [...] Nel Corano però la misura riguarda esclusivamente le donne del Profeta.»

Insomma, conclude il professor Aboudrar, in realtà il velo è meno importante nei testi sacri islamici che in quelli cristiani. «Ci troviamo dunque di fronte a un paradosso: il velo femminile è inscritto nel Dna della religiosità cristiana, ma in Europa, eccezion fatta per i conventi, non ha conosciuto sviluppi culturali significativi. Nell'islam, invece, velarsi non è un fatto di religione, bensì di cultura, anzi, di circostanze. Né il Corano né gli hadith attribuiscono al velo grande importanza, eppure il suo sviluppo storico, all'interno della giurisprudenza e delle società musulmane, è tale da farne qualcosa di inerente alla religione stessa, un suo emblema.»

In un'intervista a «Io Donna», il professore è stato ancora più netto: «In principio l'hijab non ha alcun significato simbolico religioso» ha affermato. «Viene diffuso da quel sistema che discrimina le donne e le nasconde.»

Dubito che le mie interlocutrici di oggi condividerebbero una visione così *tranchant*. Loro il velo lo portano di buon grado. E sono elegantissime. Diverso è il caso del niqab, che trovo inaccettabile, perché in una società aperta pretendo di poter guardare in faccia il mio interlocutore. Ma il problema più generale è: oltre il velo, cosa c'è? Tra le paure delle comunità occidentali c'è anche quella di essere sopraffatti da una fede che ci appare invasiva e determinata. Anche perché rappresenta per i musulmani che arrivano da noi una fonte di identità potentissima. E ci assale la paura di essere meno forti, di avere meno spirito identitario.

Secondo Sumaya, l'incomprensione reciproca è alimentata dalle voci degli estremisti, che gridano più forte di quelle dei moderati. Ma le comunità cambieranno, a contatto con un altro stile di vita. E il cambiamento non potrà che essere in meglio, per le donne. «Se fossi nata in Giordania o in Arabia Saudita, oggi non sarei quella che sono. Ho avuto una grande libertà e la possibilità di conoscere altri orizzonti.»

«Per noi non c'è più un percorso prestabilito, il futuro non è più segnato in maniera prevedibile» spiega lucidamente Batul. «Questa posizione "in mezzo al guado" può essere molto distruttiva, perché la struttura ti permette di avere punti di riferimento stabili. Noi siamo i mutanti, quelli che sanno cambiare. I mutanti sopravviveranno, gli altri periranno. Gli ibridi come noi permettono una visione alternativa, rompono gli schemi. In un mondo in bianco e nero, noi creiamo i colori. Nel momento in cui i confini non ci sono più, anche l'appartenenza diventa molteplice.»

Nessuno la capisce più di me: sono da sempre italiana e tedesca, a casa in un mondo quanto nell'altro ma mai del tutto inserita in uno dei due, mai priva di disagio. È una condizione che, se riesci a non perderti, dà una forza incredibile. Tuttavia, anche se non potrei parlare di «razzismo», so anche cosa vuol dire essere la diversa, l'aliena, «la tedesca». E chiedo a Batul se dal punto di vista psichiatrico questa paura dell'altro sia davvero, come mi sembra, una patologia in crescita nelle nostre società.

«Di sicuro c'è una tendenza in questo senso, soprattutto perché viviamo in un'epoca di deculturazione» mi risponde. «Manca una rete, diventiamo tanti individui singoli privi di una collettività di supporto. E penso che in questa solitudine esistenziale si sia tentati di cercare il responsabile del malessere generale. Che di solito è povero, brutto, lontano, diverso, parla un'altra lingua…»

La paranoia verso l'altro è abbastanza trasversale in tutte le società, ed è anche il modo in cui una società si definisce. Ma qualcosa è cambiato, da quando il nemico è diventato l'islam?

«Forse siamo un po' più vulnerabili adesso, sulla scia della globalizzazione che ci pone in condizione di dover ripensare a quello che noi siamo per gli altri.» Secondo Batul, ci troviamo in una fase storica di grandi trasformazioni, metabolizzare le migrazioni di massa è difficilissimo. «Soprattutto se forzate: come può essere cambiato il pensiero, l'immaginario di una persona che vive da dieci anni in guerra?» si chiede. «Come affronti il trauma di questi tuoi ospiti, e che tipo di domande devi farti su ciò che invece sei tu?»

Le chiedo se la violenza contro le donne non possa essere un sintomo di una malattia «politica». Quella di un mondo arabo-musulmano che si sente da troppo tempo impotente, destabilizzato, a sua volta violentato dalle strategie, dalle tattiche, dalle avidità dell'Occidente.

«Questa è una domanda da un milione di dollari» sorride. «Si potrebbe fare una discussione lunghissima anche sui termini, sul perché parliamo di "Occidente", sulle dimensioni di territorio che noi abbiamo arbitrariamente dato. Però nel mondo arabo islamico penso che non sia stato ancora superato il trauma del colonialismo.»

Dopo le guerre di indipendenza, mi ricorda, molti Paesi arabi sono passati a sistemi dittatoriali che hanno portato avanti un modello coloniale. La frammentazione e la debolezza sono rimaste, chiaramente percepite, e l'Isis fa leva su un immaginario potente quando dichiara che il Califfato saprà riportare in vita il sogno di un mondo arabo unito.

«Soprattutto nel Nord Africa si avverte questo senso di umiliazione. Peggiorato da povertà e crisi identitaria: mi dicono che nel Golfo ci sono università in cui i ragazzi imparano l'inglese e non sanno l'arabo. Con la cultura si perde la struttura dell'individuo: senza significati condivisi, puoi finire in circuiti autodistruttivi. Se poi la società che è già preda della deculturazione viene anche aggredita fisicamente dalla guerra, tutto ciò che la teneva insieme si disfa.»

La deculturazione però non è certo un problema esclusivo del mondo arabo, obietto. Di perdita di identità e di valori si parla molto, anche in Occidente.

«Forse la differenza è che qui stiamo vivendo una fase di secolarizzazione, mentre il mondo musulmano ha ancora una visione caratterizzata da una forte presenza del sacro» ribatte. «Per cui anche l'aggressione del mondo economico, neoliberale, è diversa. Molto più violenta, secondo me.»

Ma anche nel mondo musulmano, c'è chi trova che l'Occidente, con le sue «diaboliche» libertà, abbia i suoi vantaggi.

«Io ho avuto la fortuna di fare liberamente scelte che se fossi nata altrove sarebbero state impossibili» concorda Sumaya. «Per esempio se continuare a seguire il mio credo o no. Creare un progetto come Aisha. Avere una visibilità pubblica: alcuni vicini si scandalizzano con mio marito, che sua moglie va in giro, va in televisione…»

Sumaya è stata ospite di *Otto e mezzo*. Quando parliamo di islam, ci mettiamo sempre in cerca di voci che risuonino dall'interno di queste comunità. E donne come Sumaya e Batul sono preziose perché fanno capire a tutte, musulmane e non, che c'è un altro modello femminile nel mondo islamico. Non sottomesso, non calpestato. Di cui non avere paura, con cui dialogare. Anche per capire, perché no, che le libertà che abbiamo conquistato non sono né ovvie né automatiche: niente è «per sempre». La storia dei diritti delle donne è terribilmente breve dietro di noi, e molto, molto lunga davanti a noi.

9

Tra le ombre dell'islam di provincia

Leila ha ventidue anni, lucidi capelli castani, un brillantino al naso e diversi altri alle orecchie, labbra perfettamente disegnate con rossetto e matita, e non si chiama Leila. Ha già passato abbastanza guai con la sua famiglia e non vuole riaprire le ferite comparendo con il suo nome in questo racconto. Quando è arrivata assieme ai suoi dalla provincia pakistana del Punjab aveva undici anni. E ne aveva diciassette quando i genitori hanno cercato di rimandarcela, per sposarsi con l'uomo che avevano scelto.

«Ho strappato la sua foto» mi racconta, seduta in un tranquillo bar della piazza principale di Imola, la cittadina in cui vive. «Ho detto che non l'avrei mai sposato.» Già sua sorella maggiore si era piegata a un matrimonio combinato. E lei, Leila, era innamorata di un altro.

«Lui era mediatore culturale nella nostra classe, ma aveva solo due anni più di me» mi dice. «Era un indiano, di religione sikh. Impossibile che i miei lo accettasero.»

Così, con la complicità di un'amica, Leila scappa di casa, partendo dalla scuola. È una professoressa ad accompagnarla al centro anti-violenza di Imola, Trama di Terre, che opera da più di vent'anni sul territorio.

«Facciamo anche attività di informazione nelle scuole» mi spiega Tiziana, la direttrice dal piglio combattivo. «Cerchiamo di individuare le ragazze a rischio... Il nostro è l'unico progetto in Italia di contrasto ai matrimoni forzati.»

In questo caso ha funzionato. Leila ha cambiato città, scuola e nome e ha denunciato suo padre. L'uomo aveva assoldato un investigatore per trovarla, ma ci hanno pensato i carabinieri a spiegare che conveniva lasciar perdere. E a far capire a tutta la comunità pakistana locale che era meglio non succedesse niente di male alla ragazza.

«Non ho rivisto la mia famiglia per quattro anni. Non hanno più saputo niente di me» mi spiega la ragazza. «Abbiamo ripreso i contatti di recente. Ho potuto dire a mio padre: "Grazie papà, che mi hai portato in Italia. Almeno hai fatto una cosa bella per me". Mi ha risposto: "Perché tu e tua sorella non siete nate maschi? Almeno avrei potuto essere fiero di voi".»

La sorella di Leila si è separata, il suo matrimonio combinato non è durato a lungo. A un certo punto ha abortito, perché non voleva un figlio da quel marito. E quando lui ha alzato le mani, lo ha buttato fuori. «Chi ti picchia una volta lo farà di nuovo» dichiara seria la mia interlocutrice. E aggiunge con un po' di tristezza: «Ho risposto a mio padre: "Perché non puoi essere fiero delle tue figlie, che hanno conquistato la libertà?"».

Anche per lei l'amore non è durato molto. Il fidanzato sikh non è stato all'altezza. Un problema di casta, secondo la ragazza. «Era figlio di professori, voleva una donna manager al suo fianco. Ora vive a Dubai.» Intuisco che in realtà il giovane non ha saputo gestire un conflitto così forte, con le famiglie, con la tradizione. «Non aveva le palle» conclude Leila, con precisione chirurgica.

Ora è di nuovo fidanzata ma il nuovo amore, un pakistano di ventisette anni e che di mestiere fa l'ambulante, è troppo religioso, dice lei. Le ha spiegato che se vuole entrare nella sua famiglia, dovrà indossare il velo, non potrà più mettere i jeans aderenti. Deduco che è ben poco probabile che lei «entri nella sua famiglia».

«È un'altra lotta» aggiunge con un filo di stanchezza che la fa sembrare più vecchia dei suoi ventidue anni. «Io sono già cambiata una volta, ora sono me stessa, non voglio dover ricominciare daccapo.»

Religiosa? Sì, a modo suo. Sta cercando di leggere il Corano, rispetta il Ramadan e prega. «Ma se ho le mestruazioni, perché devo purificarmi?» L'idea di essere impura per una cosa naturale come il ciclo le dà fastidio.

È solo un dettaglio, ma rivelatore. Le radici, si capisce bene, tirano, fanno male, Leila sembra una ragazza imolese come tutte le altre, solo che ha un carico di consapevolezza e di rovelli che altre non hanno. «I miei dubbi sono ancora tutti qui. Non so perché, sembra impossibile uscirne. È come se dovessi scegliere di essere completamente una cosa o un'altra, e il peso della religione e delle tradizioni rischiasse di farmi tornare indietro. Non c'è una via di mezzo per essere normale. Ho una grande confusione in testa: sono come sospesa tra due mondi.»

È il dilemma delle seconde generazioni. Lei, perlomeno, ha il fegato per affrontarlo. È tornata in Pakistan, pochi anni fa, per correre in aiuto del padre che era rimasto ferito durante una lite con lo zio, per un pezzo di terra. Come tutto ringraziamento lui, lo zio e anche il fratello ventitreenne hanno cercato di portarle via i documenti, racconta. «Ma io gli ho detto: "Qua la situazione economica la mandiamo avanti io e mia sorella. Quindi, se volete i soldi, lasciateci in pace".»

Spesso, interviene Tiziana, è proprio questa la salvezza. Per le donne può essere più facile trovare lavoro rispetto agli uomini. Così acquistano un po' di libertà, di relazioni, di potere. Uscire di casa è essenziale. Capita anche però che la frustrazione scateni la violenza, nei maschi di famiglia. E per questo c'è Trama di Terre, a offrire un rifugio.

«Le pratiche di inclusione non sono un affare della politica. Sono qualcosa che fa la società civile» mi fa notare Tiziana. «Noi siamo sempre state un cuscinetto, e per questo qui non è mai successo niente di grave.»

Femministe, colorate, laiche, determinate: non c'è da stupirsi che queste «cattive ragazze» a Imola non abbiano sempre goduto di buona stampa. Mi accompagnano nel loro quartier generale in pieno centro. Nel cortile interno alcune ragazze stanno dipingendo gli striscioni per la manifestazione di oggi pomeriggio. Il corteo della campagna internazionale contro la violenza sulle donne «One billion rising».

Qui c'è la loro biblioteca, multilingue e multietnica. Ci sono gli uffici dove forniscono assistenza per i problemi legali, economici, psicologici, logistici. C'è una grande e colorata stanza per far giocare i bambini, mentre le mamme discutono del loro futuro. E ci sono i piccoli appartamenti per le donne in fuga: in uno di questi anche Leila ha vissuto per alcuni mesi.

Proprio nella sua ex stanza con il letto soppalcato incontro Khadija, mediatrice culturale del centro. È arrivata in Italia dal Marocco con il marito nel 1991. Da allora, di mariti ne ha avuti altri due.

«Una vita turbolenta» annuisce. «Ne avrei voluta una diversa, ma non sempre si può avere ciò che si vuole.»

Khadija porta il velo, ma non l'ha sempre indossato. A casa sua, in Marocco, non è mai stato un obbligo.

«Io ho ricominciato a portarlo nel 2006. Proprio in un momento in cui non avevo un uomo in casa, nessun maschio mi costringeva» mi racconta. «Dopo essermi separata dal padre di mia figlia sentivo forte il bisogno di ritrovare la mia identità, e il velo era quello che mi mancava per chiudere il cerchio. Sentivo che la mia religione poteva essere ciò che serviva per ricomporre i pezzi della mia vita, sparsi dappertutto» conclude semplicemente.

Il suo rapporto con la religione è sereno, quello di una persona che non ha vissuto traumi né violenze: ha sempre fatto il Ramadan, e a sua figlia lascia libera scelta sull'hijab. Ma come mediatrice culturale ha a che fare con straniere dalle storie ben diverse: lavora all'ospedale, dove arrivano donne che qualcuno ha chiaramente picchiato. I mariti cercano di parlare al loro posto, di farle tacere. E anche le mogli tendono a minimizzare.

«Mi dicono: "Abbiamo litigato, lui mi ha tirato una sedia, ma non è niente. Mi ha sputato addosso, ma non è niente". Il problema è che sono cresciute in contesti dove quella era la normalità.»

Non è l'islam, il problema, dice. Rispetto alle italiane, le straniere sono solo più deboli, perché non possono contare su una rete sociale.

«Spesso anche quelle che scappano poi tornano a casa, dai mariti violenti. Sono sole.»

Per Souad Khaldoune, mediatrice culturale marocchina, in Italia da venticinque anni, la religione invece può essere un'aggravante, se è usata in maniera distorta, per mantenere il potere sulle donne. Ma concorda con Khadija che i problemi principali sono altri, come l'ignoranza delle leggi. «Le donne pensano che in Italia ci siano le stesse norme dei loro Paesi, sul diritto di famiglia per esempio. Non sanno a chi rivolgersi. Spesso non parlano neanche la nostra lingua.»

In questo senso, il ricongiungimento famigliare è un tema da gestire meglio. Porta nel nostro Paese mogli prive di qualunque coordinata culturale, che senza il marito non sanno neanche uscire di casa.

«Questa è una battaglia da fare» insiste Souad. «Non dovrebbe essere possibile venire solo per ricongiungimento, senza avere uno status personale. E tutte dovrebbero avere l'obbligo di imparare l'italiano.»

Proprio l'obbligo, insiste: non basta offrirglielo. «Ho conosciuto donne che non erano minimamente interessate ad apprendere la lingua. Ma così non c'è rapporto, per esempio, tra famiglia e scuola. La madre, che segue i figli, non è in grado di capire ciò che la maestra ha scritto sul diario. Al padre non viene in mente di guardare. I bambini arrivano senza il costume da bagno per la piscina, o il permesso per l'uscita di classe. Le famiglie passano per incapaci e menefreghiste, l'integrazione diventa ancora più difficile. E invece mancano gli strumenti, tutto qui.»

«Però, quando vado all'uscita di scuola e vedo questi bambini di ogni colore, le mamme che li aspettano, mi si apre il cuore.» È Tiziana a suonare una nota di speranza. «Allora mi dico: forse possiamo farcela.»

La battaglia non è mai finita ed è ora di avviarsi verso la stazione, dove si concentra il corteo. Jacques, che mi accompagna, sorriderebbe sotto i baffi, se li avesse: «Da quant'è che non fai un corteo femminista?» mi chiede. Tiziana e Souad lo mettono a tacere informandolo che come tutti gli altri maschi dovrà seguirci restando a lato della strada, in mezzo possono stare solo donne. Ai simpatizzanti dell'altro sesso, tra cui il figlio di Tiziana, sarà concesso di riunirsi alle manifestanti solo una volta raggiunta la piazza principale.

Dure e pure, le femministe di Imola. Tiziana mi racconta con fierezza che quando è venuto in visita Matteo Salvini la polizia aveva chiuso la strada, per impedire loro di bloccare la sua macchina.

«Ma noi siamo passate per i campi» dice trionfante. «E ci siamo messe lì, in piedi sull'argine. Intonando *Bella ciao*!»

L'Emilia è sempre l'Emilia. Me lo conferma un delegato Cgil con il megafono che viene a stringermi la mano. È entusiasta della manifestazione. «Quando si muovono le donne, si muove la società!» mi assicura.

Guardo gli striscioni femministi intorno a me, i visi onesti e determinati, i fazzoletti rossi. La provincia italiana ha la capacità di farti sentire fuori dal tempo. La storia di Leila, del suo fidanzato sikh e del suo padre-padrone potrebbe essere una vicenda da Romeo e Giulietta imolesi degli anni Cinquanta. E questa marcia di donne invece viene dritta dai Settanta. Anacronistico? Niente affatto. Inquietante però, e giustamente. Perché Imola, dove passato e futuro convivono in una difficile armonia, mi ricorda ancora una volta che nessun diritto è mai acquisito per sempre.

Mi metto in marcia accanto a Souad e a sua figlia, una ragazza alta e bellissima con un'onda di capelli neri e occhi da diva. Rimprovera la madre che si ostina a soffiare nel fischietto, come nelle manifestazioni di quarant'anni fa. Con noi c'è una giornalista del «Corriere di Romagna», Laura Giorgi, che segue da anni Trama di Terre. E che è molto informata su luci e ombre dell'integrazione in questa provincia ricca, ma non sempre felice.

Ripercorriamo insieme i più recenti episodi. Nel 2008 sei arresti per associazione con finalità di terrorismo islamico a Bologna hanno sgominato una banda di reclutatori. La «guida» del gruppo, Jarraya Khalil, è stata presa a Faenza. Nell'aprile 2015 un cittadino imolese, Khalid Smina, è stato arrestato ed espulso per contatti con la stessa rete di reclutatori. Era già stato indagato, ma aveva un regolare visto di soggiorno, abitava in una casa popolare con la moglie e i due figli. Frequentava la Casa della cultura islamica.

È proprio lì che sto andando.

Abbiamo appuntamento con i responsabili della Casa della cultura islamica di Imola, luogo di culto della città, a ridosso della preghiera delle cinque e mezza. Le indicazioni sono chiare: sempre dritto e girate subito dopo il concessionario. Ma dopo aver svoltato Jacques, al volante, si trova a condurre la macchina per un po' tra parcheggi deserti, rivenditori di auto chiusi e altri capannoni. Fino a che non mi viene in mente di chiedere all'unico essere umano che scorgo nei dintorni.

Scendiamo dall'auto, sta calando la sera e con essa la nebbia. Non c'è nessuno, com'è ovvio nella zona industriale di Imola alle sei di un sabato d'inverno. Siamo nel posto giusto? Ma poi dalla porta sbuca un uomo magro che ci accoglie cordialmente.

«Accomodatevi su in ufficio» ci invita facendoci strada su per le scale. «Io devo andare a pregare, arrivo tra poco.»

Ci lascia in una stanza chiara e pulita. Ci sediamo sul divano, ma da fuori sento arrivare delle voci e non resisto. Esco, mi affaccio dietro un angolo e dai tappeti stesi per terra capisco di essere nello spazio riservato alle donne della moschea. Ce n'è una sola, velata, che prega in un cantuccio. Dal piano di sotto sale la voce di un uomo. Mi tolgo gli stivali, mi drappeggio la sciarpa sulla testa, e vado ad affacciarmi alla balaustra, in silenzio.

Sui tappeti azzurri sono allineati dieci uomini, in un'unica fila. Nel *mihrab*, la nicchia da cui l'imam guida la preghiera, orientato in direzione della Mecca, è inginocchiato un uomo barbuto vestito di una lunga tunica nera. Mentre assisto al rito della sera, tre giovani entrano alla spicciolata. Hanno abiti semplici, da lavoro.

Conosco bene le preghiere islamiche, vi ho assistito in molti Paesi arabi. Niente di nuovo. Mentre mi rimetto gli stivali e torno nell'ufficio, noto che non sono arrivate altre donne a unirsi alla mia solitaria compagna di balconata. Non mi stupisce affatto: siamo lontani dal centro, è sera, nemmeno io verrei qui da sola. E molte, forse, non hanno neanche la macchina.

Sono seduta accanto a Jacques da pochi minuti quando ci raggiungono tre uomini, uno dei quali è il presidente dell'associazione, Mohammed Sabir, che ci ha accolti sulla porta. Riconosco il predicatore che ho visto nel *mihrab*, è il vicepresidente del centro, Tajiri Abdelghani; il terzo si chiama Said Knyir e si occupa della scuola per l'insegnamento dell'italiano agli stranieri. È stata inaugurata proprio oggi, alla presenza del vescovo e del rappresentante degli ortodossi. Sarà la scuola di tutti, mi dicono.

Chiedo se conoscevano gli arrestati del 2008, gli estremisti che gravitavano in quest'area. Abdelghani allarga le braccia, con un sorriso rassicurante.

«Erano solo dei fanfaroni» dice. «Chiacchieroni, più che altro.» Ma per colpa loro la moschea è finita nel mirino. E lui, comunque, in seguito si è visto rifiutare la cittadinanza italiana. Suo cognato era uno di loro.

Il loro centro è pienamente integrato nella realtà locale, mi garantiscono. Prima pregavano in un garage nel centro di Imola, poi nel 2007 sono riusciti a comprare questo spazio, forse un ex concessionario di auto, data la zona. Niente donazioni milionarie dai Paesi del Golfo, per loro, almeno così dicono.

«Ci finanziamo con le collette» mi spiega Abdelghani. «Per poter avere una vera moschea abbiamo raccolto fondi fin dal 1995.»

Come dimostra l'inaugurazione della scuola di oggi, i rapporti con le istituzioni sono buoni. «Ci stiamo muovendo con la Regione e l'Associazione industriali, nel nostro piccolo, per poter ottenere due ore di permesso al venerdì, e il riconoscimento delle nostre due più importanti feste religiose» mi spiega Mohammed.

Se ci riuscissero, sarebbe una vera impresa, commento. Io, però, non sono certa che in uno Stato laico sia questa la soluzione giusta. Come sempre approfitto della presenza di Jacques per portare l'esempio della Francia, che ha proibito ogni simbolo religioso nei luoghi pubblici: dall'hijab al crocefisso.

«Il laicismo francese è autoritario!» esclama Mohammed. «Costringere le ragazze musulmane a togliersi il velo a scuola è dittatura.»

Jacques annuisce convinto: è d'accordo che proibire l'hijab sia una violenza senza senso. Io obietto che su questo si può discutere, ma non possono negare che il niqab, il velo integrale che copre il volto, sia tutt'altra cosa.

In Francia, nel 2010, il Parlamento ha approvato una legge che vieta il burqa e il niqab, perché nascondere il viso nei luoghi pubblici è illegale, come del resto lo è in Italia per via della normativa antiterrorismo. Nelle scuole secondarie francesi, poi, è proibito qualunque simbolo religioso, quindi anche l'hijab. All'università, gli studenti fanno ciò che vogliono. Nella pratica, la legge viene applicata a seconda dell'interpretazione, e del buonsenso, degli insegnanti.

«Mio figlio in Inghilterra si è trovato davanti un'impiegata che indossava il niqab, in un ufficio pubblico» ribatte Mohammed. Non sembra trovarlo strano. Per me sarebbe intollerabile. Come si può interagire con una persona senza volto?

«Quando si vive in una società non si cerca lo scontro a tutti i costi» interviene Abdelghani per calmare le acque. «In Francia hanno molte ottime iniziative. Per esempio, lo Stato gestisce direttamente le scuole da cui vengono gli imam. Bisognerebbe che anche le istituzioni italiane facessero un passo avanti.»

Messa così, mi sembra più che altro un passo indietro. Capisco che l'esigenza sia controllare la predicazione estremista, ma Stato e religione devono restare separati. Chiedo se sono d'accordo, sul fatto che siamo in uno Stato laico e che tale deve rimanere.

«Questa è la sua opinione e io la rispetto. E noi rispettiamo le leggi italiane» risponde con prudenza Abdelghani. Non sembra affatto entusiasta, e suggerisco che forse preferirebbe la sharia. Mi spiega che la legge islamica in realtà è compatibile con la legge italiana e che alcuni dei suoi aspetti sono in effetti molto sensati, e favorevoli alle donne. Trasecolo. Per esempio quali?

«Per esempio la legge sull'eredità. Anche la donna può ereditare.»

Solo che eredita la metà di suo fratello, obietto.

«Sì, ma può tenere tutti i soldi per sé! Mentre il fratello è obbligato a mantenerla» ribatte lui in tono incoraggiante.

E nell'ipotesi che, nel 2016, io potessi mantenermi da sola, perché mai dovrei ereditare la metà rispetto a mio fratello? Oppure, per parlare di altri diritti che noi donne abbiamo conquistato con il sangue, la sharia sarebbe compatibile con il diritto all'interruzione di gravidanza?

«Se ci sono seri problemi» risponde compunto. «L'islam permette...»

Se il problema fosse che questo figlio non lo voglio, lo interrompo, l'islam permette?

«Ma insomma, non può prendere precauzioni?» insorge Mohammed. Il principio di dibattito si stempera in una risata e penso che, dopotutto, un religioso cristiano mi direbbe la stessa cosa, sull'aborto. E senza neanche concedermi le precauzioni. Le religioni rivelate non sono cose per donne, concludo conciliante. Ma Mohammed si china verso di me, tra il paterno e il provocatorio.

«Ma voi donne» chiede lentamente, «in fondo siete contente di tutta la libertà che avete?»

Mi scappa un «Eccome!» molto veemente. Non solo ne sono contenta, puntualizzo, ma non rinuncerò a una sola di queste libertà. Anche perché non è certo Dio a chiedermelo, ma interpretazioni dei testi sacri date da uomini. Ho capito che secondo loro il problema non è l'islam, ma il retaggio dei costumi tribali. Lo so che anche in Italia fino a pochi decenni fa le donne portavano un fazzoletto in testa e stavano separate dagli uomini. Ma noi occidentali, spiego accalorandomi, pensiamo che sia un passo avanti avere la possibilità di scegliere. Abbiamo fatto tante battaglie per arrivare ad avere il diritto al divorzio, all'interruzione di gravidanza, parità sul lavoro, una legge sullo stato di famiglia che ci tuteli in caso di separazione assieme ai nostri figli. Per noi sono battaglie fatte e vinte importantissime, e sono conquiste che difenderemo con le unghie e con i denti.

Mi interrompo accorgendomi che i quattro uomini nella stanza mi osservano con una certa preoccupazione. Compreso Jacques. Forse mi sono scaldata un po'. Ma sono temi che mi stanno molto a cuore. Torno su un piano più generale aggiungendo che comunque non si tratta di un problema mio, o delle donne, ma anche di un problema loro. Perché quando incontrano, nella popolazione italiana, pregiudizi e diffidenze sulla religione islamica, il motivo è anche questo. Se non sono loro i primi a separare la fede dalle usanze tribali, continueremo a percepirli come una minaccia.

Per citare un caso pratico e incontrovertibile, chiedo cosa ne pensino dell'abbandono scolastico delle bambine. Secondo un articolo uscito proprio oggi sul «Corriere della Sera», i numeri sono in aumento, nelle comunità immigrate. Soprattutto tra egiziani e senegalesi, bangladesi e pakistani, fino a sette ragazze su dieci smettono di studiare alle soglie dell'adolescenza, per diventare brave mogli e casalinghe. I padri tolgono le figlie da scuola per mandarle a sposarsi nei Paesi d'origine. O per evitare che vengano contaminate dalla cultura «occidentale» in un'età così difficile. O semplicemente perché non importa che una femmina sia istruita, anzi.

Sui matrimoni in giovane età i miei interlocutori sono tutti d'accordo: sono un vero scandalo. E Mohammed suona in più una nota pragmatica. «Far sposare le bambine quando ci sono quelle di vent'anni, di trent'anni, che non trovano marito...»

«Sono dei criminali» dichiara deciso Abdelghani. «Mio padre, che era analfabeta, ci ha fatto studiare tutti.» Adesso si accalora lui, non ci sta a essere preso per un tiranno. Mi dice che in moschea si fanno incontri con le famiglie dei nuovi arrivati. Spiegano che devono rispettare le leggi del Paese in cui si trovano. E questo significa comportarsi in un certo modo con le mogli e con le figlie.

«Il nostro ruolo è quello di avvicinare due mondi» aggiunge. «Far sì che gli italiani capiscano chi siamo e spiegare ai nostri cosa apprendere dagli italiani.»

È proprio il caso di dire: «Inshallah!».

10

Alessandro Di Battista, un conservatore a 5 stelle

Alessandro Di Battista non ha alcun problema a incontrarmi di sabato. Ma nel weekend non può ricevermi, mi spiega, a Montecitorio, dove sarebbe più consono. Questo trentottenne onorevole – o come preferisce dire, cittadino – del MoVimento 5 Stelle ha un senso della formalità istituzionale da vero conservatore. Quale in effetti è. Gli darò quindi appuntamento presso un'altra istituzione romana, scherzo al telefono: una storica pasticceria in piazza di Spagna. Un posto dal lusso discreto, dove poter scambiare quattro chiacchiere mentre la sera di fine inverno cala sulla città.

Di Battista arriva con il suo giubbotto da motociclista e il suo sguardo intenso, sistema le lunghe gambe sotto il tavolo non senza problemi d'incastro, ordina una fetta di torta al cioccolato. E si dispone a spiegarmi cosa pensa, dell'immigrazione e dell'islam, un rappresentante della principale forza di opposizione.

È preoccupato dell'islamizzazione della nostra società?

Io sono innanzitutto molto preoccupato della perdita di radici culturali della nostra società. Se ci fosse un aumento dell'islamizzazione, sarebbe importante capirne il motivo: l'islam, in alcuni luoghi, sta quasi colmando un gap che viviamo dal punto di vista culturale. Credo che in Occidente in generale, e quindi anche in Italia, ci sia una perdita di valori, non solo cristiani e cattolici, ma in senso più tradizionale. E questo mi preoccupa, perché l'aspirazione deve essere a una società giusta, non per forza a una società multiculturale.

Quali sono i valori che si stanno perdendo?

La solidarietà e il forte senso della famiglia. Tra vicini di casa, un tempo, ci si scambiava le ricette, mentre oggi quasi non ci conosciamo… Viviamo in piccole prigioni, in celle, e di giorno in giorno ci stiamo trasformando sempre più da cittadini a consumatori. È un pericolo, perché laddove c'è questo tipo di debolezza c'è il rischio che altre culture possano prendere il sopravvento. Casa mia è casa mia: ci sono delle regole, e le diamo noi.

Quando dice «altre culture» pensa principalmente alla religione islamica?

Penso di sicuro all'islamizzazione, ma più in generale a un cambiamento degli stili di vita. Faccio un esempio: al Sud tradizionalmente le relazioni umane venivano prima dell'azione, mentre oggi invece passano in secondo piano. Io non ho una particolare simpatia, dal punto di vista culturale, per l'islam. Ma la sua voce è molto forte perché è molto chiara. E quando c'è una posizione netta, vi è una maggiore radicalizzazione. Per il resto, la nostra stessa cultura deve moltissimo agli arabi. La più grande ricchezza dell'Italia è sempre stata la «contaminazione». Però mantenendo una determinata linea, che io vedo oggi un po' smarrita.

Quale dovrebbe essere la posizione italiana rispetto alla Libia?

Finora ho sostanzialmente apprezzato Renzi. La linea della ricerca di un sostegno a un governo di unità nazionale è corretta. Io vengo dalla cooperazione internazionale, e a volte ho criticato le posizioni dell'Eni e dell'Enel in America Latina, ma fino a che in un Paese ci sono interessi italiani penso che sia compito di un parlamentare italiano difenderli. Sperando che non influiscano in modo negativo sulla vita dei libici... D'altra parte, l'evento che più li ha destabilizzati è stata la morte di Gheddafi. Io non stimo i regimi, ma è bene che i dittatori vengano spodestati dai popoli sovrani, non dalle bombe francesi o dalla connivenza italiana o dalla Nato. Altrimenti, lo abbiamo visto ovunque, il risultato è una guerra civile. Non giustifico Gheddafi ma, con il pugno di ferro, riusciva a tenere insieme un Paese in cui vivono tanti gruppi tribali diversi. Ce l'ha fatta elargendo ricche mance a destra e sinistra, e di sicuro grazie a un apparato militare molto forte. E a un piano di welfare, rispetto ad altri Paesi, davvero notevole: bisogna riconoscerlo, basta guardare i dati sull'alfabetizzazione e la qualità del sistema sanitario.

Ritiene che per sconfiggere il terrorismo sia necessario stare più attenti agli alleati che si scelgono? Pensiamo per esempio alla Francia, che non ha mai avuto una politica estera così smaccatamente filo-saudita.

I terroristi sono in grado di combattere sul campo contro un Occidente che manda avanti i droni. Non è così che li sconfiggeremo. Ma anzitutto evitando di continuare a scendere a patti con monarchie che di fatto li sostengono. I sauditi forniscono armi, denaro.

In Yemen, le bombe che noi vendiamo ai sauditi continuano a gettare benzina sul fuoco dell'eterno conflitto tra sunniti e sciiti. In questa Europa così fragile, Erdoğan tiene sotto scacco l'Ue ed è uno che invia «vettovaglie», chiamiamole in questo modo. Le ha sempre inviate perché c'era chi, al Pentagono, spingeva per una destabilizzazione della Siria. A certi uomini potenti, per un periodo, i terroristi vanno bene, così come vanno bene i dittatori, ma poi le armi gli si ritorcono contro, come in Siria. Per portare avanti le giuste politiche, un presidente del Consiglio deve avere un'indipendenza economica che lo affranchi da certi poteri forti. E deve avere un'opposizione forte.

Quindi secondo lei l'opposizione del M5S, quella che state conducendo voi, dà forza a Renzi e al suo governo rispetto alle pressioni esterne, per esempio per un intervento in Libia?

Sono convinto che Renzi abbia usato la forza del MoVimento 5 Stelle per chiedere alla Merkel, per esempio, maggiore flessibilità. Io, se fossi in lui, direi questo: «Guarda che il M5S è forte; guarda che ci sono dei candidati in gamba; guarda che nonostante alcuni errori iniziali, una fase di crescita, sono la seconda forza politica del Paese. E se noi commettiamo grossi errori ci sorpassano, per cui mi devi dare una mano. Se continuiamo queste politiche di austerity, vincono loro».

In questo senso il vostro lavoro di opposizione andrebbe contro i vostri interessi...

Il lavoro dell'opposizione deve andare a favore degli interessi nazionali, prima che di quelli di partito. Che faccio, voto contro un provvedimento corretto perché se venisse affossato aumenteremmo i nostri consensi? Io, prima di essere del MoVimento 5 Stelle, sono italiano, e quindi spero che l'Italia vada bene, che gli interessi nazionali e la sicurezza nazionale siano garantiti.

Il grande punto di forza dell'Isis, come tutti ci ripetono, è la rete. Con una radicalizzazione che non avviene più tanto nelle moschee, ma su Facebook e Twitter. Il MoVimento 5 Stelle ha fatto della rete la sua forza. Qual è la sua opinione su questo versante «virtuale» della lotta al terrorismo?

Noi dobbiamo garantire il più possibile alle forze di intelligence le risorse sufficienti per aumentare i monitoraggi in rete, infatti abbiamo presentato anche emendamenti in questo senso. Bisogna intervenire. Creare una struttura *ad hoc*. Il problema del terrorismo è, soprattutto oggi, interno. L'Italia dimostra intelligenza e autonomia se investe sulla sicurezza interna, perché il problema terrorismo esiste. Occorre diminuire le possibilità che un terrorista venga a farsi esplodere qui.

Lei pensa che abbiano qualche fondamento le inquietudini di gran parte dell'opinione pubblica rispetto all'islam, e all'immigrazione in generale che viene però soprattutto associata all'immigrazione islamica?

Sì, penso che abbiano fondamento. Penso altresì che la paura e il metadone delle menzogne rassicuranti siano forme di governo. Come per me l'euro non è una moneta ma un sistema di governo, lo è anche la paura. Tre industrie oggi non sono in crisi in Italia – chiamiamole industrie – e tutte sono correlate alla paura: le armi, che acquista chi ha paura di morire; la droga, che serve a chi ha paura di vivere; e il gioco d'azzardo legalizzato, perché è la massima aspirazione di chi ha paura di non poter pagare le bollette. L'industria che ha a che fare con la paura è la più florida dell'Occidente.

Ma in generale lei pensa che l'islam sia compatibile con i nostri valori?

Per me è compatibile a patto che *loro* sappiano che la cultura predominante è un'altra. La prima cosa, direi, sono i numeri. Siamo un Paese che non fa figli: se aumenta considerevolmente – eccessivamente – il numero di islamici, vanno in crisi definitiva le tradizioni italiane. Faccio un esempio: dopo la Seconda guerra mondiale molti tedeschi sono emigrati in Sudamerica. Hanno cominciato a comprare appezzamenti di terra dove poter coltivare il caffè in Argentina, Sud del Brasile, Guatemala... A un certo punto, una delle comunità indigene guatemalteche ha deciso che erano troppi. E si sono difesi ponendo limiti alla quantità di terra che ciascun tedesco poteva acquistare.

E in Europa, in concreto, come pensa di limitare la presenza degli immigrati?

Abbiamo presentato proposte per la ripartizione tra tutti i Paesi europei degli immigrati che hanno diritto all'asilo politico. Le richieste di asilo vere non sono quantità abnormi, rispetto a una immigrazione che è essenzialmente spinta da ragioni economiche.

Quindi è per la differenziazione tra migranti economici e politici?

Condivido in questo le posizioni del MoVimento 5 Stelle, assolutamente. Altrimenti non possiamo stupirci che nelle periferie di Roma ci siano classi con più stranieri che italiani. Questo per me non è accettabile. E non credo che sia razzismo, il mio.

Quando parla di tradizioni italiane che rischiano di essere messe in crisi da questo afflusso di persone, quali sono? Quali sono questi famosi valori, italiani o dell'Occidente?

Pensiamo al valore del femminile. La donna oggi non è trattata molto bene nella nostra società maschilista, dove mi sembra venga mercificata. Condivido in questo il pensiero dell'intellettuale più femminista che abbiamo, Massimo Fini. Credo che nella nostra società si svalutino le qualità intrinseche delle donne, per esempio saper gestire i conflitti. Sono ontologicamente meno guerrafondaie degli uomini. Forse il saper portare in grembo una vita dà maggior rispetto per la vita stessa. Un valore non negoziabile sono anche quei diritti che consentono alla donna di portare avanti una gravidanza e costruire una famiglia. Che a sua volta è in crisi oggettiva. Se è in pericolo tutto quello che la struttura famigliare offre in termini di stabilità, c'è il rischio che altre culture prendano il sopravvento. E non mi riferisco solo all'islam. Un altro valore, dal punto di vista relazionale, è la libera scelta del partner come e quando si vuole. Non accetto, nel mio Paese, che una donna e un uomo che si baciano in pubblico possano essere malvisti da un islamico che vive qui. Il mio compito come legislatore è intervenire, affinché vi siano sicurezza nazionale e prosperità in Italia. E questo significa capire che a casa mia la libertà deve valere per tutti, anche per i musulmani.

Cosa pensa, a questo proposito, di quello che viene chiamato «modello multiculturale» britannico?

Per non parlare sempre di islam: io non tollero quartieri interi in mano ai cinesi. Perché qui non c'entra nulla l'integrazione, questa è ghettizzazione. Persone di etnie diverse che vivono vite diverse, che condividono e respirano solo la stessa aria, ma non hanno nulla in comune. A Londra ci sono quartieri dove se sei bianco non puoi entrare. Questo non mi pare multiculturalismo, mi sembra una reciproca ghettizzazione e paura del diverso.

Secondo lei quindi la cultura tradizionale italiana è a rischio?

Sì. Bisognerebbe rileggere alcune delle ultime cose scritte da Oriana Fallaci, sebbene io non condivida le soluzioni da lei proposte e quella sorta di amore per la guerra che esprimeva. Per esempio, il concetto che l'islamizzazione ha qualcosa di estremamente radicale e quindi capace di attecchire in una fase di debolezza. Dobbiamo capire che il problema esiste. Questo non significa adottare posizioni xenofobe, ma non si può sottovalutare il pericolo di una perdita di valori che già l'Occidente corre a causa del consumismo dilagante. La crisi dei valori è cominciata negli anni Ottanta, e si è arrivati a oggi dove i giovani hanno grosse difficoltà a mettere su una famiglia dal punto di vista economico e sociale, e non possono più contare su diritti di cui prima si godeva…

Tornando al problema dell'immigrazione, un aspetto interessante è che i migranti pagano. Loro pagano per venire fin qui, noi paghiamo per fermarli. Lei che è un esperto di cooperazione internazionale, non crede che ci possa essere un modo migliore di indirizzare questi flussi di denaro? Per esempio aiutando, come dice Renzi, lo sviluppo dei Paesi africani?

Avendo lavorato in Africa, in Congo, so bene che nessun congolese vorrebbe abbandonare il suo villaggio e andarsene lontano migliaia di chilometri. Ma penso che se vogliamo aiutare l'Africa subsahariana non dobbiamo dare di più, ma togliere di meno. Credo nel diritto all'autodeterminazione dei popoli e credo viceversa che gli interventi da parte occidentale possano generare flussi migratori sempre più massicci che portano a reazioni xenofobe ed episodi razzisti nelle nostre città. E alla crescita dei movimenti che lavorano sull'odio.

Papa Francesco potrebbe essere un alleato?

Papa Francesco è alleato di se stesso. Alcuni viaggi, alcuni incontri e il modo in cui si muove sono da leader politico e me lo stanno facendo apprezzare. Credo che l'eterna guerra tra Curia romana, cioè partito romano, e papi con il desiderio di cambiamento, oggi la stia vincendo lui.

Ma per sconfiggere l'Isis forse non basta la diplomazia, neanche quella di papa Francesco. Anche se lei ha dichiarato una volta che con il Califfato bisognava sedersi al tavolo delle trattative…

Fu un problema di comunicazione, un paio di frasi scritte male estrapolate da un pezzo molto lungo. Non c'era, tra l'altro, il Califfato che c'è oggi. Più gli occidentali intervengono militarmente, più i jihadisti fanno proseliti dicendo: «Vedete, sono loro che vogliono distruggerci. Noi ci dobbiamo difendere e il terrorismo è la nostra forma di difesa». Il terrorismo è un cancro con metastasi molto estese. Se pensiamo che la medicina siano i droni, le bombe o l'invasione, allora quello che è avvenuto dal 2001 in poi non ci ha insegnato niente. Il mostro va affamato e basta. Ma mi sembra che, anziché affamarlo, lo stiamo nutrendo. Le scelte degli ultimi vent'anni hanno incrementato il terrorismo. Nonostante miliardi di dollari investiti dal 2001 fino a oggi nella guerra al terrore, a livello internazionale il terrorismo prospera più che mai. L'industria della paura è in piena espansione.

Come si affama il mostro? Ovvero, come si ferma l'industria del terrore?

Sappiamo bene che le forze di intelligence hanno un incredibile potere di raccolta di informazioni. E con tutto ciò, non siamo in grado di capire chi continua a vendere armi a questi sedicenti esponenti dello Stato islamico, chi compra il loro petrolio, come viene trasportato? Lo sappiamo, ma evidentemente c'è una volontà di mantenere una situazione instabile, perché in acque torbide qualcuno pesca meglio. La domanda è: si vuole davvero sconfiggere il terrorismo o si vuole la guerra permanente?

11

Ultima fermata: Damasco

All'inizio del 2011, la destabilizzazione del mondo arabo-musulmano è a buon punto. Dopo Tunisia, Egitto, Yemen e Libia, i venti di contestazione cominciano a soffiare anche in Siria. Come abbiamo visto, la tragedia comincia il 15 marzo 2011 a Deraa, alla frontiera con la Giordania. Bisogna far liberare gli adolescenti ribelli che hanno decorato i muri con scritte contro il regime. Arrestati, picchiati, saranno restituiti alle loro famiglie una settimana dopo. Troppo tardi. La rivolta contro il potere autoritario di Bashar al-Assad, che nel 2000 è succeduto a suo padre Hafez, si è scatenata. E, nonostante la paura, i cortei si ingrossano.

I manifestanti sfidano lo stato di emergenza, in vigore nel Paese fin dalla presa del potere da parte del partito Baath nel 1963. La repressione fa decine di morti, in molte città. Bashar grida al complotto straniero e manda timidi segnali di apertura politica. Ma resta sulla difensiva: sa che, se i siriani potessero avere elezioni libere, si sbarazzerebbero della sua famiglia e del Baath.

La violenza cova già da tempo. Nel 2008 ci sono state le rivolte degli agguerriti islamisti nel carcere di Sednaya, vicino a Damasco. Incidenti passati sotto silenzio dalla stampa ufficiale, ma che hanno impensierito il governo. Che li ha letti per quello che erano: avvertimenti.

Gli uomini rinchiusi a Sednaya sono combattenti che hanno servito nella guerra contro l'occupazione americana in Iraq. Quando saranno liberati, nel 2011, si metteranno a capo delle più brutali organizzazioni islamistiche. E trasformeranno una rivolta popolare in una vera guerra civile. Con la complicità di Bashar? Non si può escluderlo: il dittatore siriano non è certo un ingenuo.

La Siria è povera di risorse energetiche, ma ha dalla sua parte la storia e la geografia. In un'intervista premonitrice rilasciata il 31 gennaio 2011 al «Wall Street Journal», il presidente Assad dichiarava: «La Siria è il cuore del Medioriente». E aveva ragione.

Proprio a Damasco, d'altra parte, mi sono trovata almeno una volta al centro della storia. E ho avuto l'impressione che le divergenze tra i popoli e tra le religioni potessero comporsi. In quella luminosa primavera del 2001, mentre partecipavo come inviata del Tg1 a un evento epocale nell'edificio più sacro della capitale, la pace sembrava vicina.

Il 6 maggio papa Giovanni Paolo II entrava nella Grande Moschea degli Omayyadi, il primo pontefice nella storia a mettere piede in una moschea. Che per di più, un tempo, era stata una chiesa, dedicata a san Giovanni Battista. Guardavo la cappella che secondo la tradizione contiene la testa del santo, nella luce sfavillante dei grandi lampadari. E mi sentivo testimone di un tentativo di riconciliazione, destinato a contagiare il pianeta.

Mi sarei dovuta ricredere, meno di due anni dopo. Il 20 marzo 2003 sarebbe scoppiata la guerra in Iraq, che avrebbe dato l'avvio ad anni di devastazione.

Rendendo il dialogo tra le religioni e le culture enormemente più difficile.

Mentre preparavo la mia diretta sapevo che fuori da quelle mura sacre mi aspettava la normalità di un regime che avevo imparato a conoscere bene. Ottenere visti per la Siria era sempre difficile, e lavorarci una vera corsa a ostacoli. Nella mia camera allo Sheraton, l'albergo in cui soggiornavano i giornalisti stranieri, un agente del Mukhabarat, i temuti servizi segreti, stazionava in permanenza a ogni piano. Pronto a seguirmi fin dall'istante in cui uscivo dalla stanza.

Di questo Stato di polizia mi permisi di parlare, tra gli altri, con uno degli uomini più potenti del Paese, il ministro della Difesa Mustafa Tlass. Lo incontrai assieme al collega e amico Antonio Ferrari del «Corriere della Sera», nel suo ufficio dall'arredamento sovraccarico e pesante, dominato da una grande bandiera siriana. Amico fraterno di Hafez al-Assad, in quel 2001, dopo l'ascesa di Bashar, restava uno degli uomini chiave del regime e lo sapeva. Osservava la povera inviata occidentale con uno sguardo di severa superiorità, e non privo di sottintesi. Tlass era infatti assai convinto del proprio ascendente sulle donne, e aveva fama di instancabile conquistatore. Una fama che alimentava lui stesso: le pareti di una specie di «stanza segreta» accanto allo studio erano tappezzate di quadri e fotografie raffiguranti ragazze discinte o nude. E prima che me ne andassi, mi fece dono di un libro illustrato che pesava diversi chili, dal titolo di dubbio gusto: *Le rose che colsi*. Versi e immagini in onore delle sue prede, tra le quali – spero in modo apocrifo – annoverava la «nostra» Gina Lollobrigida. Un gentiluomo, si dice, non si vanta delle sue conquiste. E infatti.

Volumi di quel genere vengono chiamati *coffee table*

book perché vengono messi in bella mostra in un salotto, e mai aperti. Ma in casa mia quell'opera dell'ingegno non è mai stata esposta. Bensì nascosta in uno scaffale e, al primo trasloco, condannata all'oblio di un bidone della raccolta differenziata.

Eppure oggi sarei felice persino di reincontrare Mustafa Tlass, anche se non è più in carica dal 2004 e vive a Parigi. Se n'è andato in tempo per evitare il peggio.

La Siria condivide con Israele un confine conteso. Lo Stato ebraico ha occupato militarmente nel 1967, e poi annesso nel 1981, un pezzo di territorio siriano: le alture del Golan. Non solo si trovano in posizione strategica a meno di ottanta chilometri da Damasco, ma sono diventate il serbatoio d'acqua di Israele. Il regime siriano rifiuta di negoziare una pace, finché quei territori non saranno restituiti. Generazioni intere di mediatori americani si sono avvicendate nella capitale per ascoltare le lamentele di Hafez al-Assad, presidente dal 1971 fino alla morte nel 2000, e poi di suo figlio Bashar. Ma la situazione non si è mai sbloccata. Il Golan è davvero una questione di vita o di morte per la Siria, arsa da una terribile siccità, che mette in ginocchio l'agricoltura. Milioni di contadini sono ridotti alla fame. E costretti all'esodo verso le città, dove li attendono solo disoccupazione e povertà. Così, finiscono a ingrossare i ranghi dei ribelli.

La paralisi diplomatica tra Israele e Siria si accompagna da anni all'immobilismo militare. Dai tempi della guerra del 1973, i siriani non hanno più sparato un colpo su questa frontiera. Hanno imparato a proprie spese che non conviene sfidare Tel Aviv. Tanto più che nel 1979 l'Egitto ha firmato una pace separata con Israele, seguito dalla Giordania nel 1994.

Questa neutralizzazione del fronte anti-israeliano in Siria è uno degli assi portanti della strategia americana in Medioriente. Come lo è il congelamento della frontiera del Sinai, tra Israele e l'Egitto. Fin dal 1979 gli egiziani agiscono su quella frontiera per garantire la sicurezza dello Stato ebraico, e in cambio ricevono ogni anno da Washington 1,3 miliardi di dollari. Quando gli Stati Uniti hanno dovuto accettare la deposizione di Hosni Mubarak, potevano contare sull'esercito egiziano come garante della tranquillità. In Siria, però, non sono mai riusciti a creare legami e alleanze con l'esercito. E non erano in grado di far emergere un potere sostitutivo capace di garantire la sicurezza di Israele. Ecco perché, fin dall'inizio della guerra civile, la Casa Bianca era così reticente a togliere di mezzo Assad e i suoi ufficiali.

Ma nel momento in cui scoppiano le primavere arabe, la prudenza americana non è condivisa da altri attori del grande gioco mediorientale. Per esempio la Francia. Parigi ha vecchi conti in sospeso con la Siria, suo antico protettorato. E alcuni ambienti interventisti vedono, nelle manifestazioni che si moltiplicano alla fine del 2011, una bella occasione per sbarazzarsi di Bashar. L'allora presidente Nicolas Sarkozy aveva chiesto a più riprese la firma di una pace con Israele, ma era rimasto scottato dal netto rifiuto di Damasco. Anche le monarchie del Golfo e la Turchia, che pure avevano corteggiato il regime, cominciano a intravedere la possibilità di liberarsi di un presidente poco docile. Che ha mantenuto intatte le ambizioni di suo padre: fare della Siria un protagonista cruciale nell'intera regione.

A fianco della Francia gioca il Qatar. Deciso a

ripetere l'esperienza della Libia, prende da subito le parti dei manifestanti. Al Jazeera passa filmati sanguinosi registrati in Siria. Nel suo seguitissimo programma *La sharia e la vita*, lo sceicco al-Qaradawi tuona sempre più violentemente contro il clan degli Assad e i suoi alleati iraniani e libanesi, gli Hezbollah. Come se non bastasse, Doha incoraggia la militarizzazione della rivolta. A gennaio 2012 comincia a spedire le prime partite di armi. A luglio, con la battaglia di Aleppo, il ritmo accelera. Nello stesso tempo, la Turchia diventa una base dei ribelli siriani. Ankara tenta di organizzarsi per giocare, senza grande successo, il ruolo di ponte tra «moderati» ed «estremisti».

Damasco si ritrova rapidamente isolata, ma può contare sull'appoggio di una nazione della quale Assad senior aveva ben capito l'importanza: l'Iran. Il legame tra i due Paesi si fonda da sempre sulla fratellanza religiosa tra la sola teocrazia sciita al mondo, e gli alauiti, la minoranza sciita al potere in Siria, dove gran parte dei ventidue milioni di abitanti è però di osservanza sunnita. L'amicizia si è rafforzata durante la guerra tra Iran e Iraq, dal 1980 al 1988, quando Damasco era il solo alleato arabo di Teheran. Un asse creato anche per via della rivalità tra Hafez al-Assad e Saddam Hussein. Ma non solo: per il «Leone» di Damasco, quel conflitto era stato un disastro. Un uragano che aveva travolto le speranze arabe di presentare un fronte unito contro Israele. E di ottenere una pace che potesse risolvere il problema del Golan e quello dei palestinesi.

Fin dall'inizio della guerra civile, chi conosce quell'area ha messo in guardia contro un paragone ingannevole tra le rivolte siriane e le primavere arabe. La Siria non era la Tunisia, né l'Egitto né la Libia, e Assad junior era giovane, ma ben più saldamente in sella di autocrati ormai anziani come Ben Ali, Mubarak o Gheddafi. Soprattutto, però, l'esperienza ai vertici del potere gli aveva insegnato una dura lezione di sopravvivenza: non si offende chi è più potente di te. Appena succeduto al padre, era stato messo all'angolo dall'ira degli Stati Uniti all'indomani dell'11 settembre. Per rabbonire l'America, aveva dovuto spalancare le porte delle sue prigioni agli uomini della Cia, che all'epoca con le loro *extraordinary renditions* rapivano «terroristi» ai quattro angoli del mondo. Nel 2003, si era trovato a fare i conti con l'invasione e l'occupazione militare del vicino Iraq, e quindi anche a gestire i flussi clandestini di *foreign fighters* sunniti decisi a combattere i soldati americani. Washington l'aveva richiamato all'ordine, facendo intervenire commando statunitensi in territorio siriano.

Nel 2005 Bashar al-Assad è dovuto sopravvivere al ritiro del suo esercito dal Libano, dopo l'accusa di avere fatto assassinare l'ex premier libanese Rafiq Hariri a Beirut. Sono poi seguiti l'invasione israeliana del Libano (2006), il bombardamento della centrale nucleare siriana (2007), l'attentato contro il terrorista super-ricercato Mughniyya (2008), l'operazione israeliana contro Gaza (2008). Crisi che avrebbero abbattuto ben più di un uomo politico, arabo o occidentale.

Mentre la situazione mediorientale volge al peggio, dopo il 2011, la Siria diventa rapidamente il campo di una battaglia globale. A livello regionale l'Iran sciita, migliore alleato di Damasco, è schierato contro il Qatar, la Turchia e l'Arabia Saudita. Queste ultime si contendono la leadership del mondo sunnita. A livello planetario, una Russia ambiziosa e aggressiva e un'abile Cina tengono testa agli Stati Uniti e ai loro alleati britannici e francesi. Contrariamente alle previsioni di tutti, Assad tiene duro. E man mano che la guerra si complica, gli interessi dei vari alleati si scontrano.

Oltre alla cacciata di Bashar, la guerra civile siriana ha per alcuni un altro scopo: la frammentazione del Paese, sulla falsariga di quanto già visto in Iraq. Ma il conflitto non accenna a finire e, nel 2012, il regime perde terreno ovunque. Nonostante le promesse del fronte anti-Assad, tuttavia, il dittatore resta il padrone di Damasco.

Pian piano, a partire dal 2013, alcuni attori escono di scena. Ankara comincia a preoccuparsi per il ruolo di primo piano assunto dalle milizie curde. Erdoğan ne approfitta per riprendere la guerra contro l'opposizione curda in Turchia: l'indistruttibile Pkk, il Partito dei lavoratori del Kurdistan. Intanto, utilizza i flussi di rifugiati per tenere in scacco l'Europa.

Neanche le monarchie del Golfo sfuggono al pantano siriano. Lo sceicco Hamad Ben Khalifa al-Thani, emiro del micro-Stato miliardario del Qatar, viene giudicato troppo ambizioso e sostituito da suo figlio Tamim, nel giugno del 2013. Secondo un articolo molto dettagliato apparso alcuni mesi prima sul «Financial Times», Doha ha continuato a rimpinguare le casse del fronte jihadista di al-Nusra incurante delle proteste di Washington. Lo sceicco Hamad si è spinto troppo in là? Di certo, suo figlio Tamim si dimostrerà più attento ai consigli prodigati dagli americani.

Poco dopo arriva il turno di Riyad, alla morte di re

Abdullah, nel gennaio del 2015. Una nuova generazione di principi prende il potere in Arabia Saudita. E il giovanissimo e impetuoso ministro della Difesa, Mohamed Ben Salman, si lancia in una costosa e difficile guerra nello Yemen, iniziativa molto malvista a Washington. Per di più, con il prezzo del petrolio in caduta libera.

Nell'agosto 2013 gli eventi in Siria precipitano improvvisamente. Nella notte del 21, un attacco con armi chimiche stermina centinaia di civili nella periferia di Ghouta, vicino a Damasco. I ribelli siriani accusano immediatamente il regime. Che a sua volta accusa i ribelli.

Qualche mese prima, il presidente Obama aveva annunciato che l'uso di armi chimiche in quel conflitto era «la linea rossa», che avrebbe potuto giustificare un intervento militare americano. C'è dunque un *casus belli*, e nel campo anti-Bashar qualcuno si sta fregando le mani.

Teheran, Mosca e Pechino protestano in coro che non ci sono prove, e che un'avventura militare senza l'approvazione del Consiglio di sicurezza dell'Onu sarebbe catastrofica. La Francia invece è subito a favore dell'intervento. Più prudente, David Cameron riunisce il suo Parlamento, che nega il consenso all'azione. I britannici hanno appreso la lezione delle menzogne sulle armi di distruzione di massa in Iraq, e non vogliono cominciare un'altra guerra sulla base di semplici supposizioni.

Ma gli Stati Uniti sono convinti, bisogna partire. Una missione aerea in forze viene prevista per il 2 settembre.

Il 30 agosto, quando i militari americani hanno il

dito pronto sul grilletto, Barack Obama sta passeggiando nel giardino della Casa Bianca. È accompagnato da Denis McDonough, il suo capo di gabinetto. Un uomo rimasto sempre nell'ombra, ma al corrente di tutti i segreti. E un fervente cattolico. Nulla filtra su quanto si dicono i due uomini, ma qualche ora più tardi Obama annuncia che vuole consultare il Congresso, prima di lanciarsi in un nuovo conflitto.

Per almeno un capo di Stato è invece un'occasione formidabile. Si tratta di un uomo che da mesi vuole entrare da protagonista nella soluzione della crisi. È Vladimir Putin, che avanza una proposta. Prenderà lui in consegna lo stock siriano di armi chimiche, e le farà distruggere. Un accordo in questo senso viene firmato il 14 settembre. Un bel colpo per Putin. Israele, che preferisce una Siria indebolita a un potere islamico a Damasco, approva. Obama è soddisfatto: il suo grande progetto segreto di riavvicinamento con l'Iran può continuare senza intoppi. Si sarebbe senz'altro interrotto se lui avesse dovuto colpire la Siria, amica della teocrazia sciita.

Ma c'è un altro personaggio, centrale nei destini del mondo, che ha ragione di essere sollevato. È papa Francesco.

Nel dibattito concitato sulla guerra civile siriana, l'udienza di re Abdallah di Giordania da papa Francesco passa inosservata sulla stampa internazionale. Il 29 agosto 2013 il Santo Padre riceve il sovrano hashemita e la sua sposa Rania. Secondo un laconico comunicato della Santa Sede, i due uomini hanno parlato della situazione in Siria, dopo l'attacco con armi chimiche di pochi giorni prima.

L'«Osservatore Romano» pubblica una foto dell'incontro con il titolo *Il dialogo, unica opzione per la Siria*. Stesso tono da parte dell'«Avvenire». L'agenzia Fides e il «Catholic News Service» fanno eco alla preoccupazione di papa Francesco, che ha interrotto un breve riposo estivo per ricevere la coppia reale. Il pontefice è inquieto per la sorte di milioni di cristiani che vivono in Siria. E per il fragile equilibrio della comunità cristiana, che si è instaurato nel vicino Libano dalla fine della guerra del 1990. Abdallah, da parte sua, nonostante la protezione del grande alleato americano, non è tranquillo. Il passaggio nel suo regno di centinaia di migliaia di rifugiati siriani, iracheni, ma anche palestinesi fa vacillare troppi equilibri.

Prendendo chiaramente posizione contro un intervento militare occidentale, l'«Osservatore Romano» ricorda, in un editoriale, che il papa ha lanciato domenica 25 agosto un appello alla riflessione. La situazione, ha detto, è quantomeno incerta. Il quotidiano sottolinea il punto cruciale: delle responsabilità di Bashar al-Assad nell'attacco chimico del 21 agosto non ci sono prove certe.

I capi della comunità cristiana d'Oriente si mobilitano all'unisono con la Santa Sede, per esprimere in modo molto netto la loro opposizione a un intervento armato.

L'arcivescovo latino Maroun Lahham, ausiliario del patriarca di Gerusalemme per la Giordania, spiega alla Radio Vaticana che in Medioriente nessuno crede alle giustificazioni altruiste e umanitarie degli americani e degli europei. «Non si preoccupano d'altro che dei loro interessi economici e politici. Speriamo che i grandi del mondo vogliano fare la pace piuttosto che la guerra» dichiara il prelato. «Speriamo che prevalgano la voce della ragione e, per noi, la voce della Fede, e che si trovi infine una soluzione politica alla crisi.»

Anche il patriarca latino di Gerusalemme Fouad Twal interviene il 29 agosto. In un comunicato ammonisce l'Occidente: «Perché lanciare una guerra, quando gli esperti delle Nazioni Unite non hanno ancora depositato le loro conclusioni definitive, sulla natura dell'attacco e sull'identità dei responsabili? Vediamo in atto la stessa logica che ha portato alla guerra contro l'Iraq del 2003. Non vogliamo rimettere in scena la commedia delle armi di distruzione di massa... di cui nessuno ha mai trovato traccia».

Il patriarca cattolico siriano Youssef III Younan va anche oltre, in un commento sul sito Terrasanta.net. E denuncia quelle «potenze che hanno armato i ribelli, alimentato la violenza e avvelenato ancor più le relazioni tra sunniti e sciiti. L'Occidente pensa che con un governo sunnita, la democrazia trionferebbe sulla tirannia, ma è un'illusione. Imporre un regime con la forza, senza preoccuparsi delle formazioni laiche in Siria, provocherà un conflitto ancor peggiore di quello dell'Iraq».

Anche altri, come il patriarca maronita di Antiochia e di tutto l'Oriente, Beshara Rahi, su Radio Vaticana, o il guardiano dei Luoghi Santi di Gerusalemme, padre Pierbattista Pizzaballa, sul sito Franciscan Media Center, si pronunciano contro una campagna militare occidentale. E per finire il patriarca caldeo di Baghdad, Louis Raphaël Sako, parla di «un disastro».

Questo concerto di critiche risuona in un contesto di politica interna statunitense senza precedenti nella storia. Mai, nemmeno all'epoca del presidente John F. Kennedy, i cattolici romani sono stati così influenti nelle stanze che contano. A eccezione dello stesso presidente Obama, un protestante senza particolari affiliazioni, tutti i vertici della diplomazia e della sicurezza nazionale sono cattolici. Come pure un quarto dei membri del Senato, e quasi un terzo di quelli del Congresso.

Parliamo di un Paese in cui la Costituzione è ispirata al principio della separazione tra Stato e Chiesa. Ma la cui vita politica è da sempre giocata sull'asse di una competizione, a volte contrapposizione, tra cattolici e protestanti. E questi equilibri pesano.

Infine l'incidente di Ghouta sarà dimenticato. E i russi neutralizzeranno le armi chimiche dell'esercito siriano. Un'operazione riuscita: la Siria, già indebolita militarmente, anche se il regime cambiasse non ha più modo di minacciare i suoi vicini. E i russi, che vogliono conservare la base di Tartus sul Mediterraneo, hanno dimostrato di essere partner affidabili. Diventando rapidamente fondamentali contro un nemico sempre più minaccioso: l'Isis.

Ma qualcuno vuole capire cosa è successo davvero a Ghouta, il 21 agosto del 2013. E perché sia stato evitato un intervento americano che avrebbe potuto degenerare in guerra aperta.

Seymour Hersh, mostro sacro del giornalismo statunitense, nell'aprile del 2014 pubblica un articolo, *The Red Line and the Rat Line*, dalle conclusioni sorprendenti.

L'uso di obici riempiti di gas sarin è stato effettivamente riconosciuto da un'inchiesta delle Nazioni Unite, ma gli ispettori inviati sul posto non hanno voluto indicare un colpevole. Sulla stampa occidentale, la maggioranza degli esperti e dei commentatori ha osservato che il governo di Bashar al-Assad era il solo a possedere quel tipo di armi e doveva essere considerato responsabile.

Nel suo articolo, pubblicato dalla «London Review of Books», Hersh rende noti i risultati di un rapporto dei laboratori d'analisi dei servizi segreti britannici. Secondo cui il sarin utilizzato a Ghouta non faceva parte delle armi chimiche dell'arsenale siriano. Hersh sostiene che almeno un gruppo di ribelli armati, il Fronte al-Nusra, poteva utilizzare armi chimiche fin dalla primavera del 2013. E aggiunge che il gas letale era stato loro fornito da intermediari sauditi o turchi.

Secondo l'inchiesta di Hersh, è stata l'intelligence britannica ad avvertire i colleghi americani, dopo aver compiuto tutte le analisi nei loro laboratori di Porton Down. È a questo punto che i servizi segreti e i responsabili militari Usa hanno messo in guardia il presidente Obama contro un intervento che correva il rischio di non essere legittimato dal principio della «linea rossa». Chiaramente, il Pentagono e il Congresso temevano di ritrovarsi come nel caso dell'Iraq a dover giustificare una guerra cominciata su premesse sbagliate.

Sempre secondo Hersh, l'episodio di Ghouta dimostra quanto siano complessi gli interessi incrociati nel conflitto siriano. Sono in ballo gli 007 di almeno quattro Paesi: gli Stati Uniti, la Turchia, l'Arabia Saudita e il Qatar. Le loro trame si intrecciano e i loro obiettivi a volte divergono. A quanto riferisce Hersh, Erdoğan e i suoi consiglieri militari avrebbero preso la decisione di forzare la mano a Obama, in seguito a un vertice americano-turco nel maggio 2013, a Washington. Il capo della Casa Bianca avrebbe opposto resistenza ai turchi, che insistevano per un intervento militare. Di fronte al suo rifiuto, Erdoğan avrebbe fatto organizzare dai suoi servizi e dai suoi alleati del Fronte al-Nusra l'attacco al sarin del 21 agosto nella periferia di Ghouta. Uno scenario largamente accettato dalla comunità dell'intelligence americana, ma che Obama non poteva né potrebbe ammettere senza ripudiare pubblicamente un Paese alleato, per giunta membro della Nato.

Penso alle vittime di Ghouta quando ad aprile del 2016 leggo le notizie su un altro massacro. L'esercito siriano ha appena riconquistato Palmira. Oggi viene alla luce una fossa comune, con quarantadue corpi: civili, tra cui tre bambini, e soldati. Tutti decapitati o fucilati. L'antica oasi a oltre duecento chilometri a nord-est di Damasco, patrimonio dell'umanità secondo l'Unesco, è rimasta per dieci mesi nelle mani dell'Isis. Tutti abbiamo dovuto guardare le immagini dei miliziani che facevano saltare l'antico tempio di Bel e altri grandiosi tesori, sopravvissuti miracolosamente per secoli.

In uno dei miei viaggi in Siria insieme ad altri colleghi, avevo avuto il privilegio di visitare quei luoghi unici. Non c'erano turisti, il silenzio dominava sulle pietre. Il peso della storia sembrava schiacciarti ed elevarti nello stesso tempo. Sui siti erano al lavoro équipe internazionali di archeologi, appassionatamente all'opera per scavare, scoprire e restaurare.

Le pietre di Palmira, accatastate e spezzate, sono ancora tutte lì. Offese ma indomite. Spero che presto potranno andarsene i soldati e tornare gli scienziati, per ridare a Palmira dignità e splendore. È la miglior metafora a cui riesco a pensare per la Siria, bella e torturata.

12

Fede vs fede

Mentre aspetto l'uomo che devo incontrare alzo gli occhi sul campanile di Santa Maria Maggiore, il più alto di Roma. È una delle quattro basiliche papali della capitale, e oltre millecinquecento anni di storia l'hanno resa un edificio davvero sontuoso. Un simbolo della magnificenza della Chiesa e del suo potere, anche temporale, lungo i secoli. Qui, al culmine del colle Esquilino, all'ombra di un luogo di culto che gode del privilegio di extraterritorialità, è difficile sostenere che in Italia Chiesa e Stato non abbiano uno stretto rapporto. Un dialogo con il mondo islamico, dove si intrecciano sharia e *fiqh*, precetti della fede e giurisprudenza, è possibile per noi? Forse addirittura più facile? Sono qui per cercare una risposta.

Il portone dell'elegante palazzo dipinto di giallo si apre e ne esce un uomo dai capelli bianchi, con una corta barbetta e un'energia che sembra proiettarlo verso di me. Faccio per tendergli la mano ma spalanca le braccia in un saluto caloroso, di vero benvenuto. Mi invita a entrare nel Pontificio istituto orientale, l'ateneo per lo studio dell'Oriente cristiano. Dal 1922 è retto dai gesuiti, l'ordine a cui appartiene, oltre a papa Francesco, anche il mio ospite: padre Samir Khalil Samir, di origini egiziane, che ha passato anni in Libano durante la guerra civile, innamorato di

Roma e del suo lavoro di professore. È filosofo, teologo, orientalista e islamologo.

«Abbiamo la più grande biblioteca del mondo per lo studio dell'orientalistica cristiana» mi dice fiero mentre percorriamo lunghi, immacolati corridoi. Getto uno sguardo sul cortile interno dell'edificio, ordinato e pacifico, dominato da un grande cedro del Libano. Da una finestra all'ultimo piano dell'ala di fronte, un uomo è affacciato a nutrire i piccioni, sul davanzale.

Padre Samir mi conduce in un'altra biblioteca, più piccola, dove si svolgerà il nostro appuntamento «virtuale». Nibras Breigheche, la prima donna guida spirituale musulmana d'Italia – impropriamente si potrebbe definirla un «imam femmina» –, non ha potuto essere con noi. È a casa, a Trento, ma ci connettiamo via Skype.

Lei è una religiosa musulmana di origini siriane, lui un gesuita di origini egiziane, entrambi hanno studiato teologia e abitano da tempo in Italia. Mi sembra il dialogo ideale per chiarirmi differenze e compatibilità tra due grandi religioni monoteiste che oggi si incontrano nel nostro Paese. Innanzitutto su un punto per me fondamentale: la parità tra i generi. Si dice, si scrive sempre che nel mondo islamico non esiste. C'è chi spiega che il Corano in realtà la prevede, ma nella pratica politica le cose vanno in modo diverso.

«Effettivamente il pregiudizio più diffuso sulla religione islamica è quello sul ruolo delle donne.» Nibras parte subito all'attacco. «Si tende a confondere i princìpi della fede con le consuetudini locali in certi contesti culturali.» Mi ricorda che in qualsiasi Paese a maggioranza islamica esistono differenze, in fatto di pari opportunità, tra realtà rurali e urbane.

Questo è senz'altro vero. Ma allora la famosa sura 4

del Corano come va interpretata? È quella intitolata *Le donne*, che tra le altre cose regolamenta la poligamia e le questioni ereditarie. Sancendo: «Iddio vi raccomanda di lasciare al maschio la parte di due femmine». Contiene anche altri versetti discussi, come quello che permette di condannare una donna sulla base della sola testimonianza maschile: «Se alcune delle vostre donne avran commesso atti indecenti portate quattro vostri testimoni contro di loro, e se questi porteranno testimonianza del fatto, chiudetele in casa fin che le coglierà la morte o fin quando Dio apra loro una via». E quello che dichiara la superiorità di una specifica metà del cielo: «Gli uomini sono preposti alle donne, perché Dio ha prescelto alcuni esseri sugli altri e perché essi donano dei loro beni per mantenerle; le donne buone sono dunque devote a Dio e sollecite della propria castità, così come Dio è stato sollecito di loro; quanto a quelle di cui temete atti di disobbedienza, ammonitele, poi lasciatele sole nei loro letti, poi battetele; ma se vi ubbidiranno, allora non cercate pretesti per maltrattarle». È evidente che si tratta di un testo arcaico originato nella società araba del 600 d.C. Ma vorrei che, nel 2016, non ci fosse chi prenderà alla lettera il Corano per farne discendere il diritto civile.

«Ci sono letture, purtroppo, superficiali di determinati versetti» dice Nibras. «Per esempio, il famoso termine *daraba* è stato interpretato per secoli come "battere", ma in realtà, dal punto di vista linguistico, ha svariati significati. Diversi esegeti, anche attualmente, ne stanno facendo un'analisi accurata. Ed estrapolare pezzetti di versetti da qualsiasi testo, sacro o non sacro, e isolarli da tutto quello che è in verità un messaggio di rispetto e di uguaglianza di diritti, è di sicuro scorretto anche dal punto di vista metodologico.»

Padre Samir, durante questo discorso, ha scosso vigorosamente la testa, e ora interviene con decisione.

«L'uguaglianza tra uomo e donna non esiste nel Corano. E questo non sorprende, perché non esisteva nel mondo antico, né nel Vecchio né nel Nuovo Testamento. Ma il problema sta nel modo di capire il testo sacro, che sia il Corano o la Bibbia. Se si adotta come un testo scritto in un determinato tempo, che necessita un adattamento e un ripensamento in ogni secolo, allora posso fare una lettura del Corano che supera la problematica antica e spinge all'uguaglianza. Ma se prendo il testo coranico come l'ultima parola di Dio all'umanità, da prendere alla lettera, allora ci sono alcune disparità difficili da discutere e giustificare. C'è l'eredità dimezzata per le figlie rispetto ai figli. C'è poligamia, ma non poliandria: non si può avere più di un marito. L'uomo, addirittura, può avere fino a quattro mogli simultaneamente, e molte di più se ripudia una e ne prende un'altra: "Tutto ciò che la sua destra può acquistare" vuol dire acquistare donne. E solo lui può ripudiare lei, il che nel mio Paese d'origine, l'Egitto, è molto frequente e porta a conseguenze gravissime. Non esiste reciprocità: la moglie può chiedere al marito il favore di essere ripudiata, ma non può ripudiarlo per un altro uomo. E quanto alla sura 4 del Corano, il versetto 34 è molto chiaro e i commentatori spiegano che nel battere bisogna evitare la testa. Per fortuna, non tutti i musulmani applicano queste prescrizioni alla lettera. Ma l'autorità assoluta dell'uomo sulla donna e la sottomissione di essa a lui vigono ovunque nell'islam. E basandosi sul libro sacro, la legge dà ragione al marito.»

«Non dimentichiamo però che sotto certi aspetti, diciamo così, biologici, siamo diversi e abbiamo esigenze diverse. Chi porta avanti la gravidanza per nove mesi, partorisce e allatta sono le donne, quindi devono avere diritti specifici che vanno preservati» puntualizza Nibras. «Il Corano ne parla nel dettaglio. Se la donna eredita meno, è anche vero che mantenere la famiglia è un dovere del marito. Questo non significa che la moglie non può lavorare, o contribuire, ma se spende dei propri beni per i figli o la casa sta facendo qualcosa in più. Il suo sposo, invece, sta semplicemente compiendo il dovere religioso che spetta a lui solo, e forse è per questo motivo che l'eredità per le donne è inferiore: non sono tenute a mantenere nemmeno se stesse. Dal punto di vista famigliare, nell'islam il ruolo femminile, di madre, è particolarmente tutelato così che se lei sceglie di restare a casa, specie quando i bambini sono piccoli, non si sente un peso. Perché il compito di provvedere al sostentamento materiale della famiglia non è suo.»

È lo stesso discorso che mi hanno fatto i religiosi di Imola. Penso alle ragazze pakistane che portavano a casa i soldi anche per fratelli e padri, a Leila che ha rifiutato di consegnare i documenti e alla sorella che ha cacciato di casa il marito che la «batteva». Questo non indica che l'islam è rimasto un po' indietro, rispetto alla realtà sociale? Ciò che valeva per i Paesi islamici all'epoca di Maometto, nell'Italia del 2016 va rivisto.

«Proprio per questo si sono formate istituzioni teologiche come il Consiglio europeo per la fatwa e la ricerca, che ha il compito di dare una lettura attuale e moderna a queste prescrizioni di oltre quattordici secoli fa» annuisce Nibras. «Tra le domande che il Consiglio riceve, molte sono legate al ruolo della donna di oggi. Si riunisce ogni sei mesi ed è composto da qualche decina di teologi musulmani.»

Chiedo se nel direttivo del Consiglio ci siano anche donne e Nibras risponde che «presume di sì». Quando andrò a cercare informazioni su questa struttura, scoprirò che i membri, per quanto posso capire dalle notizie su internet, sono trentatré e tutti maschi. Il direttore è Yusuf al-Qaradawi, classe 1926, un intellettuale legato ai Fratelli musulmani, contrario alla separazione tra religione e leggi dello Stato, poiché ritiene l'islam perfettamente compatibile con i sistemi democratici. «A Parigi ha sede un istituto universitario di teologia islamica» aggiunge Nibras. «Proprio per ovviare al problema della lettura influenzata da contesti altri. Qui siamo in Europa e abbiamo bisogno di leggere i testi sacri alla luce della realtà europea e del nostro tempo.»

«Questi esempi sono reali e incoraggianti, ma limitati» obietta padre Samir. «Il problema è a monte, nel fatto che si considera tutto ciò parola divina, direttamente dettata o discesa su Maometto. Non c'è nell'islam il concetto di ispirazione (*wan*) bensì quello di dettato (*tanzil*). Questo ci rende prigionieri. Il punto non è di poter praticare in Europa una lettura più favorevole alle donne, ma di poter dire con chiarezza che certe scelte e certe regole non riguardano né l'islam né il cristianesimo. Vanno lasciate alla società civile, alla famiglia, alla persona. Ma siamo purtroppo lontani da questo approccio: l'islam gestisce tutti gli atti della vita, senza eccezione.»

In Egitto, ricorda con vera indignazione, le mestruazioni sono ancora utilizzate per fare giurisprudenza: «Un detto del Profeta va a rinforzare il concetto di inferiorità della donna rispetto all'uomo. Dice: "Le donne sono deficienti in intelligenza e in pietà". In *intelligenza*, perché sono emotive, e perciò la loro testimonianza in tribunale vale la metà di quella di un maschio; in *pietà*, perché quando hanno il ciclo mestruale non possono pregare né digiunare, essendo impure. Noi, qui, siamo d'accordo che occorre superare queste letture, ma il problema è che siamo dominati da un pensiero tradizionalista che prende alla lettera e applica norme e usanze del VII secolo.» Le disuguaglianze nel sistema giuridico islamico, aggiunge, non sono solo tra uomini e donne, ma per esempio tra islamici e non, e questo problema ha radici storiche e politiche. «Molti musulmani, già un secolo fa, erano favorevoli a uno Stato civile, di tendenza laica, dove si parlava solo di "cittadini", lasciando la religione a ciascuno, con una Costituzione che non facesse la minima distinzione tra i sessi o le religioni» argomenta. «Purtroppo oggigiorno, con l'influsso finanziario dei Paesi della penisola arabica, s'impone sempre più un islam fanatico, che alcuni chiamano "l'islam beduino", che compra molti consensi con i soldi del petrolio. Questo islam non è il nostro!»

«Tra le sfide che Dio ci ha dato c'è proprio quella di non avere tutte le risposte, ma abbiamo l'intelletto per trovarle. È vero che noi musulmani consideriamo il Corano parola di Dio rivelata al profeta Muhammad, ma i fedeli hanno a loro volta un cervello per interpretare questa parola alla luce del contesto in cui vivono» precisa con forza Nibras. «Questo significa anche distinguere i princìpi dell'islam da infrastrutture statali che con l'islam hanno ben poco a che fare. Della sharia sono state date definizioni incomplete e devianti: c'è differenza tra sharia, i princìpi generali, e invece la lettura contestualizzata che si può dare a determinate norme islamiche, e che può essere del tutto diversa da un luogo all'altro. Abbiamo bisogno anche di fare una lettura storica. Non possiamo far finta di non sapere che il mondo arabo-islamico, nel corso dei decenni, è stato oggetto del colonialismo. Di chi? Purtroppo, e con questo non sto incriminando una religione che è contraria a qualunque forma di sfruttamento o violenza, il colonialismo è avvenuto nel XVIII-XIX secolo da parte dei cristiani.»

Padre Samir non accetta questa versione della storia. Se è vero che i Paesi coloniali erano a maggioranza cristiana, questo non faceva certo della colonizzazione una crociata. È un punto molto delicato: fenomeni politici e discorso religioso vanno tenuti ben distinti. Ma testimonia di una sensibilità diffusa, che fornisce argomenti a chi vuole lo «scontro di civiltà».

«Sono d'accordo però che un testo ha senso solo nel suo contesto» riprende padre Samir. «E quello del Corano, quattordici secoli fa, nel deserto arabico, è ben diverso dall'attuale. A dicembre 2014 all'Università al-Azhar del Cairo, considerata l'università islamica sunnita perfetta, tutti hanno applaudito quando il presidente al-Sisi ha parlato dell'urgenza di una rivoluzione interpretativa dentro l'islam. Ma all'atto pratico non si fa nulla. Eppure in epoca abbaside, dal 750 al 1258, eravamo in testa in molti campi della cultura, dall'astronomia alla filosofia, passando per la medicina e la matematica. Il persiano Avicenna, quando spiega il paradiso, avverte che la descrizione del Corano è fatta di immagini che non vanno prese alla lettera. Siccome non c'è corpo nel cielo, egli spiega che sono tutte descrizioni metaforiche. E oggi siamo tornati indietro, si parla delle settantadue huri, le vergini che accolgono i musulmani in paradiso, come se esistessero, e questo fa vergogna a tutti noi. Da almeno quarant'anni siamo dominati dal salafismo, dal wahhabismo, dai Fratelli musulmani, che ci danno una visione sempre più oscurantista.»

Stavolta è Nibras a porre dei distinguo: «Mettere sullo stesso piano wahhabiti, salafiti e Fratelli musulmani direi che non corrisponde alla verità dei fatti, basta leggere i loro testi e le loro azioni concrete sul campo. La situazione è più complessa e la visione politica di questi movimenti è molto distante. Uno può essere asservito al potere, l'altro invece vedere la democrazia come qualcosa di assolutamente compatibile con i princìpi dell'islam e con i suoi valori».

Questo punto mi interessa in modo particolare. Quali sono i valori dell'islam? Fra questi, per esempio, c'è la parità tra i generi? Possiamo dire chiaramente no alla poligamia, alla cosiddetta «impurità» delle donne, alla non reciprocità nel matrimonio e nel ripudio? Possiamo dire che una donna eredita quanto un uomo e che la sua testimonianza vale allo stesso modo in un tribunale?

«Per quanto riguarda il ripudio, l'espressione giusta è "scioglimento del legame matrimoniale", che non è vietato o censurato» corregge Nibras. «Ed esiste il divorzio su iniziativa della donna: non deve, come il marito, avanzare la richiesta tre volte a distanza di almeno tre mesi l'una dall'altra. Può in qualsiasi momento andare in tribunale e ottenerlo più velocemente. E questo è accaduto già al tempo del profeta Muhammad. Certo, la prima fece scandalo. Si recò dal Profeta e gli disse: "Io non voglio più essere la moglie di quest'uomo. Mi ha sempre trattato bene, ma non mi sento più di convivere con lui". E il Profeta autorizzò il divorzio.»

Però, se per questioni pratiche come sciogliere un matrimonio bisogna affidarsi all'interpretazione di un testo religioso di quattordici secoli fa, le possibilità che il verdetto sia sfavorevole alle donne sono alte. Non ho mai incontrato, se devo essere sincera, una religione che davvero volesse la piena autonomia femminile, a cominciare da quella in cui sono cresciuta.

Secondo Nibras, più che altro, il problema rispetto all'interpretazione «maschilista» del Corano è che si chiede l'opinione di persone che non conoscono davvero l'islam.

«È come se io andassi per strada a domandare a un cristiano: "Qual è la tua interpretazione di una determinata questione giuridica, legata a una religiosa?". E prendessi per buona la sua interpretazione, mentre magari non ha mai aperto il testo sacro.»

Ma il punto è esattamente questo. Nello Stato di diritto questa domanda non viene posta a un cristiano in quanto tale, bensì a un avvocato, a un magistrato, a un tribunale. Che per rispondere non devono aprire né la Bibbia né il Corano, ma un codice giuridico. Laico. Senza contare che quando sono stata in Arabia Saudita, e non solo lì, ho incontrato interpreti della legge coranica di alto livello, di grande competenza e influenza, non certo l'uomo della strada. Tutti maschi, inevitabilmente. Queste persone coltissime mi spiegavano che le donne non possono fare i giudici perché hanno le mestruazioni, e perché sono considerate labili da un punto di vista emotivo, quindi non affidabili. Il problema è che chi interpreta in questo modo prende decisioni politiche.

«Bisogna distinguere tra istruzione e indottrinamento» ribatte Nibras. «Io non considero istruita una persona che sostiene che una donna non può guidare, o essere testimone in tribunale, per via di un versetto limitatissimo su una questione particolare, quella del mestruo. Bibbia, Vangeli, Corano sono testi sacri, e fino alla fine dei giorni ci saranno persone credenti che li considerano la parola di Dio. Credo che la rivoluzione debba consistere in una loro lettura aperta, scientifica, intellettuale. Non penso che il testo sia un problema: i modi di interpretarlo sono stati diversi fin dall'inizio. Il problema è come viene strumentalizzato, imprigionato.»

«Ma la domanda è: come mai la stragrande maggioranza delle costituzioni islamiche, le più notevoli, dà questa interpretazione letterale del testo coranico?» interviene padre Samir. «Come possiamo uscire dalla nostra prigione? Giustamente è assurdo impedire a una donna di guidare una macchina come se il Corano avesse parlato di automobili. Un metodo per avere il dominio sulla propria moglie, le si impedisce di guidare, dandole in più un autista che la controlla come una spia. C'è un dominio dell'uomo sulla donna, per parlare solo di questo aspetto del problema, che è insopportabile.»

Padre Samir ricorda che al Cairo, anche di recente, «qualche fanatico estremista» ha lanciato una specie di *fatwa* vietando l'uso della bicicletta alle donne. Attività loro proibita anche in Arabia Saudita, peraltro, come racconta il film *La bicicletta verde*, il primo lungometraggio realizzato nel regno da una donna, Haifaa al-Mansour. E persino a Milano, a marzo 2016, l'imam di Segrate ha tentato di pronunciarsi contro questo sano mezzo di trasporto, sostenendo che le donne sono troppo preziose per spostarsi su un umile biciclo: meglio la Rolls-Royce.

«Al Cairo, il giorno dopo, per fortuna un gruppo di donne egiziane è arrivato in bicicletta per dire: basta» aggiunge padre Samir. Anche a Milano: è stata la mia amica Sumaya a organizzare la biciclettata domenicale dalla moschea di via Padova a Segrate. «Vogliamo tutti uscire dalla prigione nella quale ci hanno chiuso» prosegue padre Samir. «Il problema è la commistione che c'è tra religione e politica, che di per sé nel mondo di oggi non dovrebbe esistere. La religione può dare un'etica, dei princìpi, ma non entrare nel particolare: come mangiare?, come vestirsi? Nei Paesi in cui vige la sharia le cose vanno diversamente. Se uno non vuol fare il Ramadan, in molti Stati, tra cui il Marocco, rischia un giorno o più di prigione. Altrove, se la donna non copre il suo viso è punita. E pensiamo alle conversioni. Se un cristiano diviene musulmano, la comunità dei fedeli non è felice, ma pensa che sia un suo diritto. Se un musulmano si fa cristiano, è colpevole di apostasia, il che significa nel migliore dei casi la prigione o, stando alla sharia, la pena di morte. L'unica soluzione è di non dichiarare che ha abbandonato l'islam, oppure di emigrare verso un Paese non musulmano. L'articolo 18 della Dichiarazione universale dei diritti umani non è rispettato in alcun Paese musulmano. Dice: "Ogni individuo ha diritto alla libertà di pensiero, di coscienza e di religione. Tale diritto include la libertà di cambiare di religione o di credo". Il credo di una persona non può essere oggetto di legge dello Stato: è una scelta personale.»

Quando parliamo di diritti umani nel mondo islamico di oggi, infatti, a chi stiamo parlando? A un iracheno o a un sudanese? A un siriano o a un iraniano? Non possiamo limitarci a discutere del Corano o della sharia, ma dobbiamo entrare nel mondo, nella storia, nella politica dei popoli. E soprattutto oggi, mi pare che il contesto sia importante quanto il testo per capire dove va il mondo islamico.

«Parlando di autorità che emanano *fatwa* contro

la bicicletta, bisogna ricordare i percorsi politici. Il gran mufti del Cairo è nominato dal regime» ci ricorda Nibras. «È il portavoce del regime. Il mufti della Siria ha fatto dichiarazioni spaventose e pericolosissime, completamente contrarie ai princìpi della fede islamica. Quando si minacciava di intervenire militarmente in Siria per rimuovere il regime di Assad che sta facendo centinaia di migliaia di vittime, ha dichiarato durante il sermone del venerdì: se gli Stati Uniti o l'Occidente si permettessero di bombardare, noi faremmo partire i nostri kamikaze a vendicarsi di questa intromissione. È una lettura politica, fatta da un burattino di Assad. L'unico Paese in cui c'è uno spiraglio di vera democrazia, di vera libertà di pensiero è la Tunisia, ma purtroppo è solo agli inizi.»

«D'accordo, ma come mai il Libano e la Tunisia hanno rispettato la libertà di coscienza e di religione?» chiede padre Samir. «Prima di tutto, nel caso del Libano, non si tratta di un Paese musulmano, ma di un Paese arabo, basato sulla molteplicità religiosa, la cui Costituzione è stata redatta da cristiani. Inoltre, il sistema della troika, o del triumvirato, prevede che il presidente della Repubblica sarà un cristiano maronita, il primo ministro un musulmano sunnita e il presidente dell'Assemblea nazionale un musulmano sciita. Quanto alla Tunisia, durante i trent'anni di presidenza di Habib Bourghiba si sono compiuti passi verso la laicità, e perché era diffusa una certa cultura di origine francese che ha lasciato tracce fino a oggi.»

Secondo lui non è certo un caso che le primavere arabe siano cominciate proprio in Egitto e in Tunisia. Si tratta di un mondo che vive pienamente nel XXI secolo, e che ha accesso ai media e a una visione globale. «La gente attende dai religiosi un indirizzo etico, un ripensamento della fede (musulmana o cristiana) valido per i nostri tempi. Tra usanze diverse dalle proprie ma accettabili e, al contrario, comportamenti diffusi ma inaccettabili, vorrebbe vederci più chiaro. Purtroppo riceve solo risposte che risalgono al passato remoto.» Padre Samir sostiene che anche un ateo, se è un umanista, può avere una visione compatibile con quella di chi è religioso, basata su princìpi etici e su uno sguardo contemporaneo condiviso. «Vogliamo creare una civiltà comune, basata su princìpi etici universalmente riconosciuti. Il primo passo è stato la Dichiarazione universale dei diritti umani del 1948. Se l'applicassimo nei nostri Paesi, allora spontaneamente ognuno si chiederebbe: "Come posso conciliare questo con ciò che mi dice la mia religione?". E troveremmo le soluzioni.»

«Infatti, qualche decina di anni fa, è stata redatta la Dichiarazione islamica, appunto per dimostrare con le dovute citazioni religiose che tutti i punti del documento dell'Onu non sono incompatibili con la nostra fede. Al contrario, sono supportati appieno in modo esplicito» ci ricorda Nibras.

Ma padre Samir, che come professore universitario si è occupato della questione, non è d'accordo. «Oggi esistono tre redazioni "islamiche" della Dichiarazione, e nessuna è universale» precisa. «Alcuni punti non sono ammessi, in particolare la parità tra uomo e donna, oppure ciò che riguarda l'apostasia, o ancora la libertà di coscienza. E, in ogni caso, cosa significa una Dichiarazione "islamica" dei diritti dell'uomo? Se parliamo di umanità, la questione non è né islamica, né cristiana, né ebraica. Vogliamo arrivare a questo universalismo?»

«Ammettiamo però che, dati tutti i pregiudizi sulle religioni, su quella islamica in particolare in questo momento, è lodevole un documento che sostenga con forza la non contraddizione dei princìpi della fede islamica con i diritti umani» tiene il punto Nibras.

«L'ideale sarebbe che tutti accettassimo la Dichiarazione dell'Onu, e che tutte le religioni spiegassero ai propri fedeli come essa si combina con la loro fede. Per ora non è questo il caso» ribatte secco padre Samir.

Siamo di nuovo alla «conciliazione». Della religione con la politica, della religione con i diritti umani... Non è davvero possibile concepire un mondo in cui la religione rimanga fuori dallo spazio pubblico, nel senso di politico e giuridico? Non si tratta certo di impedire a chi lo desidera di andare in chiesa, in sinagoga, in moschea. Ma di impedire che i precetti delle religioni interferiscano con i diritti e con le libertà di tutti.

«In questi termini io condivido pienamente» annuisce Nibras. «Perché oggi viviamo in una società necessariamente laica in cui tutte le fedi, o non fedi, devono essere riconosciute allo stesso modo. Questo è il futuro dell'essere umano civile.»

Un risultato confortante. I due teologi sono d'accordo su uno Stato laico, in una società democratica che riconosca a tutti il diritto di culto, come vuole la Costituzione. Senza commistione tra religione e politica. Etica, spiritualità, sì. Prescrizioni su quando e con chi si esce di casa, in che cosa si crede, con chi si fa l'amore, no.

«Per chi conosce la fede e non è strumentalizzato da un regime, tutto ciò è scontato» sostiene Nibras. «Altrimenti come avrebbero fatto i musulmani in Andalusia a convivere pacificamente per sette secoli con ebrei e cristiani, producendo filosofia, arte, letteratura? Grazie al rispetto insito nei princìpi dell'islam per le religioni altre, ecco come.»

«Questo è vero fino a un certo punto: l'islam riconosce ebraismo e cristianesimo, ma nessun'altra religione. Dobbiamo andare però verso il riconoscimento della religione come decisione personale, in cui lo Stato non ha alcuna parola da dire, perché non è una questione politica» incalza padre Samir. «Il gran mufti non dovrebbe, come lei ha suggerito, essere subordinato al presidente, né viceversa. E così pure i vescovi non devono avere partito. Io, come cristiano, ho il diritto di dire la mia su argomenti di etica sociale, ma il voto politico può stabilire diversamente. È mio diritto cercare di convincere gli altri a cambiare idea, ma è anche è mio dovere attenermi alle decisioni della maggioranza. Questa è la democrazia. La distinzione dovrebbe essere chiara tra la religione e la politica, come dice Cristo nel Vangelo: "Date a Cesare quello che è di Cesare, e a Dio quello che è di Dio".»

La convivenza, però, non è un tema ideologico, ma un insieme di scelte molto concrete. Faccio di proposito un esempio «caldo», quello della libertà di espressione e, in particolare, di satira. Su questo argomento il dibattito è aperto anche in casa mia: premesso che le atrocità commesse non sono accettabili, Jacques infatti mi ricorda che la redazione di «Charlie Hebdo» si era comunque resa colpevole di «insulti pubblici contro un gruppo di persone a causa della loro religione», un reato per cui il direttore Charb era finito anche sotto processo una decina di anni prima. Erano insomma andati più in là di quanto la legge consenta. C'è chi invoca limitazioni più rigide al diritto di satira sui simboli religiosi. Io non sono d'accordo, e mi interessa sapere cosa ne pensano i due teologi.

«È inaccettabile, prima di tutto dal punto di vista islamico, che delle persone vengano uccise semplicemente perché hanno fatto satira» esordisce Nibras, ricordandomi anche che tra le vittime di Parigi, quel giorno di gennaio del 2015, c'è stato un poliziotto musulmano. «Secondo me la soluzione potrebbe essere mettere sullo stesso piano almeno i simboli principali delle religioni. A me dà uguale fastidio vedere una vignetta in cui Gesù o Dio viene sodomizzato, per esempio. Io ho il dovere di rispettare un simbolo. Esiste il reato di vilipendio, non si può sputare sulla bandiera italiana, perché devo sputare sui simboli religiosi degli altri? Perché non estendere almeno ai più importanti, Dio e i profeti, il principio del rispetto?»

Padre Samir, sulle vignette di «Charlie Hebdo», dice: «Da una parte la reazione dei terroristi è inammissibile, ma dall'altra non è corretto insultare e prendere in giro i simboli sacri: è semplice correttezza. L'atteggiamento di "Charlie Hebdo" non è forse contro la legge, ma è contro il buon gusto, la civiltà. Inoltre, nelle vignette non c'era comicità, solo provocazione e cattivo gusto».

La bandiera nazionale è il simbolo di una collettività, dei suoi valori e anche delle sue leggi, e uno sputo non è satira. Per mettere al riparo i culti dalle offese devono bastare le norme sul vilipendio contro le religioni. Altrimenti dove ci fermiamo, nell'imporre «correttezza»? Anche quando faccio satira politica sul presidente del Consiglio ci sarà sempre qualcuno che mi spiega che non serve, che indebolisce la coesione del Paese e crea malumore. È facile cominciare a mettere dei paletti, è molto più difficile smettere.

«Siamo in una situazione tesa. In particolare dal punto di vista religioso e sull'islam. Gettare benzina sul fuoco è assurdo» ribadisce padre Samir. «Non dico che i terroristi abbiano ragione, tutt'altro, non c'è misura in ciò che hanno fatto. Ma la redazione di "Charlie Hebdo" ha mancato di buonsenso. Soprattutto in Francia, non era il momento perché c'era tensione tra i musulmani e la maggioranza della popolazione.»

Il punto è interessante. Proprio il giorno prima di questa nostra conversazione, sul «New York Times» un articolo del corrispondente da Parigi raccontava una storia emblematica. Dopo gli attentati del 13 novembre, i responsabili di una società di sicurezza privata hanno chiesto ai loro dipendenti musulmani, che portavano la barba molto lunga, di accorciarla. In tempi di grande tensione era meglio non indurre in facili errori, hanno sostenuto. E chi ha rifiutato è stato licenziato. Il fatto ha suscitato ovvie polemiche, nonché un nuovo dibattito al nostro tavolo della colazione. Secondo Jacques, si tratta di *racial profiling* e di un segno della brutta china che ha preso il principio di laicità francese, diventato ormai un'ideologia. Secondo me, è un esempio di quanto sia difficile delimitare e definire il concetto di «provocazione». E anche di libertà. È buonsenso evitare la satira, è buonsenso tagliarsi la barba... Quante cose possiamo chiedere, in nome del buonsenso? Molte.

«La barba, purtroppo, è diventata un simbolo che ha un significato» annuisce padre Samir accarezzando la propria. «Questo è un fatto, non si può evitare. Si può avvertire: "Fai attenzione, se porti la barba in un certo modo la gente rischia di prenderti per terrorista, avrai controlli di polizia a ogni passo". Detto questo, una persona può invocare il suo diritto di tenerla lunga. Giuridicamente è giusto, ma nel contesto francese manca di buonsenso.»

«Magari quel tizio con la barba di qualche centimetro più lunga sarebbe stato pronto a sacrificare la sua, di vita, per garantire la sicurezza dei francesi» fa notare Nibras con un filo di amarezza. «Sono questioni molto complesse quelle in cui si intrecciano le libertà personali con temi come il buon gusto, la delicatezza della situazione… Temo però che sia un'ingerenza molto forte nella libertà di una persona chiederle di tagliarsi la barba. Posso capire l'abbigliamento, perché deve essere consono al tipo di lavoro. Se faccio la rappresentante difficilmente mi presenterò con dieci piercing sulla faccia, devo trasmettere sicurezza e affidabilità.»

Ma anche se lavoro per una società di sicurezza devo trasmettere un'immagine rassicurante, obietto. Cosa difficile con una barba che, piaccia o no, ricorda il terrorismo islamico. La società, che si chiama Securitas, fa controlli anche negli aeroporti, a diretto contatto con passeggeri di tutto il mondo.

«Non possiamo negare che l'attuale situazione internazionale, in particolare quella mediorientale, purtroppo si rifletta sulla serenità della convivenza» dice Nibras. «A noi è dispiaciuto molto che un giornale nazionale si sia sentito autorizzato, il giorno dopo l'attentato di Parigi, a pubblicare in prima pagina un titolo come *Bastardi islamici*. Ci sono in Italia molte situazioni serene, di dialogo e di collaborazione quotidiana, con tante realtà aperte che hanno l'obiettivo di costruire insieme, nel rispetto reciproco, una società sempre più multireligiosa. Però ogni tanto dobbiamo confrontarci con episodi di vera e propria islamofobia, per fortuna non all'ordine del giorno.»

Padre Samir prova a suonare una nota positiva: «Voglio proporre una visione costruttiva: abbiamo molti elementi comuni, non solo tra le nostre due religioni, ma anche con le altre. Valorizziamoli. Là dove ci sono differenze cerchiamo la conciliazione accettabile dalle due parti. Che gli imam cerchino di creare qualcosa insieme ai parroci, se possibile».

E a questo proposito, suggerisco a Nibras che dovrebbero esserci più donne nelle moschee, anche come predicatrici. Nel mio viaggio attraverso i luoghi di culto italiani, mi imbatto spesso in gruppi di uomini, dentro o fuori dai centri islamici e dai luoghi di preghiera. Molto meno di frequente, per non dire mai, in gruppi di donne. Esattamente il contrario di quanto accade nelle chiese cattoliche.

«Siamo in tante a predicare in moschea. L'unico momento di separazione è il venerdì in cui, come peraltro la messa cattolica, la preghiera viene guidata da un uomo» mi risponde Nibras.

Entrambi i miei interlocutori concordano che l'integrazione passa per il coinvolgimento femminile. Al di là dei rispettivi culti.

«È vero che, come abbiamo ricordato, esistono hadith, i detti del Profeta, inventati da uomini musulmani con lo scopo di convincere le donne che la loro sottomissione, la loro presunta inferiorità abbiano un fondamento religioso» dice Nibras. «Io ho studiato l'islam anche per approfondire questo tema, e so che il Profeta non ha mai detto niente di simile. Non ho più dubbi, vivo serenamente la mia fede da musulmana "femminista".»

«Penso che le donne abbiano un ruolo importante nella società, ovunque» aggiunge padre Samir. «La mia esperienza è che sono molto più propense a creare un clima di pace che di guerra. E questo vale indipendentemente dalla religione. Anche perché sono più vicine al concreto, mentre gli uomini spesso rimangono al livello della teoria e dell'ideologia. Se la pace verrà, sarà perché le donne si impegneranno tra di loro a garantirla.»

Già che non avevamo abbastanza da fare, ora siamo incaricate anche di portare la pace nel mondo, scherzo. Ma non è solo una battuta.

13

Bentornato Iran

Il viso di Javad è teso. Forse è solo la stanchezza della giornata di incontri d'affari: è a Roma per lavoro. Ne ho approfittato per invitarlo a cena, voglio sentire dalla voce di un amico iraniano cosa sta succedendo in un Paese che amo molto. Ho viaggiato in lungo e in largo per l'antica Persia. Mi sono mischiata ai fiumi di pellegrini sciiti che affluiscono alla città santa di Mashhad per visitare lo scintillante santuario dell'ottavo imam Reza, una delle meraviglie del mondo islamico. Sono andata a cercare le fabbriche del famoso caviale iraniano, il migliore del mondo. Sono salita per una tortuosa strada di montagna sulla catena dell'Elburz, per poi ridiscendere sulle rive del mar Caspio, il più grande lago del mondo, con il suo panorama di dense foreste. In questa regione gli iraniani vengono per le vacanze, a cercare il verde.

Ma ora, mi dice Javad, quel verde è in pericolo. L'antico Paese degli scià sta morendo di sete.

Il 90 per cento dell'acqua viene destinato all'agricoltura, un uso sconsiderato delle risorse, mi ricorda il mio amico. I fiumi sono interrotti da dighe che abbassano il livello dell'acqua, facendola evaporare rapidamente nel caldo torrido.

«Nella terra dei tappeti persiani, non c'è più acqua per lavarli» scherza, ma con tristezza. «Speriamo che Rohani possa cambiare le cose.»

Hassan Rohani, dal 2013 il presidente riformatore dell'Iran, è stato a Roma a gennaio 2016. La prima visita in Italia, dopo lo storico accordo sul programma nucleare del suo Paese. Lo hanno accolto con calore le autorità, dal premier Matteo Renzi al presidente della Repubblica Sergio Mattarella: sono stati firmati accordi importanti, per un totale di circa 17 miliardi di euro. Tutte le aziende italiane sanno che l'Iran è una miniera d'oro.

«Bisogna che vi affrettiate» sorride Javad. «L'Iran ha una fila di investitori fuori dalla porta.»

Cruciale nella visita di Rohani è stato anche l'incontro con papa Francesco, a cui il presidente degli sciiti ha detto, interpretando una sura del proprio libro sacro, una frase a dir poco storica: «Dobbiamo preservare prima la chiesa, poi la sinagoga, poi la moschea. Questa è la cultura della tolleranza che ci insegna il Corano».

L'Occidente, a quanto pare, ha perso un nemico. Grazie al lavoro del Paese che per anni è stato il più fiero oppositore della teocrazia sciita: gli Stati Uniti.

Il riavvicinamento alla Repubblica islamica è un successo di Obama di cui potremo misurare la portata per decenni. L'importanza dell'accordo, finalizzato nel luglio 2015 a Vienna, è evidente: l'Iran rinuncia alla militarizzazione del suo programma di sviluppo nucleare, in cambio della fine delle sanzioni. Ma c'è anche un altro valore: quello di due nemici storici che si incontrano, si stringono la mano. E cambiano radicalmente i destini del mondo.

Washington e Teheran avevano interrotto i contatti dopo la Rivoluzione islamica del 1979. Ora si sono confrontati a viso aperto. Da questo dialogo, cominciato segretamente e divenuto pubblico nel gennaio 2014, dipende la pace in Medioriente e nel Golfo. E anche la stabilità in Asia Centrale e quindi nel resto del mondo. Il nucleare iraniano è al centro delle discussioni, ma i giochi sono molto più complessi. Per Teheran si tratta essenzialmente della sopravvivenza: il Paese è privo di risorse idriche. Per gli Stati Uniti l'Iran, cerniera storica tra Est e Ovest, dev'essere sottratto all'influenza russa e cinese prima che esploda una nuova Guerra Fredda.

Quali sono i fronti? Tutti. L'Afghanistan, a est, con il ritorno dei talebani. L'Iraq, al confine ovest, e la sua crescente instabilità dopo la cosiddetta «esportazione della democrazia». La Siria, alleato storico dell'Iran il cui futuro è in bilico. Il Libano, dove Hezbollah non vuole far le spese di un riavvicinamento tra Washington e Teheran. Lo stretto di Hormuz, la porta del Golfo, da dove partono per l'Europa e l'Asia il petrolio e il gas.

E poi c'è l'acqua. L'Iran è all'angolo. Assetato. Precipitazioni e falde freatiche non bastano più ai bisogni di oltre settantotto milioni di abitanti. Da sempre lo sfruttamento è incontrollato, nel settore agricolo. L'esplosione demografica e l'urbanizzazione degli ultimi trentacinque anni non hanno fatto che aggravare il problema. Nel giro di qualche anno, sostengono gli esperti, l'antica Persia sarà inabitabile.

Il presidente Hassan Rohani considera questo dossier prioritario per la sicurezza nazionale. Molto più della questione del nucleare, a cui però è legato. Proprio nell'energia atomica, infatti, si trova una chiave di soluzione: potrebbe essere usata per il processo di desalinizzazione dell'acqua di mare. Gli occidentali sostengono che l'Iran ha petrolio e gas a sufficienza per alimentare questi impianti. Ma è così? La Repubblica islamica ha messo sul tavolo dei negoziati con gli Stati Uniti il problema dell'uso del nucleare. Dopo anni di ostilità aperte, di guerre clandestine, e di negoziazioni segrete, Teheran è pronta a discutere.

In questo grande gioco c'è anche una dimensione storica e «psicologica»: la fiera volontà degli iraniani di difendere la loro indipendenza. Sono Persiani, dopotutto, e in una storia millenaria hanno imparato l'importanza della pazienza. Hanno anche il senso del martirio, appreso dalla figura più venerata dagli sciiti, l'imam Hussein. Che secondo gli sciiti è stato ucciso assieme a tutta la sua famiglia, nel 680, dall'esercito del califfo impostore Yazid, dopo aver sofferto la sete nel deserto di Kerbala.

In questo grande gioco diplomatico, un jolly potrebbe fare la differenza: Israele. Prima della Rivoluzione del 1979, gli esperti venuti da Tel Aviv aiutavano gli iraniani a trovare l'acqua, organizzando il consumo con specifiche tecniche di risparmio. Trentacinque anni più tardi, Israele è il Paese del Medioriente più avanzato nella tecnica di desalinizzazione, alimentata con l'energia nucleare.

E qualcuno comincia a sognare di trovare la pace in fondo a un pozzo.

Il grande freddo tra Teheran e Washington inizia nel 1979. Quando montano le contestazioni contro il regime dello scià Reza Pahlavi, che in gennaio fugge dal Paese, in esilio. In febbraio, rientra trionfalmente da Parigi l'ayatollah Khomeini, e in aprile un referendum approva l'instaurazione di una Repubblica islamica. Il 4 novembre, alcuni studenti assaltano l'ambasciata degli Stati Uniti a Teheran. I diplomatici americani restano in ostaggio per 444 giorni, prima di essere liberati il 20 gennaio 1981. L'America, umiliata, decide di abbattere il nuovo governo.

Le relazioni tra gli alleati d'un tempo si spezzano. Un silenzio di piombo grava tra Teheran e Washington. Mai, nemmeno nei momenti più bui della Guerra Fredda, due Paesi così importanti per la stabilità di una regione calda del pianeta sono stati tanto distanti. Nessun contatto diplomatico, nemmeno un «telefono rosso», nessun circuito parallelo. Nessuna possibilità di suonare il campanello d'allarme in caso di tensioni eccessive.

Nella capitale l'ambasciata Usa, il «nido di spie», è immobile come un museo. L'immensa città di tredici milioni di abitanti sopravvive, assediata insieme a tutto il Paese, o almeno così la vedono loro, dalla sete di vendetta dell'Occidente.

L'Iraq di Saddam Hussein, con l'appoggio di Francia, Urss e Stati Uniti, attacca l'Iran nel settembre del 1980. La guerra durerà otto anni e avrà conseguenze pesanti in tutta la regione. Nel 1982, pensando di poter chiudere così il conflitto con i palestinesi di Yasser Arafat, Israele invade il Libano. La milizia sciita sul campo, Hezbollah, intravede una speranza nei guardiani della Rivoluzione iraniana, e organizza i primi spettacolari attentati a Beirut nel 1983. Dal 1985 l'Iran, la Siria e Hezbollah spianano per la prima volta una nuova arma contro gli occidentali: il rapimento degli ostaggi. Saranno i britannici, gli americani, e i francesi i più colpiti.

Alla fine però, spossato, isolato, l'Iran deve cedere. Gli Usa gli danno il colpo di grazia il 3 luglio 1988: il cacciatorpediniere *Uss Vincennes* lancia un missile contro un Airbus civile iraniano, che si inabissa con i suoi passeggeri nel Golfo persico. È un segnale: il più potente dei Paesi occidentali è pronto a entrare direttamente in guerra contro la Repubblica islamica. Nell'agosto dello stesso anno, l'ayatollah Khomeini firma un accordo per il cessate il fuoco con Baghdad, «come costretto a bere un caffè avvelenato». Morirà meno di un anno più tardi, il 3 giugno 1989.

Nell'agosto 1990, con un colpo di scena che sorprende molti, Saddam Hussein invade il Kuwait. Pensa di poterselo permettere. Ha fatto la guerra all'Iran, guadagnato la riconoscenza dell'Occidente e degli arabi del Golfo, che non interverranno, pensa. Ma ha fatto male i suoi conti, e non sa di essere diventato ormai troppo ingombrante per Washington. Si mobilita nel gennaio 1991 una coalizione internazionale, che include la Siria di Hafez al-Assad, e Saddam deve fare marcia indietro, fuori dal Kuwait. Piccolo dettaglio che avrà una tragica importanza: i sauditi, e in particolare re Fahd, per questa guerra ospitano sul proprio territorio le basi militari americane. Suscitando la protesta degli islamici che la considerano una profanazione della terra del Profeta. Osama bin Laden decide di vendicare l'affronto, e attiva la sua organizzazione al-Qaida contro l'empia casata al-Saud e il Grande Satana americano.

Nel 1998 ci sarà un primo tentativo di riavvicinamento tra Washington e Teheran, protagonisti i presidenti Bill Clinton e il riformista Mohammed Khatami. Nel marzo 2000, in un discorso cruciale Madeleine Albright, all'epoca segretario di Stato Usa, riconosce le responsabilità del suo Paese nel golpe del 1953 in Iran.

Ma purtroppo tutto si ferma con l'11 settembre 2001. Al-Qaida attacca l'America. Bin Laden, che era stato armato dalla Cia per combattere i sovietici in Afghanistan, colpisce direttamente il suo grande nemico. Manhattan, le Torri Gemelle. Washington, il Pentagono. La storia è nota. Il 29 gennaio 2002, il presidente George W. Bush pronuncia il suo discorso sull'asse del male: Iraq, Corea del Nord, ma anche Iran. Il baratro fra Teheran e Washington non potrebbe essere più profondo. L'invasione dell'Iraq nel marzo 2003 non aggiusta certo le cose e tantomeno la successiva occupazione fino al 2011.

I mercenari dell'islam fanatico, aiutati dai sauditi, dai turchi, dai siriani, affluiscono in Iraq. Al-Qaida cambia nome e volto, ma si tratta della stessa guerra santa. In un certo modo provvidenziale. Permette infatti agli Stati che la sostengono di riversare nel deserto migliaia di combattenti radicali, che potrebbero destabilizzare i loro regimi. E che sembrano offrire alle bombe americane bersagli perfetti, per giustificare una guerra insensata.

Dopo il conflitto in Iraq salgono al potere le élite sciite, tra cui quelle che hanno vissuto in esilio in Iran e sono dunque strettamente legate a Teheran. Quando gli americani si ritirano nel dicembre del 2011, sanno perfettamente che si lasciano alle spalle una bomba a scoppio ritardato. Sciiti o sunniti, i fanatici non hanno né fede né legge, sono pagati per creare caos. Mettere un Paese a ferro e fuoco è il loro mestiere. L'Iraq entra in un vortice di violenza e così pure il suo vicino, la Siria. «Siraq» diventa il nuovo nome in voga, per la lingua di deserto a cavallo di quella che era stata una frontiera. E che ora è abbandonata nelle mani delle bande barbare di al-Qaida, dell'Isis, o di chi si dimostrerà più crudele e più abile nella propaganda.

Intanto, a est dell'Iran, si chiude un'altra guerra:

gli americani erano arrivati in Afghanistan nel 2001 e se ne vanno ufficialmente nel 2014. Poco è cambiato. I talebani sono dappertutto nel Paese, e la produzione di oppio non è mai stata così abbondante.

Sul fronte del nucleare iraniano gli episodi si succedono rapidamente. Nel 2002, Teheran comincia a sviluppare in segreto il processo di arricchimento dell'uranio. Per uso civile, assicura. I servizi segreti statunitensi sembrano crederci: nel 2003 sostengono che l'Iran ha abbandonato la sua ambizione di dotarsi di un'arma atomica. Ma né Israele, né il Congresso americano sono convinti. Non si fidano del regime degli ayatollah, contro cui prende il via una campagna molto aggressiva che sembra avere come obiettivo uno scontro militare. Ipotesi, però, troppo pericolosa. Meglio un più discreto, e altrettanto efficace, progetto di cyber-sabotaggio del programma nucleare iraniano.

È l'operazione Giochi olimpici, attivata da Bush nel 2006, e prevede, tra l'altro, l'introduzione di un virus informatico nel sistema di controllo del programma stesso. Il virus Stuxnet entra in azione nel 2008, e prende di mira a cascata le centrifughe che servono all'arricchimento dell'uranio. È un colpo molto duro.

Stuxnet sarà scoperto solo nel 2010, e rivelato dalla stampa americana a giugno. È il virus informatico più sofisticato in circolazione. Si propaga attraverso i computer che utilizzano Microsoft Windows, e colpisce esclusivamente i programmi industriali della Siemens usati dall'Iran. Ha permesso di prendere il controllo dei macchinari della centrale di Natanz, e di aumentare la velocità di rotazione fino alla loro distruzione. Prima che gli iraniani avessero il tempo di scoprire il sabotaggio, aveva messo fuori uso un migliaio di centrifughe. Più o meno volontariamente, il virus si diffonde poi ad altri computer e in altri Paesi. E viene infine bloccato da una società di sicurezza informatica bielorussa, VirusBlokAda.

Ma il peggio deve ancora arrivare.

Il 29 novembre 2010, nel cuore di Teheran, due uomini su una moto affiancano una Peugeot 405, ferma al semaforo. Il traffico è intenso, come sempre nella capitale. Fa freddo, il tempo è grigio e lo smog sprofonda la città in una nebbia acre. L'uomo al volante della vettura si chiama Majid Shahriari. Sta andando all'Università Shahid Beheshti, nel centro della metropoli. La moglie è seduta al suo fianco. Nel frastuono cittadino, nessuno dei due sente il rumore di un oggetto che viene attaccato alla portiera dell'auto dai due motociclisti.

Si riparte. Qualche secondo più tardi il lato della vettura è sventrato dall'esplosione di una bomba magnetica. Shahriari rimane ucciso, sua moglie è ferita. La vittima, ingegnere, lavorava come centinaia di altri scienziati iraniani per il programma nucleare.

Nel momento in cui il collega muore dilaniato da una bomba, Fereydoon Abbasi Davani sta salendo in auto in un altro quartiere della capitale. Una moto lo affianca e si ferma. La strada è deserta. Abbasi sente uno strano rumore, si getta di lato. La bomba che il motociclista ha piazzato sulla portiera esplode. L'ingegnere rimane solo ferito.

Il messaggio è chiaro: gli scienziati della Repubblica islamica non sono al sicuro, nemmeno a casa propria. Pochi mesi prima un altro di loro, Massoud Ali Mohammadi, era rimasto ucciso in un'esplosione davanti a casa. Anche lui insegnava in un'università di Teheran, dove aveva la cattedra di fisica quantistica.

La violenza non si ferma: l'11 gennaio 2012 un ingegnere di trentadue anni, Mostafa Ahmadi-Roshan, viene eliminato allo stesso modo. La famiglia chiede a gran voce un'inchiesta internazionale sul coinvolgimento dei servizi segreti americani e israeliani nell'assassinio. Nel quadro delle indagini, la polizia iraniana arresta quattordici persone. Uno di loro, Majid Jamali Fashi, ventiquattro anni, viene impiccato nel maggio del 2012. Nella sua confessione, ripresa dalle televisioni, afferma di essere stato reclutato dal Mossad, il servizio segreto israeliano, per assassinare il professor Ali Mohammadi. Né Washington né Tel Aviv commentano le accuse e il silenzio non stupisce: di omicidi di questo genere è meglio non vantarsi.

Nel mondo dei servizi, gira voce che la realtà sia più complessa. Qualcuno afferma che il Mossad è in grado di organizzare questo tipo di attentati nel cuore di Teheran, altri invece ne dubitano. Suggeriscono che per commissionarli si sia fatto ricorso ai Mojahedin-e Khalq, uno storico gruppo che si oppone al regime e che dall'inizio della Rivoluzione ne è diventato la bestia nera. Secondo un'altra teoria, gli stessi iraniani sarebbero all'origine delle misteriose eliminazioni degli scienziati. Le vittime sarebbero state sospettate di legami con servizi stranieri, di aver venduto dei segreti di Stato o permesso operazioni di sabotaggio.

Questa guerra segreta accompagna una strategia pubblica che ben conosciamo, le sanzioni internazionali contro l'Iran.

Fin dal 2006 il Consiglio di sicurezza dell'Onu ha

votato una serie di risoluzioni sempre più dure. Che hanno progressivamente toccato il settore della ricerca nucleare, quello militare, le riserve bancarie di alcune istituzioni. Poi le sanzioni sono state rafforzate per colpire, nel 2012, le esportazioni di gas e petrolio dell'Iran.

Il mio amico Javad si ricorda bene i tempi del presidente Ahmadinejad, che per otto anni ha guidato la Repubblica islamica. Anni in cui le relazioni internazionali del suo Paese hanno raggiunto il massimo della tensione. Temi caldi: l'arricchimento dell'uranio e le intemerate antisemite del presidente.

«Il mio Paese arricchiva l'uranio solo al 20 per cento, per usi civili» specifica Javad. «Ma gli interventi pubblici di Ahmadinejad passavano l'immagine di un Iran bellicoso, irragionevole, pericoloso.»

Javad ha partecipato alle manifestazioni della «primavera iraniana», cominciata ancora prima di quella egiziana. L'«onda verde» della contestazione ha iniziato a montare nel 2009, dopo che elezioni truccate avevano confermato al potere Ahmadinejad. Come tanti altri, Javad è salito sui tetti, nella notte di Teheran, a gridare slogan contro il governo. La televisione di Stato mostrava folle che inneggiavano ad Ahmadinejad. Ma il cielo buio delle città risuonava di sfide: «Morte al dittatore» e anche «*Allahu akbar*».

«Era pericoloso» ricorda Javad. «Io non potevo non salire sui tetti, ma avevo chiesto a mia moglie di non seguirmi.»

La primavera iraniana è stata duramente repressa, il presidente conservatore ha continuato a sfidare l'Occidente, e la tensione si è aggravata.

Nel gennaio 2012 gli organismi internazionali che gestiscono gli scambi finanziari, come il sistema Swift, hanno annunciato che non avrebbero più onorato le transazioni delle banche iraniane. Sei mesi più tardi, è entrato in vigore il divieto di acquisto di petrolio. Gli iraniani hanno rivisto un film già andato in onda nel 1952, quando i britannici avevano bloccato le installazioni petrolifere di Abadan dopo la nazionalizzazione, voluta dall'allora primo ministro Mossadeq, della compagnia petrolifera iraniana.

Nell'ottobre del 2012, anche l'Unione Europea ha seguito l'esempio degli Stati Uniti vietando ogni operazione bancaria e tutte le transazioni commerciali con l'Iran.

«Il Paese era davvero sotto assedio» ricorda Javad. «Senza i proventi del petrolio e del gas, non poteva sopravvivere.»

E quando gli ambienti economici sono entrati in allarme, il «bazar», la potente casta dei commercianti, ha fatto capire al governo che occorreva negoziare.

Nel 2013, l'avvicinamento tra Iran e Stati Uniti si fa inarrestabile.

Il percorso di trattative comincia in Oman, nel marzo del 2013, sotto i buoni auspici del sultano Qabus. È lui infatti che per primo si fa tramite di un'apertura al dialogo. Che si svolge con estrema discrezione, d'obbligo soprattutto per gli americani: in Iran, in quel momento, il presidente è ancora Ahmadinejad.

Da parte statunitense partecipano tre diplomatici: il sottosegretario di Stato William Burns, il negoziatore per il nucleare Wendy Sherman e Jake Sullivan, consigliere del vicepresidente Joe Biden. Più un altro consigliere: un uomo molto discreto, in contatto quotidiano con il presidente Barack Obama. Puneet Talwar, inviato in Iran dal Consiglio per la sicurezza nazionale. Da parte iraniana, i personaggi chiave sono invece il ministro degli Esteri Mohammed Javad Zarif, il viceministro Abbas Araghchi, e il viceministro Majid Ravanchi. Così come il direttore dell'Agenzia iraniana per l'energia atomica, Ali Akbar Salehi.

Nel giugno 2013, il nuovo presidente riformista e moderato Hassan Rohani prende il potere in un Paese sull'orlo del collasso. Come Obama, vuole risultati rapidi. È stato eletto per trovare una soluzione allo scontro mortale con l'Occidente. È un presidente pragmatico, della scuola di Ali Akbar Rafsanjani. Le sue priorità sono disoccupazione, criminalità, tensioni sociali. E, naturalmente, l'acqua. Sa che la salvezza deve passare per una normalizzazione dei rapporti con gli Stati Uniti.

Si terranno poi quattro altri incontri segreti, l'ultimo nell'ottobre 2013. Ma già in settembre, un gesto pubblico segna la svolta. A margine dell'Assemblea generale dell'Onu a New York, Rohani e Obama si parlano al telefono per mezz'ora. È un evento senza precedenti dal 1979: l'ultimo presidente americano a parlare con un capo di Stato iraniano era stato Jimmy Carter con lo scià Reza Pahlavi. Non mancano i rischi, in questo riavvicinamento. Nel Parlamento iraniano come al Congresso americano, i «falchi» tuonano che il dialogo è un errore.

Nonostante le voci contrarie, a fine novembre di quell'anno l'isolamento viene rotto. Incontri segreti e pubbliche trattative portano all'intesa annunciata il 24 novembre a Ginevra, la ripresa dei rapporti multilaterali. E infine all'applicazione, a partire dal 20 gennaio 2014, di un accordo che rilancia i negoziati sul nucleare iraniano. Un breve comunicato dell'Agenzia internazionale per l'energia atomica viene reso noto a Vienna. Poche righe firmate da Yukiya Amano, il direttore dell'Agenzia: «Sono felice di annunciare che l'applicazione dell'accordo inizia oggi. È un avvenimento importante». Messaggio sottinteso: è il meglio che si potesse fare.

Perché Obama ha corso questo rischio? Perché riaprire ora il dialogo con un Paese accusato di sostenere il terrorismo, che considera l'America il Grande Satana? Perché per gli Stati Uniti, l'Iran non si riduce al problema del programma nucleare e di un eventuale pericolo per la sicurezza. È un Paese cruciale, che sta sulla linea di frattura tra l'Occidente e l'Asia, continente oggetto delle ambizioni storiche dei russi e ora anche dei cinesi. Un Iran ostile rimetterebbe in causa l'egemonia americana nella regione. Un Iran alleato, o semplicemente neutrale, è chiaramente un vantaggio. Se non lo si può sconfiggere con le strategie dei neocon di George W. Bush, quindi, bisogna farselo amico con lo *smart power* di Obama. Ogni mezzo è buono.

Ma la diplomazia segreta ha anche un'altra carta da giocare: quella dell'acqua. A Teheran, si comincia a parlare pubblicamente della minaccia di una terribile siccità, che nel giro di qualche anno potrebbe rendere il Paese inospitale. Le zone più interessate sono quelle dei grandi laghi, tutti secchi. Ma anche nelle strade della capitale l'acqua non scorre più nelle canalizzazioni millenarie, le *qanat*. Il dramma di un Paese che ha sete può sfociare nella guerra dell'acqua. È una corsa contro il tempo.

La desalinizzazione dell'acqua di mare sarebbe la soluzione. Gli Stati del Golfo l'hanno già avviata e Israele domina perfettamente questo processo, tanto da poter produrre acqua per tutta la regione. Perché l'Iran è in ritardo? Motivi politici? Tecnici? Non è chiaro, ma una cosa è certa: l'acqua e l'atomo sono legati. In diplomazia, le coincidenze sono molto rare. La questione è stata posta: Israele potrebbe aiutare l'Iran a riaprire i rubinetti dell'acqua per i suoi abitanti? Il cerchio della storia si chiude. Dall'accordo per salvare dalla sete un Paese forse può nascere una speranza di pace per il Medioriente?

14

Firenze, l'arte dell'islam

Fa freddo, in una Firenze limpida e invernale, ma fiorentini e turisti non sembrano preoccuparsene: il centro storico è animato, i negozi pieni. Passo davanti al vecchio mercato del pesce, trasformato in mercatino delle pulci. Qualche telo improvvisato a terra funge da bancarella per merci, diciamo, meno pregiate: vecchi libri, un casco integrale da motociclista, una coppia di candelabri. Mi fermo in farmacia per comprare qualcosa contro un raffreddore in arrivo, mentre proseguo verso la moschea di Firenze.

Sono nel cuore della città di Matteo Renzi: piazza Santa Croce, con la grande basilica in cui è sepolto Michelangelo, è proprio dietro l'angolo. Via Pietrapiana e piazza dei Ciompi sono una cartolina dall'Italia: palazzi antichi e bar si susseguono nell'allegro traffico del fine settimana. Volto a destra in Borgo Allegri. Al numero 60, l'insegna su una porta discreta mi indica che sono arrivata a destinazione. È in arabo e in latino: *Masjid al-taqwa*. Letteralmente: la moschea del timore di Dio. E sotto: Comunità islamica di Firenze e della Toscana.

Non è certo una moschea tradizionale, con una cupola splendente e un minareto. Ma neanche un garage in un viale di periferia, né un capannone in una zona industriale. È una grande sala dal pavimento coperto di tappeti, alla fine di un vasto atrio in cui si allineano i lavabi per le abluzioni rituali. L'islam fiorentino ha il suo posto nel cuore della città, ma lo occupa con discrezione.

Ho appuntamento con Izzedine Elzir, l'imam di Firenze, e presidente dell'Ucoii, l'Unione delle comunità islamiche italiane, una delle organizzazioni principali che rappresentano i musulmani in questo Paese. È un uomo snello ed elegante, con gli occhi verdi e una barba corta e curata. È di origini palestinesi, nato a Hebron, in Cisgiordania, ed è arrivato in Italia a vent'anni, nel 1981, per studiare moda. Firenze gli ha preso il cuore: rimasto ad abitare qui, dieci anni dopo è divenuto imam. Ha conosciuto sua moglie, giordana, durante uno dei suoi viaggi per andare a trovare la famiglia, e hanno tre figli, di cui due femmine. Se dovessi scegliere un «uomo da copertina» per rappresentare un islam rassicurante e integrato, Izzedine Elzir non avrebbe rivali: è un uomo posato, seguace del compromesso e della convivenza. Forse anche troppo, e non manca chi lo accusa di essere soprattutto un abile politico. E di praticare la temuta – da tanti occidentali – *taqiya*, l'arte della dissimulazione.

La comunità musulmana di Firenze conta centotrentamila fedeli, tra la città e i sobborghi. «Qui non ci sono ghetti, nessun quartiere a prevalenza islamica» mi spiega Izzedine. È il modello di integrazione di una provincia ricca. I primi musulmani sono arrivati in Toscana negli anni Settanta, sono aumentati con le successive ondate migratorie e negli anni Novanta è stata aperta la prima sala da preghiera. Un terzo dei musulmani di Firenze è di origine marocchina e tunisina, un altro terzo viene dai Balcani e il resto dal subcontinente indiano (Pakistan, Bangladesh), qualcuno dall'Africa subsahariana. Chiedo a Elzir se, secondo lui, si sentano italiani, o se la loro identità sia ancora in gran parte quella del Paese d'origine.

«Non lo è, e meno male» mi risponde. «Vogliamo essere italiani, europei di fede islamica. Io sono orgoglioso anche di essere palestinese, il marocchino deve essere orgoglioso di essere marocchino e così via, ma vogliamo vivere qui come italiani. Sappiamo che questa è la strada più difficile, ma è l'unica che può produrre davvero una convivenza pacifica e un futuro positivo per tutti.»

Parole d'ordine: equilibrio e tranquillità. Lo scontro produce solo danni. Il Comune ha già approvato la costruzione di una moschea, anche se il luogo in cui sarà edificata non è ancora deciso. Spero che, dovunque sia, faccia meno freddo che qui: non c'è riscaldamento e stiamo davvero gelando. Sono d'accordo con Izzedine – non solo per ragioni climatiche – quando dice che avere una moschea dignitosa, e non un garage, è anche un bene per il prestigio del Paese. Una moschea degna di una città da vetrina come il capoluogo toscano.

L'ufficio in cui mi riceve è arredato con mobili in legno intarsiato e una semplice scrivania, dietro cui campeggia la solita libreria piena di volumi dalle belle rilegature. Molti in arabo, non tutti. Gli chiedo se ci sia un muezzin alla moschea di Firenze e sorride della battuta, nessuno avanzerebbe una richiesta del genere. «Sarebbe una provocazione inutile. Uno deve avere rispetto per se stesso per avere rispetto degli altri» puntualizza. «E per questo devi tenere presenti non dico i tuoi confini, ma almeno i tuoi spazi.»

L'imam di Firenze conosce bene il contesto religioso della sua città. Ha come interlocutori sia il rabbino, Joseph Levi, sia l'arcivescovo Giuseppe Betori. «Mi capita già ora di andare al bar a prendere il caffè con il rabbino» mi racconta. «La prossima volta, dobbiamo portare con noi anche il cardinale!»

Un uomo pragmatico come lui non può non essere in buoni rapporti anche con il potere civile locale: «Parliamoci chiaro, si possono aprire moschee col centrodestra, col centrosinistra e con la Lega. Non dipende dalla politica, ma dal sindaco». Ma la buona volontà di tutti ha bisogno anche dell'appoggio legislativo, aggiunge: «I princìpi della libertà si trovano, fin dai primi articoli della nostra Costituzione, ma serve una legge per metterli in pratica».

Sotto questo punto di vista, dice, Renzi è stato un bravo sindaco. «Ha dimostrato attenzione, ha lavorato per togliere spazi di scontro e insieme abbiamo, lo posso dire tranquillamente, creato un modello fiorentino di interazione – preferisco questo termine rispetto a "integrazione" – che ritengo interessante. Sulla questione della moschea, lui ha affermato il nostro diritto di averla, ma non è andato oltre.»

Le richieste di cui l'Ucoii si fa promotrice, mi dice, sono fondamentalmente quattro: il riconoscimento dell'islam, la seconda religione del Paese. L'accesso all'8 per mille a libera scelta dei contribuenti. Una legge nazionale che regolamenti e garantisca l'apertura di nuovi luoghi di culto. E le due feste principali inserite nel calendario ufficiale. Per il momento, i tavoli di discussione aperti sono a un punto morto. E, come fa notare Elzir, i tempi non sono propizi per affrontare serenamente questi temi. Tra allarme terrorismo ed emergenza migratoria, i governi non sono molto inclini a negoziare con l'islam. Non vogliono essere accusati di fare il gioco del «nemico».

Pongo anche a lui la domanda fondamentale sulla rappresentanza: se i punti su cui accordarsi sono sempre gli stessi, come mai le difficoltà nel presentare un programma comune sembrano insormontabili?

L'Ucoii dovrebbe avere una voce forte, noto: comprende oltre centocinquanta comunità musulmane delle circa ottocento ufficialmente presenti in Italia. Ma Izzedine mi dice che non ha la pretesa di farsi portatore unico dei suoi correligionari nel Paese.

Alla mia osservazione sulla necessità di una rappresentanza unitaria, anche lui come l'imam di Catania pone un'obiezione: «Perché si chiedono a noi cose che non si chiedono agli altri? Siamo cittadini come gli altri. C'è un'intesa dello Stato con i buddhisti tibetani, un'altra con quelli del Soka Gakkai. I protestanti hanno avuto sette intese, senza che nessuno chiedesse loro un referente unico. Il mondo musulmano non fa eccezione». Riconosce però che la situazione è più plurale rispetto ad altri culti: «A livello locale ci sono tantissime moschee, la maggior parte autonome. Questo è un problema, purtroppo non è così facile risolverlo, perché per la nostra legislazione tre persone possono fare un'associazione. La libertà ha anche i suoi difetti».

Sembra però che l'Ucoii sia un punto di riferimento per i generosi finanziatori del Golfo: negli ultimi quattro anni ha ricevuto 25 milioni di euro. Donazioni private, chiarisce Elzir, ma che transitano in tutta trasparenza da un'istituzione statale riconosciuta. La Qatar Foundation. E arrivano senza obblighi annessi, perché lui le accetta a due condizioni soltanto: «Che siano fatte nel pieno rispetto della legge, e che nessuno pretenda di dirci come dobbiamo impiegarle». Le hanno usate negli ultimi anni per costruire trentatré luoghi di culto in tutta Italia.

Sa bene che oggi c'è chi guarda ai centri di preghiera con preoccupazione. L'immigrazione e gli attentati terroristici, le due più grandi paure attuali degli italiani secondo i sondaggi, sono purtroppo entrambi temi legati all'islam. Come pensa di affrontare gli anni difficili che abbiamo davanti? In maniera equilibrata, è la risposta. Potevo aspettarmelo. Ma insisto: che tipo di equilibrio? Per esempio, in Francia hanno scelto di «sbilanciarsi» in direzione della laicità. Izzedine suona una nota di dissenso: «La storia francese è diversa dalla nostra, e anche per motivi storici in Francia la laicità e il laicismo sono diventati una nuova religione. Dunque bisogna cancellare le altre. Da cui la legge contro i simboli religiosi... Noi musulmani non ne abbiamo uno, ma hanno usato il velo. Invece da noi in Italia laicità vuol dire accoglienza, in senso positivo, verso la diversità anche religiosa. Uno strumento positivo di democrazia, che è un valore importante».

«Io non sono per il velo integrale neanche nei Paesi arabi, figurarsi qui» aggiunge. Sua moglie porta l'hijab, ma le due figlie no, nemmeno la quattordicenne. «Quando era piccola, a sei, sette anni, lo metteva» ricorda con un sorriso. «E mi chiedeva: "Papà, hai paura dicano che tu mi obblighi a metterlo?". Oggi va in giro senza, ed è una sua libera scelta. Dipende dal carattere della persona, da cosa ha capito della sua fede.»

Gli chiedo se gli è mai capitato di trovare nella sua comunità giovani radicalizzati. Se qualcuno gli abbia mai manifestato l'intenzione, o il desiderio, di passare alla lotta armata contro i «nemici dell'islam». Mi racconta un aneddoto interessante, che lo ha toccato ancor più da vicino in quanto palestinese, avvenuto una decina di anni fa.

«Un ragazzo palestinese è venuto a dirmi che voleva andare nel suo Paese d'origine, a "combattere con i suoi fratelli contro i loro occupanti". Gli ho risposto: "Bene, allora resta qui e prega. E se vuoi aiutarli di più manda aiuti umanitari, soldi: di questo hanno bisogno, non che tu vada lì a sparare". Non ha ribattuto e ringraziando Dio non ha fatto nulla. In quell'anno, durante il mese del Ramadan, abbiamo invitato per una conferenza, come facciamo spesso, un professore che veniva proprio dai territori occupati, e che ha parlato della Palestina. Il ragazzo ha posto a lui la stessa questione, chiedendogli di portarlo con sé per poter combattere. Il professore ha risposto: "Di questo non hanno bisogno, se vuoi puoi mandare un aiuto economico, ma la cosa migliore è che tu preghi per loro, perché abbiano la pace". Il ragazzo era perplesso: l'imam non era combattente, non lo era neanche l'ospite accademico... Ha chiamato un'associazione di solidarietà con il popolo palestinese, per la terza volta con la stessa richiesta. Ovviamente la telefonata è stata intercettata, lo hanno arrestato ed è rimasto due anni in prigione. Da quando è uscito è una persona normale e anzi, ogni volta che mi incontra, mi ringrazia per il momento in cui ho cercato di dargli la lucidità.»

Quasi una parabola a lieto fine, ma che fa riflettere. Questo giovane ha incontrato solo adulti responsabili sulla sua strada, ed evidentemente ha avuto l'equilibrio per non cedere all'amarezza durante la carcerazione. Ma sono molti quelli che proprio in prigione trovano pessime compagnie e si radicalizzano. Per questo la richiesta che molti imam fanno, di poter avere spazi di culto e assistenza religiosa all'interno delle carceri, è molto sensata. Nelle prigioni italiane ci sono 10.500 detenuti che vengono da Paesi di fede musulmana (circa un quinto del totale), di cui 7500 la professano, come dichiarerà in un'intervista al «Corriere della Sera» nell'aprile 2016 il ministro della Giustizia Andrea Orlando. Ci vogliono più voci che ripetano, in condizioni di marginalità come quella di molti detenuti, le parole che Izzedine disse al giovane palestinese.

Lui e altri imam, mi racconta, già dopo l'esplosione della guerra civile in Siria hanno messo a punto delle contromisure. Le moschee hanno fatto circolare il messaggio che non era il caso di partire per unirsi alla lotta. Il messaggio è passato? Non lo so, ma sono certa che chi è partito ha cercato ispirazione più su internet che sui tappeti di moschee come questa.

Jacques prende la parola per far notare che l'Italia non è certo la Francia: loro hanno tre volte più musulmani, e periferie a maggioranza islamica che esplodono di giovani disoccupati.

«In una realtà non tranquilla, come quella attuale della Francia, questi ragazzi sono cresciuti senza riconoscersi né come francesi né come musulmani, e perciò hanno rabbia, rancore, contro i loro genitori e contro la società. Per questo l'istruzione è così importante» concorda l'imam. «Spesso si dice che non dobbiamo insegnare le religioni, ma dovremmo almeno dare qualcosa a questi giovani. Ho cercato di leggere i profili degli attentatori di Parigi. Provengono dalla piccola criminalità, dallo spaccio. Non conoscono niente della loro fede e il primo che arriva li strumentalizza tranquillamente. Anche noi, in Italia, se abbiamo un pericolo viene dai detenuti.»

Mi racconta che in accordo col ministero della Giustizia è partito un progetto pilota, che se funziona vorrebbero espandere a livello nazionale, per intervenire nelle comunità carcerarie. «Questi ragazzi sono una preda facile. Io ho la possibilità di entrare e parlare con loro, e ho visto come in cinque minuti puoi cambiare una persona. Basta dire: "Guardate cosa fanno i vostri fratelli in Palestina, o in Siria, o in Centro Africa". È un argomento convincente per tutti gli arabi, tutti i musulmani. Porti esempi, che non mancano. Un giovane del genere non ha futuro. Vive da morto. E chiede: "Ma se faccio un attentato, entro in paradiso? Sarò pulito da tutti i miei peccati?". Ed è fatta. Non ci vogliono decine di ore di lavaggio del cervello. Gli metti in mano, o addosso, una bomba, e via. Basta terribilmente poco, è contro questa realtà che dobbiamo combattere.»

L'imam difende la necessità di educare al «fatto» religioso, più che all'una o all'altra religione. Ritiene anche lui che la mancanza di curiosità per le fedi e la loro storia sia una grande perdita per la società. Crea un vuoto, una mancanza di spiritualità, che viene riempito con facilità dai messaggi di un credo semplificato, che sia cristiano o musulmano. E da lì il passaggio a una deriva fanatica è rapido.

«Bisogna insegnare alle nuove generazioni le fedi religiose non in senso teologico, ma anche in senso culturale. È vero che siamo un Paese laico, ma culturalmente cattolico, è un dato di fatto. Se comincio a capire cos'è la religione dell'altro, riesco ad avvicinarmi con comprensione e rispetto. Altrimenti no.»

L'importanza del culto, peraltro, dovrebbe essere un messaggio facile da far passare, in un Paese come l'Italia. Siamo abituati a convivere con un cattolicesimo da sempre molto presente, nel discorso pubblico.

«Secondo le ultime statistiche, quasi il 75 per cento degli italiani vuole che i propri figli imparino i fondamenti della religione cattolica, anche se magari non frequentano con regolarità la Chiesa» mi dice Elzir. «Dieci anni fa le cose stavano in modo diverso. È una ricerca di identità religiosa che deriva direttamente dalla percezione di un'altra, quella musulmana.»

Non mi sembra un male, interrogarsi sulle proprie radici. Gli racconto dell'esperienza di un giornalista del «Corriere della Sera», Lorenzo Cremonesi. È stato invitato assieme alla collega Mara Gergolet in una scuola superiore milanese per parlare dell'Isis, della sua genesi e della sua realtà, e naturalmente si è trovato a toccare altri aspetti dell'islam. Nel suo articolo su quell'episodio ha raccontato che a un certo punto una ragazza velata si è alzata, ha preso la parola e ha dichiarato che non era d'accordo con lui. «Chi l'ha detto che sciiti e sunniti si scontrano sulla successione? Per l'islam non ci può essere successore di Maometto. E comunque è tutto spiegato nel Corano. Non servono altri libri, il Corano spiega tutto, dice tutto.» Così Cremonesi riferisce le parole della ragazza.

Dopodiché, racconta, la studentessa ha lasciato l'aula, seguita da un drappello di altri compagni, anche loro musulmani. Cremonesi riferisce inoltre le parole di Andrea, uno dei rappresentanti degli studenti seduti con lui al tavolo della conferenza: «Sono una quarantina di studenti musulmani che la appoggiano sempre quando parla. Per noi è davvero difficile replicare. In genere gli studenti italiani restano zitti, non sanno bene cosa dire, non hanno argomenti».

Ed è questo, dico a Elzir, l'aspetto che mi ha colpito di più. La passività degli «altri». Che a quanto pare non hanno aperto bocca per rispondere in qualità di italiani, o di cristiani, o di semplici cittadini di una repubblica laica. Non credo, aggiungo, che un mio connazionale di sedici o diciott'anni mi saprebbe rispondere, se gli chiedessi quali sono i valori non negoziabili della sua cultura. Mentre un giovane musulmano forse sì. E la loro affermazione identitaria mette a rischio una generazione che non ha saputo strutturare la propria.

Izzedine non si sbilancia, dice solo che questo esempio dimostra l'importanza di un vero dialogo interreligioso, a partire dai banchi di scuola.

Ho deciso di andarci, su quei banchi di scuola. Voglio vederli in faccia i ragazzi milanesi, capire se davvero la giovane musulmana è così dogmatica e i suoi compagni così ignavi. Chiedo al preside di quell'istituto superiore di organizzarmi un incontro con alcuni di loro. Una tavola rotonda, meno confusa di un'assemblea plenaria, in cui potersi veramente parlare.

Mi aspetta una grossa sorpresa.

«I musulmani sono pochi. E non si espongono. Amina è l'unica che porta il velo, in tutta la scuola.»

L'Itcs Schiaparelli-Gramsci di via Settembrini a Milano è tranquillo in questa mattina di sabato. Il vicario del preside, il professor Amatulli, mi accompagna in una sala riunioni con un tavolo di vetro. E mi spiega che dei settecentocinquanta studenti circa due terzi sono italiani, mentre gli altri non hanno la cittadinanza, nonostante un'ottantina siano nati a Milano. Gli arabi sono più o meno trenta.

Amina è la ragazza al centro del dibattito tra gli studenti e il collega Cremonesi. Frequenta la quinta e ha vent'anni, gli occhi limpidi mi guardano combattivi, il bell'ovale del viso è circondato da un hijab scuro. Assieme a lei sono stati invitati alcuni compagni, per il nostro «dibattito interculturale». Davvero non hanno alcuna consapevolezza, o alcun interesse, per il tema religioso? Perché sono rimasti muti mentre una di loro diceva: «È tutto scritto nel Corano»?

Entrano nella stanza in quattro. Emlyn, diciannovenne cittadina italiana ma nata nelle Filippine, è Testimone di Geova. Gli altri tre sono diciottenni, cattolici e nati a Milano: Sebastiano, Eleonora e Joe. La famiglia di Joe viene però dalla Nigeria.

La versione dei fatti di Amina è un po' diversa da quella che ho letto. Le sembrava che nella conferenza la distinzione tra sunniti e sciiti fosse stata spiegata poco chiaramente, e ha chiesto un approfondimento. Che però non è arrivato. Come sempre accade, al momento delle domande c'è stata un po' di confusione, un calo dell'attenzione, e alcuni compagni hanno colto l'occasione per alzarsi e uscire. L'impressione è che volessero andare a prendere un po' d'aria, è sicura, mi racconta, che non protestassero in nome del Corano.

Comunque sia andata, cerco di capire innanzitutto qual è il rapporto di questi ragazzi con le religioni che professano e i valori in cui credono. Amina ha letto il Corano in arabo e in italiano.

«Però che Ali fosse il cognato del Profeta te l'ho dovuto dire io» la prende allegramente in giro Sebastiano. Vedendo la mia espressione stupita aggiunge: «Questa faccenda mi aveva incuriosito e sono andato a cercare sunniti e sciiti su internet».

Lodevole iniziativa. A scuola, invece, non studiano la storia delle religioni. Quell'ora serve più per parlare di temi sociali, e per dare un po' di appoggio ai ragazzi nei loro problemi quotidiani. L'insegnante di religione è amatissima e il vicepreside mi conferma che svolge un ruolo prezioso di ascolto. Anche, posso immaginare, per problemi legati all'integrazione: siamo in una zona molto multietnica tra Porta Venezia e la Stazione Centrale, dopotutto. Non lontano da qui corre verso le periferie la famosa via Padova, arteria di un quartiere milanese a forte immigrazione.

Amina mi dice che non è stata costretta a mettere il velo, anche se suo padre ci teneva.

«Ho cominciato a indossarlo quando lui ha smesso di insistere» precisa. «Volevo che fosse chiara una cosa: non lo avrei mai fatto solo per obbedire a qualcun altro.» Le chiedo cosa rappresenti per lei: «È il simbolo della mia religione, è una protezione ed è un segno per gli altri che sono una buona persona, che di me ci si può fidare». Per la verità, capita che ai non musulmani faccia l'effetto opposto. Subito dopo gli attentati di Parigi, Amina è stata insultata nel bar sotto casa, in quanto velata. «Tornatene nel tuo musulmanesimo» le ha detto un cliente. Ma il barista l'ha difesa. Come la difendono i suoi compagni.

«Sono aumentati la tensione e gli episodi di razzismo» conferma Eleonora. «L'altro giorno un immigrato stava rubando un portafoglio sul tram. Un altro passeggero lo ha beccato e gli ha gridato di tornarsene a casa sua… Ma ci sono anche italiani ladri. Non puoi insultare qualcuno in quanto straniero.»

Chiedo se nella loro scuola e nel loro quartiere la convivenza tra religioni sia un problema, e Sebastiano è il primo a scuotere la testa.

«Ho passato tutta l'infanzia all'oratorio, e c'erano bambini e ragazzi di altre religioni» mi racconta. «La chiesa è una specie di comunità. E gli amici diversi ti possono aiutare con parole che non conosci.»

Sull'aiuto anche Joe annuisce vigorosamente. Vive solo con la madre e non nega che, a Milano, qualcuno che giudica dal colore della pelle ci sia. «C'è il desiderio di tenerti sottomesso. Alla gente non piaci, se sei nero e intelligente» sostiene. «Ma alla base di tutto c'è l'invidia. E nel momento del disagio capisci chi ti vuole bene.»

Emlyn si mostra d'accordo e aggiunge che anche la sua Chiesa, i Testimoni di Geova, è aperta al dibattito con chi appartiene a un altro credo. Si leggono molto i testi sacri e si fa proselitismo. La domenica c'è il discorso pubblico sui temi della Bibbia, e al venerdì si studia come comunicare e condividere il messaggio divino. «La religione è uno stile di vita» sostiene. «Nel rispetto delle scelte degli altri, certo.»

Il concetto di religione come stile di vita mi dà un breve brivido, esattamente come quando me lo propongono gli imam. La spiritualità è una grande ricchezza, ma nella vita pubblica meglio preservare la laicità. Ma loro sembrano improntati a un notevole pragmatismo, tanto da dichiarare concordi, per esempio, che la libertà di satira va limitata per non offendere la fede degli altri. Altro che estremismo della gioventù, a questo tavolo quella incendiaria sembro io.

Nel complesso, comunque, l'approccio di questi ragazzi al problema delle fedi appare molto sano. Come se l'integrazione, di cui tanti politici ed esperti si riempiono la bocca, loro la vivessero ogni giorno sulla propria pelle. Da così tanti anni che non si pongono neanche il problema. Tolleranza in pratica, non in teoria.

«Vediamo le cose che ci legano e stiamo in pace fra di noi» riassume Amina. «È fastidioso il modo in cui i media distorcono il messaggio.»

Questo probabilmente è vero, ma è anche indubbio, le ricordo, che l'islam qualche motivo di inquietudine lo dà. A cominciare dalla condizione della donna.

«L'islam difende la donna» dichiara decisa, e si irrigidisce un po'. «Se la condizione femminile nei Paesi musulmani non è buona, non è per colpa dell'islam. È un problema di interpretazione.»

Ci risiamo con l'interpretazione. Il modo migliore per guardare dall'altra parte. Nessuno può negare, le ricordo, che nell'islam la donna non sia uguale all'uomo: e la poligamia?

«Be', potrebbe essere una soluzione al problema che al mondo per ogni uomo ci sono sei donne» risponde non senza ironia. Ma aggiunge che non accetterebbe niente del genere, in casa sua. Avrà un marito solo e intende essere la sua unica moglie.

Sebastiano interviene ricordando che nella sua famiglia, immigrata dal Sud, gli equilibri erano sotto certi aspetti simili a quelli dell'islam «tradizionale». Sua nonna stava a casa e curava i figli. E suo padre, ovviamente molto più aperto, però non si dà molto da fare con le faccende domestiche. «Io aiuterò mia moglie» promette deciso il ragazzo. «Cambiare i pannolini, lavare i piatti… tutto il lavoro va diviso a metà.»

Faccio mentalmente i complimenti alla madre di Sebastiano, che ha educato un maschio impeccabile, almeno sul piano teorico. Amina interviene per giustificare la legge islamica che assegna un'eredità dimezzata alle donne in questi termini: a *lei* spettano meno soldi perché è *lui* a dover mantenere la famiglia. Rimango stupita: davvero ha questa idea del matrimonio? Suo marito lavorerà e lei starà a casa a badare ai bambini?

«Niente affatto» insorge. «Io voglio andare a lavorare, altroché!»

Insomma, cerca di conciliare i dettami della sua religione con la realtà della vita. Un po' come le sue coetanee cattoliche praticanti, che per esempio con il sesso e la contraccezione qualche compromesso devono pur farlo, aggiungo guardando Eleonora, che annuisce senza sbilanciarsi.

La verità è che queste regole le hanno fatte i maschi, e alle femmine tocca trovare le eccezioni, penso. E che questi ragazzi stanno sperimentando una palestra di apertura mentale e di sintesi senza pari, nella convivenza mista dei quartieri di Milano e nella complessità del passaggio politico che attraversano. Questo mi fa ben sperare, insieme alle loro belle facce amichevoli e alla scioltezza con cui affrontano problemi più grandi di loro. Come i loro nonni, dopotutto, hanno una guerra. Quella della crisi economica e delle nuove povertà, dell'emarginazione e del terrorismo. Una guerra più strisciante e vigliacca rispetto alle trincee dei conflitti mondiali. Ma che fa le sue vittime e distrugge le certezze.

Amina vuole, appena finirà la scuola, viaggiare almeno per cinque anni, vedere più mondo che può, senza porsi il problema della carriera. Me la immagino per le città d'Europa e mi dico che l'islam più retrogrado, se giovani donne come lei riescono a mantenere la loro tempra, non farà molta strada.

15

Comandante Roberta Pinotti

Roberta Pinotti indossa, a modo suo, una divisa: pantaloni e una sobria giacca elegante, grigio chiaro. Il caschetto di capelli biondi è impeccabile e lo sguardo diretto, mentre mi stringe la mano. Il ministro della Difesa è una donna che deve dare ordini ai generali, e lo mostra in ogni gesto.

La incontro nel suo grande ufficio nella storica sede del ministero, in via XX settembre a Roma. Dalle passatoie rosse sullo scalone fino alle decorazioni dorate e al legno lucido della stanza, ogni dettaglio parla di potere e ufficialità. La ministra mi fa accomodare in un angolo con divano e poltrone, e ci concediamo un caffè. Fuori, Roma è invasa da un vento primaverile. Ma il vento che spazza il mondo è ben più preoccupante: appena due giorni fa sono esplose le bombe di Bruxelles, e la paura è tornata in Europa.

François Hollande e il suo primo ministro Manuel Valls hanno ribadito: siamo in guerra. L'Europa è sotto attacco? E in questo caso, cosa significa?

Dobbiamo inserire questi attentati in una strategia globale del fondamentalismo islamista terroristico. È ovvio rimanere terribilmente colpiti da ciò che avviene nei nostri Paesi. Ma non dobbiamo dimenticare tutto il resto, come gli attentati in Tunisia, in Egitto, a Beirut. In primo luogo, è in atto una guerra all'interno dell'islam stesso, che possiamo declinare come conflitto tra sunniti e sciiti, ma forse ancora di più tra fondamentalisti e islam moderato. Nel contesto di questa guerra, il Califfato è interessato a fare proseliti in Europa, promuovendo azioni terroristiche. Per dimostrare la propria potenza, e per scardinare le basi della vita democratica di cui siamo l'emblema più antico: nel Vecchio Continente è nata la democrazia. Non c'è dubbio che l'Europa in questo momento sia sotto attacco.

Sotto attacco quindi, ma non «in guerra»?

Dipende dal significato che si vuole dare al termine. La parola «guerra» in genere implica un nemico che è almeno identificabile con una entità statuale, o comunque compatta e definita. In questo caso siamo di fronte a un fenomeno nuovo e diverso. Possiamo anche chiamarla guerra, se questo ci dà l'idea della pericolosità, ma è un termine da un punto di vista semantico un po' impreciso. Si tratta, in realtà, di una nuova modalità di creare paura nel mondo.

La guerra al terrorismo è cominciata nel 2001. In che senso oggi siamo di fronte a una «nuova modalità»?

Abbiamo già avuto terribili attentati, dalle Torri Gemelle a Londra e Madrid. Volevano colpire il cuore delle capitali d'Europa, però non erano collegati a un terrorismo che si era fatto Stato. L'Isis invece ha occupato territori in Siria e in Iraq, in piccolissima parte anche in Libia. Ha un'amministrazione, fa pagare le tasse, e nello stesso tempo diffonde una propaganda che «conquista» i luoghi dove lo Stato islamico non può arrivare. Non può fisicamente invadere la Francia o il Belgio, ma pensa comunque di tenerli in scacco. Questa è la novità. Potremmo definirlo un conflitto ibrido, che richiede strumenti di contrasto diversi. Dobbiamo fermare e far arretrare, come è stato negli ultimi mesi, il Califfato, nel cosiddetto «Siraq». Ma non è inviando truppe sul terreno che facciamo cessare gli attentati in Europa.

Abbiamo molte truppe sul terreno? Per esempio, quanti si trovano in Iraq, ovviamente nella zona meno «calda» del Paese?

In Iraq abbiamo settecentocinquanta persone, anche a Baghdad, occupate soprattutto nell'addestramento. È l'esercito iracheno a combattere, ma noi addestriamo i combattenti, e ci impegniamo in operazioni di sorveglianza e ricognizione che consentono loro di avere sotto controllo la situazione. Non è la guerra in Iraq del 2003, è un'altra cosa: un accompagnamento del governo e delle forze del Paese. Uno sforzo che certo si può intensificare ma che, come dicevo, non è una risposta al terrorismo. Ne elimina alcune delle fonti, sui luoghi in cui viene propugnato, sostenuto, finanziato, esaltato. Da noi in Europa, invece, gli strumenti sono altri, più tradizionali: intelligence, infiltrati, controllo del web, indagini incrociate, un lavoro congiunto delle magistrature a livello europeo, regole comuni e scambio di informazioni. In Italia, per esempio, abbiamo istituito nuove fattispecie di reato per chi vuole andare a combattere all'estero, per chi si auto-addestra nell'uso delle armi e degli esplosivi, per chi appoggia i *foreign fighters*. Regole condivise di questo tipo consentirebbero di perseguire la stessa persona in nazioni diverse, ma purtroppo non tutti le hanno implementate.

Quindi non ci sono abbastanza norme comuni europee, e lo scambio di informazioni è ancora insufficiente. A livello ministeriale, della Difesa dei diversi Paesi, il coordinamento è maggiore?

Sì: non solo per merito dell'Europa, ma della Nato, siamo abituati da più tempo a lavorare insieme. Ancora oggi nell'Ue un momento di riunione formale dei ministri della Difesa non esiste, ce ne sono solo di informali. Un po' poco per chi vuole costruire l'Europa della Difesa, anche a livello simbolico. Invece alla Nato ci sono discussioni e scambi ufficiali di informazioni, un'interazione maggiore, più strutturata. Nell'Unione, bisognerebbe anche snellire il meccanismo decisionale: tenere l'Europa a ventotto sulle decisioni strategiche generali, ma quando occorre una capacità di intervento più rapida su situazioni particolari, fare in modo di dar vita alle cooperazioni rafforzate, sempre sotto l'egida europea. Una maggiore efficacia può richiedere una cessione di sovranità. L'Italia ha da sempre posizioni molto avanzate, ma altri Paesi frenano. Per esempio, quando è stato proposto di destinare più fondi comuni all'Agenzia europea della Difesa, la Gran Bretagna ha espresso opinione contraria. Alla fine lo hanno fatto volontariamente tutte le nazioni che invece erano d'accordo. Questo rende, credo, l'idea della fragilità delle regole europee: basta un voto negativo e si rischia di fermare tutto un processo.

La Nato chiede ai Paesi membri di portare le spese per la Difesa al 2 per cento del Pil. In Italia siamo molto lontani da questa cifra. Crede che sia importante arrivare a quel 2 per cento?

Al momento, in Italia siamo intorno all'1 per cento, qualcosa in più. Negli ultimi dieci anni almeno, si è tagliato moltissimo sulla Difesa, e a volte in modo abbastanza indiscriminato. In particolare, due tagli pesanti sono stati fatti da governi di centrodestra: nel 2004 e nel 2008. Hanno inciso su una parte fondamentale, ovvero le spese di esercizio. Che per le forze armate non significano il costo delle bollette telefoniche, ma addestramento e manutenzione dei mezzi, quindi il cuore della possibilità di essere operativi. Quella è una parte di bilancio che dobbiamo aumentare. Abbiamo viceversa un problema di alte spese per il personale, con l'85 per cento a tempo indeterminato, mentre in nessun Paese dell'Ue si va oltre il 50. È una percentuale di invecchiamento progressivo che non ha eguali in Europa, e non è sostenibile: per certe missioni occorrono persone giovani.

In questo equilibrio di bilancio troviamo anche i soldi per fare la nostra parte nelle missioni internazionali?

Siamo i principali contributori delle missioni in Europa, tra i primi per le missioni Onu e fra i primi sei per le missioni Nato. Spendiamo meno degli altri, ma evidentemente spendiamo bene, perché nelle missioni siamo i più capaci. Quando la Nato insiste sul 2 per cento, questa è la mia risposta: ricordate la parabola dei talenti. Noi i talenti li stiamo usando, non tutte le nazioni possono dire altrettanto.

Sono stata al porto di Augusta, nella notte c'era stato uno sbarco. L'immagine era quella di una grande efficienza, a cominciare dalla Marina militare. Le sembra, però, che il peso dell'operazione Sophia sia equamente distribuito?

No, assolutamente: è quasi al 50 per cento sull'Italia. Abbiamo il comando, impegniamo la portaerei

Cavour e quasi mille marinai. Però il segnale politico da parte dell'Europa è stato importante, con l'aumento del budget di Frontex e poi l'avvio di Sophia. Dato che il Mediterraneo è il mare meridionale della nostra penisola, penso sia giusto che nostro sia non solo il comando, ma anche l'onere principale.

È soddisfatta dei risultati che danno queste missioni, rispetto ai mezzi impiegati?

In un anno, da quando abbiamo istituito Mare sicuro, sono stati arrestati 596 scafisti, resi inoperosi numerosi barconi e gommoni e salvate molte vite umane. Essendo una missione di sicurezza del mare consente di fermare le navi e, con il consenso del comandante, fare ispezioni a bordo. Ci permette di essere vicino alle nostre piattaforme petrolifere in caso di necessità. Siamo intervenuti quando hanno cercato di portare i nostri pescherecci in Libia. Davanti al rischio terrorismo, o all'insicurezza che può venire dal mare, operiamo insomma a 360 gradi. Compreso anche, come si deve in questi casi, il soccorso dei migranti, ma nel quadro di una missione più complessiva. Con le magistrature di Siracusa e Catania abbiamo attivato in particolare una procedura che autorizza i nostri a fermare gli scafisti direttamente a bordo delle navi, mettendosi in contatto telefonico con la magistratura stessa. Senza autorizzazione, i militari non sarebbero in grado di procedere.

Come valuta l'accordo con la Turchia per fermare il flusso dei migranti dalle loro coste? Un accordo complicato, costoso e non privo di ombre può cambiare la situazione? E la Turchia resta un partner affidabile?

La scommessa è che la Turchia giochi il ruolo che

l'accordo le assegna. È un Paese Nato e di fatto è un ponte tra l'Europa e il mondo islamico, vogliamo includerlo in una strategia contro il fondamentalismo o lasciarlo preda delle spinte più nazionaliste o più estreme? Ci serve un vicino collaborativo o al contrario, magari, pericoloso? Nessuno nasconde la testa sotto la sabbia e le contraddizioni sono evidenti, in tema di libertà di stampa ma anche di una lotta che si intensifica contro il Pkk e i curdi. Ma dobbiamo porci anche un'altra domanda: quando la Turchia era disponibile a entrare in Europa, e aveva un atteggiamento molto più laico rispetto a oggi, perché non abbiamo spinto affinché il dossier andasse in porto? Non è stata l'Italia a opporsi, ma la Francia e la Germania: è stato un bene o un male? Io credo sia stato un male aver fermato quel percorso. Chiedere di compilare i dossier per l'ingresso in Europa, compresi quelli sui diritti umani e sulle libertà fondamentali, avrebbe creato un circolo virtuoso, per cui il Paese sarebbe potuto andare avanti, invece di tornare indietro.

Mi ricordo bene il dibattito all'Ue, era molto acceso. L'opposizione era particolarmente forte su un punto: si trattava di un Paese musulmano di settantacinque milioni di abitanti. Quasi tutto il Parlamento europeo e l'opinione pubblica erano contro.

Il discorso era: «Sono musulmani, non sono europei». Ma oggi i musulmani arrivano a migliaia, e diventano europei. Le ambiguità della Turchia ci sono chiare, ma abbiamo bisogno che sia dalla nostra parte nella lotta al fondamentalismo, al terrorismo, nella gestione dei fenomeni migratori. Non a tutti i costi, certo, e l'Italia ha puntato i piedi sulle esigenze di rispetto dei diritti nella gestione delle migrazioni.

Intanto tutti si chiedono cosa succederà in Libia. Quanto è probabile un intervento militare italiano?

Per impedire che il Califfato si espanda occorre non solo farlo arretrare in Iraq e in Siria, come si sta già facendo, ma anche impedire che possa radicarsi in Libia. E la stabilizzazione della Libia può avvenire solamente con un governo libico che diventi un vero interlocutore locale. In grado di fare alla comunità internazionale richieste specifiche per sanare la situazione del suo Paese.

Il nostro aiuto, a questo punto, potrebbe riguardare l'addestramento delle forze armate, l'attenzione a obiettivi sensibili, ma non è facile saperlo ora che la situazione è ancora così fluida. Cerchiamo di fare delle ipotesi, sulla base delle esperienze già avute con altri. Occorrerà ricostituire le forze armate, le forze di polizia, la Guardia costiera, e ridare un'organizzazione statuale: con la particolarità che la Libia ha al proprio interno, tra le forze riconosciute, le milizie. Che sono stipendiate dallo Stato e che vanno coinvolte in questo processo.

I generali sono d'accordo con questo tipo di approccio?

Sì. La Libia è un Paese con pochi abitanti ma estesissimo, e con molte milizie in armi, si parla di duecentomila unità in tutto. Immaginare di metterci piede senza un accordo con i libici è un'operazione quanto mai fantasiosa e pericolosa, io aggiungo anche impossibile. La strategia corretta, anche secondo i generali, è questa: un accordo col governo libico e, sulla base delle richieste che ci porrà, la risposta della comunità internazionale.

Quanti uomini metteremo a disposizione a quel punto?

Abbiamo una flessibilità ancora ampia, anche se

siamo impegnati in tante missioni. La nostra esposizione attuale è di oltre seimila militari all'estero, quasi settemila se contiamo i marinai in patria impegnati, per esempio, in Mare sicuro. I numeri non glieli posso dire, ma certo metteremo insieme un contingente più numeroso, più significativo degli altri. Faremo calcoli più precisi quando capiremo come si configurerà la missione.

Come funzionerà, nei fatti, questa missione?

Penso che utilizzeremo lo stesso schema in atto in Iraq. Credo che la coalizione internazionale nella lotta all'Isis debba seguire uno schema unitario ovunque. Non dobbiamo arrivare con le nostre truppe, perché sembreremmo invasori e aumenteremmo l'odio islamico verso l'Occidente, ma dobbiamo invece aiutare i locali. Come stiamo facendo in Iraq. E tutti i libici ci dicono la stessa cosa: «Non diteci voi di cosa abbiamo bisogno, saremo noi a chiedervi gli aiuti che ci servono». Prima che la Libia entrasse nel caos, un paio d'anni fa, il loro ministro della Difesa era venuto a Cassino, dove stavamo addestrando truppe del suo Paese. E aveva chiesto che continuassimo il programma da loro. Avevamo già fatto dei sopralluoghi. Poi la situazione è deflagrata, quel programma si è interrotto. Ma il nuovo governo potrebbe avanzare una richiesta di questo tipo. Un altro aspetto importante è l'addestramento della Guardia costiera. Il controllo che può operare sul traffico di esseri umani e sull'immigrazione è fondamentale. È un'altra area su cui potremmo intervenire.

A proposito di presenza sul territorio. Quando leggiamo delle conquiste dell'Isis, non possiamo non chiederci da chi provengano le informazioni che abbiamo.

Se ci siano nostri uomini sul terreno o se, per esempio, contiamo su fonti dei servizi segreti di altri Paesi. Può dirmi chi sono le nostre fonti?

Abbiamo mantenuto ovviamente contatti con una serie di locali, a livello di servizi, che ci forniscono informazioni rispetto ai numeri, alle dislocazioni. Sono rapporti storici, d'altra parte abbiamo sempre avuto una conoscenza abbastanza approfondita della Libia attraverso l'intelligence. Le cui informazioni vengono poi messe a sistema con altre che raccogliamo attraverso i droni, i sommergibili, i radar delle navi che passano accanto alle loro coste. Questo ci permette di avere un quadro preciso, sulla posizione degli scafisti, sugli avanzamenti dei jihadisti... Essendo così vicini, possiamo tenere controllata la situazione.

Perché è così difficile allora combattere gli scafisti e la tratta di esseri umani?

Immagino che ci siano reti che non è facile distruggere. Noi abbiamo la mafia, sappiamo dov'è, ma purtroppo non riusciamo a debellarla. Prima di addossare responsabilità agli Stati, bisogna pensare che abbiamo a che fare con reti criminali che sanno bene come muoversi. Poi è importante una vigilanza attenta e determinata, naturalmente.

Sull'Isis in Libia c'è una condivisione di informazioni con altri Paesi?

Fin dall'inizio abbiamo attivato una cellula informativa formata da Stati Uniti, Inghilterra, Francia e Italia, che ha sede a Roma, e lavora sul coordinamento dei dati di intelligence. Ed esiste anche un coordinamento militare antiterrorismo, a livello degli stessi Stati, a Stoccarda. Lo scopo è mettere in comune informazioni su quelli che possono essere motivi di rischio.

Il 10-15 per cento delle forze armate francesi è costituito da musulmani, al punto che è stata istituita per loro la figura del «cappellano» islamico. Ci sono musulmani nelle forze armate italiane, e quanti?

Non lo so, penso che qualcuno ci sia, anche se di certo i nostri numeri sono inferiori. Se il fenomeno fosse rilevante sarebbe già stato segnalato.

L'esercito in generale è molto più visibile di prima, nelle nostre città: stazioni, aeroporti, metropolitane... È un uso corretto delle forze armate? Non dovrebbero essere impiegate risorse diverse, come polizia e carabinieri, per la sicurezza e la vigilanza sul territorio?

Le voci contrarie all'esercito nelle strade sono sempre meno. Quando è nata Strade sicure, con il ministro La Russa, ricordo bene la polemica con le forze di polizia, e anche con i sindaci, che si opponevano alla militarizzazione delle città. Oggi non è più così. In primo luogo, perché c'è il massimo rispetto per le funzioni di carabinieri e polizia: l'esercito non si intromette nella funzione investigativa, propria delle loro competenze. E in secondo luogo, perché il rischio terrorismo purtroppo è cresciuto in questi anni, e con la *spending review* e il turnover non è così facile aumentare le forze sul territorio. Oggi sono i sindaci a chiederci più militari. Senza contare un gradimento dell'opinione pubblica molto alto: vedere i soldati nelle città non dà fastidio, non dà la sensazione di trovarsi in una repubblica sudamericana, ma dà sicurezza. A Roma, da quando ci sono i milleottocento militari per il Giubileo, il crimine è diminuito del 30 per cento, sono dati del ministero dell'Interno.

A proposito di rischio attentati, in Italia tendiamo a pensare che noi non siamo in prima linea, per dirla in parole molto semplici, perché non stiamo bombardando nessuno. È così?

Non c'è nessun Paese a rischio zero. E alcune delle equazioni che si fanno non sono vere. Sulla Francia si è detto che era in prima linea nelle missioni internazionali, ma il Belgio? È, come noi, nella coalizione anti-Isis, niente di più dal punto di vista della missione militare sul fronte. Ma è la sede dell'Europa, e a Bruxelles avevano evidentemente quartieri poco controllati, in cui le forze di polizia non entravano da anni.

Ci sono altre variabili oltre all'impegno bellico, certo. Quindi non pensa che l'Italia sia meno a rischio di altri Paesi?

Corriamo gli stessi pericoli. Stiamo lavorando, questo sì, sulla prevenzione in modo molto accurato da tempo. Abbiamo un comitato antiterrorismo in cui le informazioni di intelligence vengono scambiate continuamente tra forze di polizia, forze armate, la magistratura stessa. Come dicevo, abbiamo creato per tempo, prima della Francia, fattispecie di reato che consentono di contrastare il fenomeno dei *foreign fighters*. Sono state prese decisioni che hanno rafforzato i meccanismi di previsione. Le abbiamo attuate non mesi, ma anni fa, quando già temevamo che questo tipo di eventi potesse verificarsi. Ma questo non ci rende immuni.

Di recente lei è stata in visita ufficiale nei Paesi del Golfo. A Dubai, poi in Kuwait. Sono Paesi accusati da più parti di finanziare l'estremismo islamico. È un tema apertamente discusso, con loro?

Assolutamente sì. In Kuwait mi hanno detto che lo Stato non finanzia l'estremismo, ma che lo hanno fatto alcune fondazioni private, nascondendosi dietro l'idea di mandare i soldi per i diritti dei bambini. Ci chiedono aiuto per seguire i flussi finanziari, e sostengono che hanno in corso addirittura un'analisi dei testi in uso nelle scuole, per verificare che in nessuno di essi ci possano essere frasi interpretabili come sostegno alla guerra santa. Il Qatar non ha accennato a testi scolastici, ma bisogna dire che fanno parte della coalizione antiterrorismo, hanno un'altra posizione. Anche loro sostengono che i flussi di denaro sono privati e non statali.

Il problema esula dalle sue competenze di ministro, ma come donna, soprattutto dopo i fatti di Colonia, credo possa essere preoccupata quanto me. È d'accordo che integrazione debba implicare anche educazione? In particolare l'apprendimento della nostra lingua ma anche, e soprattutto per quel che riguarda gli uomini, della nostra cultura e tradizioni?

Sono perfettamente d'accordo. Noi non sconfiggeremo la paura degli immigrati se non dicendo ai nostri cittadini: queste persone non cambieranno il vostro modo di vivere. Dobbiamo mantenere alti livelli di diritti, e anche percorsi che facciano dire all'Italia che accoglie: questa è la nostra lingua, questa è la nostra Costituzione, questa è la nostra storia e questo è il modo in cui vivono le nostre donne. Sappiate che le vostre figlie vivranno in questo mondo, e non potete segregarle. Altrimenti, dilagherà l'odio razzista.

16

Sunniti e sciiti, gli eterni duellanti

La domanda apparentemente secca posta nella scuola di Amina, «che differenza c'è tra sunniti e sciiti?», in realtà non ha una risposta facile. Perché chiama in causa un intreccio mortale tra fede e politica.

In Iraq, Yemen e Siria, ma non solo, è in corso uno scontro tra le due grandi correnti della religione islamica: sunniti e sciiti. È una lotta feroce che è già costata la vita a migliaia di persone e la casa a milioni di sfollati. Anche altrove, la diffidenza reciproca si trasforma in violenza: in Libano, in Pakistan e nel Golfo.

Separati fin dai primordi, i due rami dell'islam hanno convissuto per secoli, cercando di evitare, per quanto possibile, il peccato più grave secondo il Corano: la *fitna*, cioè la discordia, la guerra fratricida. Ma oggi che l'intera storia è impazzita, la tensione è alle stelle.

I grandi dogmi di fede sembrano uguali per entrambi. Venerano lo stesso Corano e rispettano i cinque pilastri dell'islam: la professione di fede, la preghiera, l'elemosina, il digiuno e il pellegrinaggio.

Le loro differenze, in realtà, si radicano nella madre di tutti i conflitti di successione politica: nel 632, dopo la morte del Profeta, il suo genero e cugino Ali aveva rivendicato il potere per sé e per i discendenti diretti di Maometto. È allora che ha preso forma il movimento dei seguaci di Ali, «shi'a Ali» in arabo. I compagni del Profeta, cioè i capitribù della Mecca, la pensavano diversamente, e avevano scelto nei loro ranghi quelli che sarebbero divenuti i primi califfi. I partigiani di Ali hanno preso il nome di sciiti, mentre si sono chiamati sunniti coloro che hanno seguito il metodo di successione più tradizionale, tipico delle comunità tribali della penisola arabica.

Oggi nel mondo, su circa 1,6 miliardi di credenti musulmani, i sunniti sono in maggioranza. L'Indonesia, la Malesia, il Bangladesh, il Pakistan, l'India, l'Egitto e la Turchia sono i Paesi islamici più popolosi, e i loro cittadini sono in massima parte musulmani di osservanza sunnita. Gli sciiti, che rappresentano in totale il 10-15 per cento, in compenso sono presenti in molti Paesi asiatici e arabi. Di gran lunga dominanti in Iran, costituiscono la maggioranza anche in Iraq e in Bahrein, e possono contare su una presenza importante in Libano. In Siria e nello Yemen sono invece in minoranza, come pure in Arabia Saudita, dove equivalgono al 10 per cento circa della popolazione.

I loro riti differiscono per alcuni dettagli, specialmente nella preghiera: cambiano, per esempio, il numero di genuflessioni prescritte e la posizione delle braccia. Hanno regole diverse anche nel campo del matrimonio, della proprietà privata, del divorzio e della successione ereditaria. I sunniti rimproverano agli sciiti la pratica del *sigheh*, il matrimonio temporaneo, che considerano una forma di prostituzione. I sunniti del Golfo, in compenso, non esitano a ricorrere a quell'istituzione fuori dal loro Paese.

Gli sciiti credono al secondo avvento del loro ultimo imam, il Mahdi, il solo degno di guidare la comunità dei credenti verso la realizzazione di un mondo più giusto. Anche i sunniti credono nel ritorno del Mahdi, ma considerano la sua venuta come un segno premonitore della fine dei tempi, e non hanno per la sua figura lo stesso culto appassionato.

Naturalmente lo sviluppo della fede islamica nel corso dei secoli si è accompagnato a innumerevoli conflitti dottrinari tra sunniti e sciiti. Ma c'è da dire che scontri della stessa intensità si osservano anche tra le varie scuole di pensiero che fanno capo alla dottrina sunnita.

Facciamo un passo indietro in un punto cruciale della storia. Ali, divenuto califfo, viene assassinato. Suo figlio Hussein, che aveva rivendicato il potere, si scontra con il califfo omayyade di Damasco, e rimane ucciso insieme alla sua famiglia in un confronto rimasto celebre: la battaglia di Kerbala (680), combattuta nel deserto iracheno. Quell'evento viene commemorato ogni anno con il nome di Ashura, ed è considerato dagli sciiti come un simbolo della sconfitta del bene da parte delle forze del male. Quando l'oppressione trionfa sulla giustizia, è il messaggio, il sacrificio e il martirio sono la scelta necessaria e grandiosa, di fronte alla sottomissione.

La questione del potere e della sua trasmissione è dunque il cuore della faida tra sciiti e sunniti. I primi sono convinti che il lignaggio del Profeta si sia prolungato nei primi imam, considerati come santi, e quindi che il potere spirituale e temporale del Profeta spetti di diritto ai loro leader religiosi, gli ayatollah. In ciò vedono il riflesso di Dio sulla terra e hanno di conseguenza una struttura gerarchica più precisa. Questo porta i sunniti più estremisti ad accusarli di apostasia. Per i sunniti non esistono gerarchie nel clero: gli imam sono «sapienti» scelti a maggioranza dalla comunità per condurre la preghiera. Fra Dio e i fedeli non è ammessa alcuna intermediazione. I sunniti dunque hanno riconosciuto i califfi come eredi legittimi del potere temporale del Profeta, ma lasciano la questione di quello spirituale, come abbiamo detto, alla responsabilità di ciascun credente e alla sua devozione al Corano. Di fatto, l'islam supporta diversi sistemi di governo: da una monarchia come l'Arabia Saudita alla Repubblica islamica dell'Iran.

Per secoli gli sciiti sono vissuti all'ombra del potere sunnita. Verso i regimi che si sono susseguiti nel tempo hanno sviluppato un atteggiamento di ribellione silenziosa e insofferenza dissimulata, accompagnato da una forma di fatalismo. Il pensiero sciita ritiene che la brama di dominio corrompa le anime, e che il solo leader degno di governare senza opprimere sarebbe il Mahdi in persona: è quindi vano combattere per il potere prima del suo ritorno. Anzi, si tratta di una battaglia pericolosa, perché il musulmano rischia di rimetterci l'anima. Questa percezione ha modellato il pensiero politico sciita e si è tradotta in ostilità nei confronti dei poteri costituiti. Culminando nella scommessa temeraria dell'ayatollah Khomeini, che sul finire degli anni Settanta non solo ha dichiarato guerra al sovrano, lo scià, ma ha preteso di prenderne il posto alla testa dello Stato iraniano.

Nei lunghi anni della dominazione ottomana sunnita sul mondo arabo-musulmano, le province dell'Impero convivono sotto l'egida della Sublime Porta. Realtà profondamente diverse dal punto di vista etnico, religioso e linguistico condividono uno spazio politico.

Nei suoi oltre seicento anni di storia, l'Impero considererà l'islam sunnita come religione ufficiale, relegando le altre comunità al rango di popoli vassalli e tributari. Le minoranze musulmane, però, corrono anche il rischio di venire considerate come sette eretiche. Dunque, gli sciiti tengono spesso nascosta la loro vera appartenenza religiosa, sviluppando la pratica della *taqiya*, considerata legittima da molti musulmani.

Fin dal 1501, tuttavia, gli ottomani devono fare i conti con un altro potente impero orientale: quello dei persiani safavidi, la cui osservanza ufficiale è sciita. La posta in gioco è il dominio di territori, più che di anime. Uno stato di guerra quasi permanente: in pratica, ne va del controllo della Mesopotamia. Baghdad cadrà in mani ottomane, e ottomana rimarrà fino al tracollo dell'Impero.

Oltre due secoli dopo, in altre regioni dei loro immensi possedimenti, vari chilometri a sud di Costantinopoli, le autorità ottomane si trovano a fare i conti con una nuova sfida: l'emergere del fondamentalismo wahhabita. Luogo di nascita: le sabbie del Neged, la più isolata delle province, nel cuore della penisola arabica. Quando nei primi anni del XIX secolo, capitanati dalla tribù degli al-Saud, i wahhabiti saccheggiano le città sante sunnite della Mecca e di Medina, senza risparmiare neppure il santuario sciita di Kerbala, la Sublime Porta cerca di intervenire, ma con scarsi risultati.

Dopo lo smembramento dell'Impero ottomano (1919), i territori arabi passano sotto la tutela della Francia e della Gran Bretagna, i cui diplomatici disegnano con matita e squadra i confini delle diverse zone di influenza. E danno vita a moderni Stati-nazione sulle rovine di quelle che sono state province ottomane: Iraq, Siria, Palestina, Libano, Giordania…

Una zona, tuttavia, sfugge al controllo diretto degli europei, e più precisamente dei britannici: le province della penisola arabica. Il sultano del Neged, Abdul Aziz al-Saud, parte alla loro conquista. Al-Saud ha fatto propria la concezione wahhabita dell'islam, facendosi paladino di un sunnismo rigorista e retrogrado. Seguono la scoperta di giacimenti di petrolio – sfruttati dall'Aramco fin dal 1938 – e un'alleanza a tutta prova con gli Stati Uniti. Due elementi che faranno degli al-Saud i monarchi più ricchi, potenti e conservatori della regione.

Dopo la Seconda guerra mondiale, la Francia e la Gran Bretagna non hanno più i mezzi né la volontà per governare imperi, e i Paesi soggetti alla loro tutela conquistano via via l'indipendenza. Alcuni scegliendo di conservare un modello tradizionale di tipo dinastico per la gestione del potere: è il caso di monarchie come la Giordania o il Marocco. Altri, come l'Egitto, l'Iraq e la Siria, compiendo un percorso più caotico: si sbarazzeranno dei loro re, faranno «rivoluzioni», prenderanno pose socialiste, panarabiste, laiche e assai militariste. Si illuderanno tutti di potersi avvantaggiare dal conflitto tra Oriente e Occidente, ma ben presto si ritroveranno a giocare un ruolo subalterno in guerre per procura. Dalle quali usciranno molto indeboliti.

Mentre i Paesi arabi tentano di ritagliarsi un posto al sole nel mondo nuovo del secondo dopoguerra, un altro Stato nasce da un battesimo di sangue: Israele. Nel 1948 lo Stato ebraico prende possesso di una parte del protettorato britannico della Palestina, e dichiara l'indipendenza. Gli arabi non perdoneranno mai quella decisione.

Singolare è anche il destino di un'altra nazione di

quell'area: l'Impero persiano. All'inizio del XX secolo si trova ridotto a quello che ancora oggi è il territorio dell'Iran. Sminuito, ma indipendente, e preso in un gioco di equilibri tra la Gran Bretagna e la Russia, che cercano entrambe di dominarlo. All'epoca, sul trono siede la dinastia Qajar, alla quale seguirà il regno dei Pahlavi. Fortissima è l'influenza del clero, cioè dei mullah sciiti, capillarmente distribuiti sul territorio e molto presenti nella vita quotidiana dei fedeli. È proprio a Teheran, oggetto di tutte le brame all'epoca della Seconda guerra mondiale, che verrà firmato nel 1943 il patto di alleanza tra gli Stati Uniti, la Gran Bretagna e l'Unione Sovietica. Amicizia tanto bella quanto effimera. Ben presto l'Iran, governato da un sovrano che le forze britanniche e americane vogliono difendere a ogni costo, lo scià Mohamed Reza Pahlavi, diventerà uno dei punti di attrito della Guerra Fredda.

Ancora più a est, un altro Paese prende forma nel 1919: il regno dell'Afghanistan. A sua volta si ritroverà al centro delle straordinarie convulsioni che accompagnano il ritiro della Gran Bretagna dal fiore all'occhiello del suo impero, l'India, dalla cui suddivisione nascerà nel 1947 il Pakistan. L'Afghanistan è scarsamente sviluppato, legato a tradizioni tribali e in prevalenza sunnita. Tenterà di sopravvivere, incuneato tra l'Urss a nord, il Pakistan a est e l'Iran a ovest.

La storia contemporanea del Medioriente, dunque, fa perno sulle vicende di due Paesi dal destino singolare: Arabia Saudita e Iran. I loro percorsi spiegano le traversie del mondo musulmano, e le ragioni per le quali sunniti e sciiti ci appaiono oggi intenzionati a massacrarsi, in una guerra sacrilega.

Analizzare il passato significa anche rinunciare a una visione manichea del mondo musulmano. Non è spaccato da un'inconciliabile polarità tra sunniti e sciiti, un odio secolare e inestinguibile da cui la guerra scaturirebbe come inevitabile corollario. Quelle che emergono, al contrario, sono le linee portanti di uno scontro strategico tra due grandi potenze regionali: l'Iran e l'Arabia Saudita.

È uno scontro tra visioni politiche e sociali inconciliabili. Da un lato c'è un potere dinastico, assoluto e indiscutibile. Dall'altro un potere dalla legittimazione religiosa, ma con uno spazio ampio di competizione politica, talvolta anche violenta. Intorno a questi due «attori protagonisti» hanno preso forma blocchi nazionali contrapposti: del primo fanno parte gli emirati del Golfo e la Giordania. Del secondo l'Iraq, la Siria e il Libano.

La stampa parla di una «riscossa sciita», in guerra contro le nazioni sunnite. È una semplificazione schematica, ma ha se non altro il merito di far capire una cosa: le violenze in corso accadono nei punti di frizione tra questi due blocchi. E l'intensità di quella violenza è governata dalle strategie dei due grandi rivali.

Di fronte al caos che oggi ci sovrasta, la sola potenza in grado di cambiare le cose sono gli Stati Uniti. È quello che ha tentato di fare l'amministrazione Obama, tendendo la mano all'Iran. Dall'esito positivo di quegli sforzi dipende anche la distensione, ma i nemici di quel riavvicinamento sono più di uno, tanto nel mondo islamico quanto in Occidente. La partita è più che mai aperta, e la posta in gioco è la pace.

17

L'islam tra di noi

Fiesole, a mezz'ora dalla cattedrale di Firenze, tra le vigne che sfilano sui dolci pendii delle colline toscane. Da quarant'anni un'abbazia secolare, un antico convento e alcune ville ospitano l'Istituto universitario europeo di Firenze. Tra cui il Centro Robert Schuman, uno dei dipartimenti.

Chi non vorrebbe «tornare sui banchi» in un posto come questo? C'è un profumo di Rinascimento, in questo matrimonio di sapere e bellezza, cultura e natura. Davanti al portone mi attende un uomo di media statura, con il viso rotondo e occhi penetranti dietro gli occhiali. Nonostante il freddo pungente indossa solo una giacca e una sciarpa attorno al collo.

Lo saluto in francese. Olivier Roy è uno dei maggiori esperti dell'islam, delle sue tradizioni e anche della sua radicalizzazione, e di ciò che ora chiamiamo jihadismo. Se ne interessa fin dagli anni Ottanta, quando hanno fatto la loro prima apparizione i mujaheddin, i combattenti afghani, che hanno cacciato i sovietici da Kabul con l'aiuto degli americani. È stato al loro fianco sulla linea del fuoco, poi ha portato il suo taccuino in Turchia, Iran, Tagikistan... Quello che mi guida attraverso i corridoi che conducono al suo ufficio è un accademico d'assalto, dunque, o perlomeno un professore sul campo.

Roy ha scritto molti libri che ruotano intorno alla comprensione dell'islam politico. L'ultimo, *La paura dell'islam*, va al cuore del problema. E i precedenti hanno segnato tappe importanti nella ricerca, da *L'échec de l'islam politique* (*Il fallimento dell'islam politico*) a *L'islam alla sfida della laicità*, o ancora *La santa ignoranza: religioni senza cultura*.

Roy non è estraneo ai circoli del potere. È stato consulente del governo francese, dell'Onu, dell'Ocse, e mi chiedo se non si trovi qui in «esilio», nella magica Fiesole. Le sue idee hanno sicuramente offeso qualcuno e continuano a farlo. Tende a prendere in contropiede i luoghi comuni sull'islam, e sulle sue manifestazioni violente. Lo ha fatto anche all'indomani degli attentati di Parigi, valutando l'operazione armata dell'Isis come un segno di debolezza, anziché di forza. Il suo editoriale sul «New York Times» uscito il 16 novembre si intitolava: *Gli attentati a Parigi rivelano i limiti dell'Isis*. E metteva in dubbio alcuni punti considerati fermi, a partire dalla definizione di «Stato islamico». Non è affatto così, sosteneva Roy, dato che l'organizzazione non ha frontiere né un territorio preciso. Ha, tutt'al più, l'ambizione di creare un Califfato mondiale, ma l'illusione è sfumata in fretta. Le forze sul terreno non bastano. Il vero potere del Califfato è nell'occupare i social network, internet e le prime pagine dei giornali.

Secondo Roy, in Medioriente l'Isis ha raggiunto i limiti delle sue possibilità. Fuori dalla «sua» zona operativa tra l'Iraq e la Siria, ha a che fare con protagonisti ben più potenti. E si trova fuori dalle aree in cui le popolazioni sunnite l'appoggiano e vedono nelle sue milizie un difensore. Non si è ancora dissolto, sostiene il professore, solo perché ad alcuni attori interessa che sopravviva. La Turchia, i cui nemici principali sono i curdi. Gli stessi curdi, che vogliono creare un loro Stato e non battersi per Damasco o per Baghdad. I sauditi, per cui il nemico è l'Iran. L'Iran, che vede nell'Isis un elemento di disgregazione del mondo sunnita. E Israele, a cui il naufragio dei Paesi arabi non può che far piacere: frammentati in zone tribali, non possono dare troppi grattacapi.

Ma l'idra terrorista ha i giorni contati, assicura Roy. Dovrà scomparire oppure trasformarsi, come ha fatto al-Qaida, in un franchising. Le cui cellule però possono essere distrutte una per una.

«La strada è ancora lunga» conclude Roy. «A meno che l'Isis non imploda perché il suo progetto di espansione permanente è troppo ambizioso. O per le tensioni tra i volontari stranieri e le popolazioni locali arabe. In ogni caso, l'Isis è il peggior nemico di se stesso.»

Ci sediamo nel suo ufficio, fisso affascinata l'affresco cinquecentesco alla parete. Neanche a farlo apposta, rappresenta la conversione del re dei Tartari, musulmano, da parte del beato Ceslao dopo l'assedio di Breslavia del 1241. Per due ore Roy mi parla con competenza e profondità dell'islam in Europa e in Italia. Del processo di radicalizzazione dei giovani. E del ruolo delle religioni nelle nostre società secolarizzate. Il professore svolge un'analisi approfondita, inscrive gli eventi nel quadro di una dinamica storica. E non si lascia impressionare dall'apparizione sulla scena di un nuovo mostro come l'Isis, né dalle dimostrazioni più cruente del terrorismo islamico.

Le nostre società occidentali, spiega, secolarizzandosi hanno tagliato i ponti con la Chiesa, quindi con la religione. Ma così facendo si sono private anche del suo contenuto storico e morale, alleggerendo il proprio bagaglio culturale. Troppo. La laicità non basta a riempire il vuoto. Ed ecco il ritorno alla religione in forme semplificate, fondamentaliste, tanto tra i musulmani quanto tra i cristiani.

I giovani sono facile preda di questa «offerta» di fede, ridotta all'essenziale, deculturata. Le promesse di eroismo sulla terra e di un paradiso nei cieli funzionano a meraviglia.

«Il dibattito sull'islam nasconde un problema molto più ampio» dice Roy. «Quello sui valori, che nelle società europee non sono più fondati su un credo.»

Sono d'accordo con lui, anche nel mio colloquio con i giovani milanesi ho posto il problema dei cosiddetti «valori non negoziabili». Hanno dato risposte molto generiche, come «la libertà». Ma quando parliamo con tanta sicurezza di incompatibilità tra i nostri «valori» e quelli dell'islam, di che cosa parliamo? Di ciò che resta delle nostre radici cristiane? Di una morale naturale distinta dalla fede, ma ispirata da una storia e da un pensiero intrisi di cristianesimo? E la laicità è sufficiente come valore, in un mondo in cui è in crisi il concetto stesso di cittadinanza?

«La Chiesa ha abbandonato il campo e ora la questione è antropologica» sostiene Roy. «Quali sono quindi le basi antropologiche della nostra società?» Questa domanda è al cuore dei grandi dibattiti che ci infiammano, molti dei quali centrati sulla morale sessuale. Matrimonio omosessuale, parità di diritti per le coppie gay, fecondazione assistita… «Le gerarchie cattoliche hanno impiegato un secolo, tra il 1864 e il 1964, per accettare la separazione tra Chiesa e Stato, ma sulla morale sessuale non cedono.» Proprio come nell'islam, questo è ancora un campo di battaglia. Rinunciare a difendere certi princìpi significherebbe, d'altra parte, perdere la propria ragion d'essere.

I valori non negoziabili sono evidenti: i diritti umani, la parità uomo-donna, la laicità e le leggi dello Stato. Ma oltre questo baluardo si apre un ampio spazio di dibattito su questioni più pratiche. Come il velo, ma anche per esempio la costruzione di moschee tradizionali, con tanto di minareti, nel Paese dei campanili.

«Ogni Paese fa le sue leggi, ma spesso dopo vere e proprie guerre» commenta Roy. «È vero che l'islam non è liberale. Però non si può chiedere a una religione di riformarsi teologicamente, in nome di una nostra esigenza politica: sarebbe in sé una negazione della separazione tra potere temporale e potere spirituale...»

La prospettiva di una riforma in seno all'islam gli sembra remota, per il momento. Non esiste infatti al suo interno un movimento come fu quello luterano. E nel silenzio di voci che potrebbero invocarlo, risuona chiara e forte invece quella dei salafiti, i fondamentalisti musulmani. «Il salafismo funziona perché soddisfa una domanda precisa, di una teologia della deculturazione» afferma Roy. «Dice ai giovani: tuo padre non ti ha trasmesso il vero islam, né la cultura, né la fierezza araba, ma va bene così! La cultura moderna non serve a niente, tu sei già perfetto perché non sapendo nulla puoi accedere direttamente alla verità! Il giovane è il possessore della verità, è nel giusto!»

È un messaggio fortissimo, che fa perno sul problema identitario, ma anche sull'eterno scontro tra padri e figli.

«È nichilismo generazionale. E riguarda anche noi, perché il mondo cristiano non è certo esente dalla deculturazione.» I valori storici e morali non si improvvisano, si apprendono. Rinunciare alla curiosità per il nostro passato significa ritrovarci senza armi per affrontare le paure del presente, legate al terrorismo e all'«invasione» da parte di altre culture.

Secondo Roy, la società italiana è meno esposta al terrorismo di matrice islamica. Questo per via della sua storia e della sua tradizione di solidarietà locale, di relazioni personali capillari che sanno colmare le lacune dello Stato. «A dispetto di questi vantaggi strutturali» avverte però, «nessuno è immune dalla sindrome dell'emulazione. Un giovane, musulmano dalla nascita oppure convertito, può radicalizzarsi anche solo per essere come gli altri. Perché sente di non avere un futuro.» Il 25 per cento degli estremisti, mi spiega, sono convertiti, il 30 per cento dei jihadisti sono donne.

L'immigrazione, sostiene Roy, è meno traumatica in Italia che altrove, perché più recente e più diversificata rispetto ad altri Paesi. «C'è un'immigrazione non musulmana, pensiamo per esempio ai cinesi. Inoltre, l'Italia è fatta di campanili e di città. Sono le municipalità che fanno le politiche dell'integrazione. Da qui deriva una grande flessibilità.»

L'ho verificato, per esempio, a Imola, ma anche nel Sud: la frammentazione del Paese in realtà locali aiuta, perché impedisce la creazione di ghetti. Non a caso una delle città più problematiche è Milano, e anche Roma, laddove si sono creati quartieri ad alta concentrazione di immigrati.

Ma perlomeno la religione, sostiene Roy, in Italia può costituire una soluzione, invece che il problema. In Francia, mi ricorda, la laicità divenuta ideologia fa sì che parlare della propria fede sia considerato quasi una vergogna. Si discute più volentieri delle inclinazioni sessuali. L'islam, invece, è un'ortoprassia: per essere musulmano occorre compiere certi rituali, rispettare regole ben visibili a tutti. In Francia, si apre così un baratro tra chi considera la propria fede quasi un tabù e chi invece la ostenta. E questo baratro si riempie in fretta di tensioni. In Italia, invece, dove abbiamo crocefissi negli uffici e presepi nelle scuole, questo problema non c'è. Finché qualcuno non crea ad arte lo scontro tra i nostri simboli religiosi e quelli degli altri.

Sono le seconde generazioni, avverte Roy, il problema. Non a caso sono in maggioranza tra i fanatici del jihad francesi. Il grande serbatoio della radicalizzazione sono i figli di immigrati, già lontani dalla cultura d'origine e che si sentono estranei in quella d'arrivo. «A loro non serve certo essere anche manipolati da forze esterne» conclude.

Ma come si riforniscono di armi e munizioni? gli chiedo. Per passare all'azione, anche al più fanatico non basta certo un coltello da cucina! La risposta di Roy è inquietante. Se non fosse un esperto riconosciuto e un professore con i piedi ben piantati per terra, potrei accusarlo di complottismo. «C'è un'estrema destra, e non parlo del Front National, che si è appropriata del traffico di armi dopo la guerra nell'ex Jugoslavia. Un'estrema destra mafiosa, radicale e identitaria. E i suoi clienti sono i musulmani di seconda generazione, che si armano non solo per il terrorismo ma anche per la semplice criminalità, la guerra tra bande. È un'alleanza contro natura.»

In Germania e in Gran Bretagna la situazione è ancora diversa. Gli chiedo cosa pensa dei tribunali della sharia, che fin dagli anni Ottanta sono stati istituiti dalle comunità islamiche nel Regno Unito.

E avallati tacitamente dalle istituzioni, nonostante si siano poi levate voci di dissenso, anche dall'interno dello stesso mondo islamico. Voci con cui mi trovo molto d'accordo: questo «sistema parallelo» mi sembra pericoloso, e non vorrei mai vederlo in Italia.

Ufficialmente, i tribunali della sharia fungono da «primo soccorso», un luogo a cui rivolgersi per cittadini musulmani, per esempio con problemi famigliari quali liti coniugali, divorzio o questioni di eredità. Un rifugio dove comporre i conflitti in un quadro rassicurante. Ma il rischio è che finiscano per ghettizzare ancora di più, soprattutto le cittadine meno colte e attrezzate per la modernità. In una recente inchiesta della Bbc una giornalista ha filmato clandestinamente il responso di un imam barbuto. Alla moglie che chiedeva preoccupata come difendersi dalle percosse del marito, suggeriva tra le altre cose di domandargli: «Perché lo fai? È per via del mio modo di cucinare? Non ti soddisfo abbastanza?». E in nessun caso di rivolgersi alla polizia, per non «distruggere la sua famiglia». Saranno casi isolati, ma danno da pensare.

Ancora una volta, Roy mette in prospettiva la questione. «Questi tribunali non hanno alcun valore legale, ma in Inghilterra è possibile ricorrere a un arbitrato religioso perché è previsto dalla *common law*. Ci sono anche corti ebraiche, e dunque anche gli Sharia Council hanno il diritto di esistere. Le loro competenze sono in genere limitate al diritto di famiglia.»

Appunto. Da quanto leggo in un libro dal titolo *Choosing Sharia*, l'indagine di una giovane ricercatrice olandese di nome Machteld Zee assai critica verso simili istituzioni, oltre il 90 per cento dei casi che vengono portati davanti a queste «corti» sono istanze di donne che chiedono lo scioglimento del loro matrimonio islamico. Gli imam si pronunciano quindi su questioni importanti come affidamento dei figli, assegni di mantenimento, violenza domestica, violenza psicologica. «Diventano una specie di consulenti matrimoniali» dice Roy. «In Inghilterra si vedono spesso degli imam assumere questo ruolo, e d'altra parte anche il prete e il rabbino fanno la stessa cosa.»

Ma il punto è proprio questo: non andrei mai da un prete o da un rabbino per dirimere i problemi legati alla mia condizione matrimoniale. Perché mai dovrei andare da un imam? Con l'aggravante che la donna nella giurisprudenza islamica non gode affatto di pari diritti.

«Il problema» ammette Roy, «si pone in effetti quando questi uomini di fede vengono messi al corrente di infrazioni alla legge, come la violenza domestica per esempio. Un prete non è obbligato a denunciare un marito che, nel segreto del confessionale, gli confida che picchia la moglie. L'unico crimine per cui si può rompere il segreto è la pedofilia...»

Allo stesso modo, quando una donna si presenta davanti all'imam può capitarle di ricevere risposte come quelle che ha registrato di nascosto la giornalista nel documentario della Bbc: non rivolgerti alla polizia. Un'aberrazione. Possono esserci casi in cui la mediazione dei religiosi ha funzionato, ma non credo valgano a bilanciare quelli in cui invece si è rivelata disastrosa.

Il tradizionalismo, anche a matrice religiosa, può portare a giustificare fatti come quelli di Colonia. Sostenendo, magari, che le donne se la sono cercata, in qualche modo. Erano in giro di notte, forse con una minigonna addosso e una birra in mano, dopotutto.

«Quei fatti non avevano nulla a che vedere né con gli islamisti né con i rifugiati. Sono comportamenti culturali da machisti mediterranei» annuisce Roy. «Come lo è la giustificazione dello stupro come reazione a un comportamento scorretto della donna. C'è uno scontro di culture che non è tra islam e Occidente, ma tra fondamentalismo religioso e permissività moderna» aggiunge. «I preti e gli imam dicono: la donna è responsabile del desiderio che suscita nell'uomo. In Europa, abbiamo fatto un percorso trentennale, quarantennale per sbarazzarci di questo discorso. I musulmani non l'hanno ancora fatto. Non è un problema di Corano, ma di evoluzione culturale a due velocità, a due tempi.»

Sarà, ma altri quarant'anni prima di poter avere pari diritti anche nel mondo islamico mi sembrano tanti. Domando al professore quale soluzione cercherebbe di fornire per gestire la coabitazione, e mi dà una risposta improntata a un certo buonsenso. Lui la chiama «formattazione», una negoziazione permanente.

«Dobbiamo identificare le pratiche religiose che non fanno parte di una tradizione nazionale e formattarle, cioè renderle accettabili tanto ai credenti quanto all'opinione pubblica dominante» spiega.

Roy propone un adattamento intelligente, nel quadro delle istituzioni democratiche, di pratiche che introducano la religione nello spazio pubblico. Con la collaborazione dello Stato, che non per questo deve rinunciare alla sua laicità.

«Le leggi dominanti sono quelle dello Stato laico» afferma. «Ma occorre ammettere che c'è uno spazio religioso, proprio di una comunità, che applica regole sue. Che a loro volta non devono estendersi alla vita comune civile. Bisogna imporre la legge dello Stato, senza fare passi indietro rispetto ai diritti, ma senza costringere le persone ad accettare valori opposti ai loro.»

Una vera impresa da equilibrista, ma solo a questo prezzo il mondo complesso in cui viviamo troverà un suo equilibrio, sostiene.

«La formattazione va nei due sensi» aggiunge il professore. «C'è chi la vive come islamofobia, ma la questione è più complessa.» Cita l'esempio dei musulmani nell'esercito francese, che dal 2002 hanno dei loro «cappellani». Per un semplice motivo: professano l'islam tra il 10 e il 15 per cento degli effettivi. Gli ufficiali sono in maggioranza cattolici e anche di destra. Ma proprio perché sono anch'essi religiosi, capiscono la richiesta dei loro sottoposti, il loro bisogno di pregare. Anche se si tratta di un altro dio.

La concessione dei cappellani, secondo Roy, è allo stesso tempo un dono e una formattazione. Perché non si tratta di imam, ma di religiosi che vengono definiti con un termine cristiano, «cappellani». Praticano l'islam in un quadro istituzionale scelto dal Paese in cui si trovano. «In cambio hanno un grado, uno stipendio e il riconoscimento della loro religione in un'istituzione cruciale per lo Stato francese» spiega Roy. «Ma il prezzo da pagare è che quell'istituzione regolamenta una questione religiosa. Formattazione reciproca, insomma.»

L'idea non mi dispiace. Anche se non manca di punti oscuri.

L'analisi del professor Roy è il frutto di una visione di lungo periodo della storia, e dell'esperienza di una realtà particolare, quella francese. Il multiculturalismo britannico, per esempio, è una risposta diversa che nasce in un altro contesto. Conoscerle è prezioso, per un Paese come l'Italia, in cui il problema dell'integrazione islamica ha cominciato a porsi solo negli ultimi anni e si porrà con sempre più forza nei prossimi. Ma dobbiamo elaborare una nostra specifica «ricetta».

Secondo un recente studio del Pew Research Center, i musulmani in Europa nel 2030 saranno 58 milioni. E l'Italia è tra gli Stati in cui aumenteranno percentualmente di più: gli attuali 1,6 milioni raddoppieranno, per arrivare a quasi 3,2 milioni. Non solo saranno più numerosi, ma anche più giovani: hanno un'età media di trentadue anni, contro i quaranta degli altri cittadini europei. Il tasso di fertilità delle donne musulmane, che al momento è del 2,2 (molto superiore all'1,5 delle non musulmane), secondo le stime si ridurrà, ma rimarrà comunque più elevato rispetto alle altre.

Chi sostiene che il problema della convivenza con l'islam si possa risolvere «rimandandoli a casa loro» si rende colpevole di una semplificazione grossolana, pericolosa e soprattutto irrealistica. Ma è indubbio che l'Italia debba trovare una propria via. E non credo sia quella di una maggior presenza, o accettazione, della religione nello spazio pubblico.

La storia della modernità in Italia è una storia di progressiva *esclusione* della religione dallo spazio pubblico. Quella cattolica, nel nostro caso. Diversi fattori hanno contribuito, nel tempo: battaglie civili, prime fra tutte quelle del femminismo, ma anche decenni di crescita economica e il miglioramento degli standard di istruzione. E anche significative aperture da parte del clero più illuminato, a livello parrocchiale come nelle gerarchie vaticane. Il discorso sui rapporti tra istanze religiose e vita pubblica e politica, in Italia, è però tutt'altro che chiuso: continua a causare polemiche e ad alimentare un dibattito necessario. Che nel quadro dei rapporti con l'islam ci dà una forza in più: noi italiani conosciamo la necessità di mantenere alta la guardia, e dritta la barra della laicità.

È possibile pensare, per i musulmani, a un processo analogo? Potrebbe essere il contributo italiano a un islam europeo? Secondo me, sì. Ma senza chiudere gli occhi di fronte agli ostacoli. Il primo è l'islam stesso, una religione prescrittiva che, come mi hanno ricordato tutti gli imam che ho incontrato, mira a governare ogni aspetto della vita, anche i più privati. Il secondo è la combinazione di traumi storici e crisi economica da cui i musulmani italiani si trovano colpiti. Molti vengono da Paesi in guerra e arrivano in situazioni di marginalizzazione. Appartengono alla fascia medio-bassa della popolazione nel Paese d'origine, spesso non sono scolarizzati. Trovano lavori incerti e malpagati, con i quali devono mantenere famiglie numerose. Privi di un'identità professionale o sociale, si rivolgono ancora di più a quella religiosa. Che viene loro proposta, dalla propaganda che va per la maggiore, nella sua forma più retriva. Ignoranza, frustrazione e un'interpretazione poco colta e quasi caricaturale del Corano: è questa la bomba che dobbiamo disinnescare.

Una bomba di cui andrò ad ascoltare di persona il sinistro ticchettare. A una mezz'ora di auto da casa mia: Roma, quartiere popolare di Centocelle.

18

Centocelle, il libro della vergogna

«Come musulmani, dobbiamo essere consapevoli dei nostri diritti, ma prima di tutto dei nostri doveri. Noi, che siamo lontani dal nostro Paese, siamo i portatori dell'immagine dell'islam nel mondo» declama il predicatore. Ma tra poco, proprio qui, mi verrà offerta la peggiore immagine dell'islam che io abbia incontrato finora in Italia.

Sono seduta insieme alle altre donne nello spazio a noi riservato della moschea di Centocelle, famoso quartiere periferico di Roma. Ho un appuntamento più tardi con l'imam. La capitale non è tra le città italiane con una più alta percentuale di musulmani, ne sono censiti circa novantamila. Poca cosa, in una città di quasi tre milioni di abitanti, rispetto ai numeri delle regioni del Nord: secondo il Viminale, Milano ospita centoventimila musulmani su 1,2 milioni di abitanti, Torino cinquantatremila su meno di novecentomila residenti. Nella capitale, le cosiddette «moschee in garage» sarebbero una trentina, con una particolare concentrazione a Roma Est.

Questo Centro islamico è una di esse. Grazie a una generosa donazione del Qatar, quattro milioni di euro, la comunità ha già potuto acquistare un nuovo spazio. Ma ha finito i soldi e finché non riescono a renderlo abitabile dovranno restare qui. Mi è stato segnalato come un luogo «caldo», ma finora è tutto tranquillo. Sdraiata dietro di me c'è una ragazza profondamente addormentata. Mi guardo intorno, il capo coperto da un velo nero. Ascolto impassibile la predica dell'imam, prima in arabo, poi in italiano, poi di nuovo in arabo. La versione italiana traccia i doveri di un buon musulmano: non rubare, non commettere violenze, integrarsi. Non ho modo di capire se i concetti espressi in arabo siano gli stessi. E soprattutto se i discorsi del venerdì siano del medesimo tenore, quando non ci sono io seduta dietro questo paravento.

Forse la risposta a entrambe le domande è sì. Ma da giornalista, mi pongo domande per mestiere. Di sicuro l'ambiente circostante sembra amichevole, nella piccola area riservata alle femmine di questo stanzone. La donna seduta accanto a me, viso sereno dagli occhi neri, appoggiata a una colonna, si spinge fino ad attaccare discorso, vedendo che prendo appunti.

«Tu sei musulmana?» mi chiede in un sussurro per non disturbare la preghiera.

Le rispondo di no.

«Allora intendi convertirti?»

Nemmeno.

«E allora perché sei qui?»

Ottima domanda. Glielo spiegherò dopo, dico, intanto mi informo sulla sua storia. È rumena, diventata musulmana da qualche anno. Anche dopo aver capito che non sta parlando con una «sorella», il sorriso sul suo volto non si spegne. Mi osserva con indulgenza, mentre mi avvicino a una ragazza entrata da poco assieme a un'amica. Anche lei scambia di buon grado qualche battuta. È una giovane di origine eritrea. Si chiama Yosra e ha quindici anni, frequenta la seconda liceo. Le chiedo se mette il velo anche a scuola e risponde di sì, non ha mai avuto problemi. Lo indossa, dice, perché «la donna è un gioiello che va nascosto e protetto». Ma aggiunge che non sarà mai sottomessa a un uomo.

Ci troviamo in un seminterrato dai soffitti bassi a cui si accede da scale di pietra rigorosamente pulite. Fuori, in fondo alla discesa, qualcuno ha cercato di abbellire la parete con una decorazione di piastrelle bianche e azzurre, in ceramica. Dentro, gli spazi di maschi e femmine sono divisi da una combinazione di scaffali di libri, un telo di stoffa azzurra, e un séparé in legno traforato. Le donne presenti saranno una quindicina, più tre bambine. Due indossano graziosi hijab, uno bianco e uno turchese. La terza ha i capelli castani sciolti e, curiosa, si sdraia a sbirciare da sotto il telo nello spazio accanto. Quello degli uomini, dove succedono le cose interessanti.

Mi piaci, piccola, penso. Ma l'aria qui dentro è pesante, un odore di umido con un sottofondo di disinfettante. Muovendomi silenziosamente sui tappeti rossi stesi a terra, guadagno la porta, mi rimetto gli stivali e aspetto che i fedeli escano. Sulla parete a vetri vedo un vecchio adesivo che propaganda tatuaggi, un volantino in arabo che offre un premio di 30.000 euro per un concorso di apprendimento del Corano, e un altro che invita i bravi musulmani a donare il 5 per mille delle loro tasse. Oltre il vetro scorgo i corridoi del Centro islamico, e uno scorcio della sala dove gli uomini si prostrano nella preghiera. Poi un giovane inserviente dall'aria balcanica mi allontana: non posso guardare.

L'uscita dei fedeli è allegra e caotica come in un qualsiasi giorno di festa. Le donne si allontanano rapidamente. Un paio di ragazzi si lasciano intervistare di buon grado, si chiamano Omar e Arif, e frequentano i primi anni delle superiori. Oggi sono riusciti a venire perché le scuole sono chiuse. In genere, non partecipano alla preghiera del venerdì e la cosa non sembra preoccuparli troppo, proprio come tanti loro coetanei cattolici quando si perdono una messa della domenica. Hanno entrambi evidenti origini nordafricane, una carnagione piuttosto scura, capelli castani e occhi neri, ma il loro accento è più romano di quello di Totti, e quando chiedo da dove vengono si mettono a ridere. «Noi? Dall'Italia!» esclamano. «Siamo nati qui.»

E qui intendono rimanere, trovare un lavoro, godersi la bellezza di Roma e costruire un futuro. Arif, in particolare, vuole andare all'università e diventare medico. «Uno che non veda tanto sangue però, perché mi fa impressione» specifica allegramente. «Magari un dentista.»

Lo saluto con un in bocca al lupo e mi metto a chiacchierare con i più grandi. Ahmed, etiope dal luminoso sorriso, è in Italia da dieci anni. Di mestiere magazziniere, ha moglie e due figli, che però si trovano in Norvegia. «Lì è meglio, ci sono i sussidi» mi dice in un italiano un po' stentato. Certo che vorrebbe ricongiungersi alla famiglia, ma non sa ancora in quale Paese sarà possibile farlo. Gli scandinavi sono generosi e ben organizzati a livello statale ma, aggiunge, la gente è senz'altro meglio a Roma. Più aperta e accogliente. Nonostante le tensioni create dagli attentati.

In Italia, episodi di razzismo gli sono capitati solo al Nord, mi dice, per esempio a Vicenza. A Roma, mai un problema. È d'accordo con me che sia importante, per la comunità musulmana, rifiutare di dare rifugio e appoggio alle «mele marce». «Quando sai qualcosa, quando hai paura, devi dirlo alla polizia» annuisce. «Ma non sempre conosci i tuoi vicini. Capita anche che nessuno sa niente.»

Non è sempre vero, ma la faccia di Ahmed è così amichevole che come minimo viene naturale dargli il beneficio del dubbio. Probabilmente lui ci andrebbe davvero, alla polizia.

Poco distante, un uomo dalla corta barba grigia ha ascoltato con attenzione le mie conversazioni, mi riconosce e chiede che cosa ci faccio lì. Gli spiego il progetto del mio libro, e concorda che dissipare qualche pregiudizio sull'islam sarebbe una bella cosa. Anche se a Centocelle loro sono perfettamente integrati, ci tiene ad aggiungere. Domando perché ci fossero, alla preghiera, così poche donne – i maschi saranno stati almeno il triplo – e mi risponde che siccome gli spazi sono ridotti si fanno due turni, così da conciliare anche le esigenze di lavoro. Si vede che le donne sono venute prima, dice. Sicuro che non siano rimaste a casa perché, magari, pensano che il loro posto sia quello? La sola ipotesi sembra offenderlo.

«Il paradiso è sotto i piedi della donna» mi assicura citando il Corano. Anche lui si dichiara convinto che l'islam sia una religione femminista.

Mi guardo intorno. La strada di periferia, con le sue basse case scrostate, è tranquilla in un mezzogiorno assolato. L'unico tocco di vivacità è questo marciapiede. Su cui non c'è più neanche una femmina ma, in compenso, si è radunato un capannello di una quindicina di maschi, incuriositi dalla mia presenza. E da quella dell'amica che mi ha accompagnato, Sandra, che si gode la scena parcheggiata lì accanto, con il finestrino abbassato.

Apriamo il dibattito. Sulla situazione politica e sugli attentati danno risposte vaghe, ripetono che la loro è una religione di pace, o sostengono che l'Isis è un'invenzione degli americani. Capisco che su questo fronte non otterrò niente. E in un gruppo di uomini, cerco di cogliere l'occasione per parlare di donne.

Comincio con il far notare che la poligamia non mi sembra un esempio di parità tra i sessi. Mi spiegano tutti che, al contrario, lo è perché l'uomo deve fare felici tutte le sue mogli. Ma io, sempre che potessi mantenerli, non potrei far felici quattro mariti? obietto, tanto Jacques si trova a Parigi e non può sentirmi. Gli sguardi intorno a me si riempiono di sgomento. Ma le risposte faticano ad arrivare. Sanno con certezza che nell'islam non mi sarebbe permesso avere quattro mariti, ma non sanno spiegarmi perché. I non musulmani fanno la stessa cosa, prova a sostenere uno, hanno una moglie e poi si prendono tre amanti, perché «la natura vuole così». Ribatto che ci sono anche donne che hanno un marito e tre amanti, dunque anche quella è natura, la loro argomentazione non regge. Con la coda dell'occhio vedo che un ragazzo dagli occhiali a goccia modello anni Settanta si è avvicinato alla nostra auto e sta cercando di convincere Sandra dei vantaggi di abbracciare la religione islamica. Temo che lei non mi perdonerà mai.

Tra la confusione di spiegazioni si fa avanti un uomo alto, torreggia sugli altri con le sue spalle larghe. Si chiama Assem. L'islam è una religione completa, basata su inoppugnabili prove scientifiche che lui, agronomo, ha studiato a fondo, mi spiega. Le sue regole sono fatte per garantire la salute e l'armonia di tutto il corpo, per esempio il divieto di mangiare carne di maiale previene il cancro. E la prostrazione rituale serve a scaricare l'energia ionica, che viene dalla luce del sole, per questo è meglio farla sulla terra nuda, oppure su un pavimento: in nessun caso sul cemento o sul legno, che è un isolante. Anche il fatto che io non possa presentarmi in moschea durante il ciclo mestruale, mi spiega, non ha nulla a che vedere con una presunta «impurità»: è solo che, avendo mal di pancia, potrei provare dolore. L'islam protegge e rispetta le donne.

Confinate in casa per il nostro bene. Sia pure. Ma quale principio scientifico stabilisce che poligamia sì, poliandria no? Il punto, risponde Assem serio, è l'impronta biologica che lo sperma lascia nella donna. E che deve avere il tempo di venire eliminata dall'organismo prima che entri in gioco un'altra, diversa impronta biologica. Altrimenti? chiedo affascinata. Altrimenti viene il cancro al collo dell'utero. Non c'è alternativa, conclude: se una donna vuole avere più di un marito deve divorziare dal primo e sposarne un secondo, dopo aver fatto passare tre cicli mestruali. Quattro mesi e dieci giorni, invece, in caso di vedovanza. Perché di più? C'è una risposta scientifica inoppugnabile anche per questo. Se rimani vedova, potresti aver fatto l'amore con tuo marito anche il giorno prima. Se divorzi, sono già mesi che vi tirate i piatti. L'impronta biologica probabilmente è già un lontano ricordo.

Durante questo dibattito, gli altri uomini intorno cercano di interloquire, ma si vede che lo scienziato è abituato a tenere banco. Qualcuno è d'accordo, qualcuno sorride, una minoranza mostra preoccupazione per opinioni che chiaramente non condivide. Tutto sommato apprezzo il tentativo di argomentare una teoria, per quanto balzana.

Poi, un uomo aggrondato sale rapido le scale della moschea e si dirige verso di me. Con malagrazia, mi mette in mano un sottile libretto.

«Leggi qua. Leggi qua» intima gutturale, senza sorridere. E se ne va a grandi passi per la sua strada.

Abbasso gli occhi sulla copertina. C'è la foto di un tulipano rosso, completamente chiuso. Il titolo è *La dignità della donna nell'islam*. L'autore un certo dottor Abdul-Rahman al-Sheha.

Apro a caso a pagina 3 e leggo: «L'emancipazione della donna è una tra le tante furberie del nuovo ordine mondiale».

Perfetto.

L'imam di questa moschea, Mohammed Ben Mohammed, è un uomo di media statura, sui sessant'anni, con due begli occhi grigi. Indossa un caffetano marrone chiaro, che gli arriva a metà polpaccio, calzini e ciabatte. Mi accoglie con un sorriso paziente, ha visto che mi sono attardata a discutere con i suoi fedeli. Io, che nel frattempo ho sfogliato qualche altra pagina del libriccino, parto subito all'attacco. Tanto per cominciare, gli chiedo se conosce questo testo e se lo distribuisce nella sua moschea.

«È un'idea, un riassunto su come l'islam vede la donna.» Viene distribuito a uomini e donne, ammette, e ne ha lette alcune parti. Gli sembra buono.

Non è buono per niente, ribatto. È sbagliato, pericoloso e inaccettabile. Apro a pagina 48, già che ero in argomento: «La poligamia costituisce una legislazione divina che il fedele deve considerare come tale e non contraddire». Imam, voi in questa moschea considerate legittima la poligamia?

«Sì» è la risposta. «Non è un obbligo, ma è permessa e io non posso sostenere il contrario. Un fedele non può dire che ciò che sta scritto nel Corano è sbagliato.» Detto questo, aggiunge, se un uomo viene a chiedere il matrimonio islamico, loro lo celebrano solo a patto che sia celibe. «Dobbiamo applicare le leggi del Paese in cui siamo» precisa.

Dai colloqui con i suoi fedeli, ma anche da molti altri, mi sembra di capire che i musulmani preferirebbero la sharia, come legge dello Stato. Non lo nega affatto: ha studiato diritto islamico, mi dice, ed è convinto che l'islam sia perfettamente compatibile con la democrazia. Anche in materia di parità tra i generi? Sì. Perché le uniche regole certe sono i princìpi inalienabili e fondamentali, per il resto è tutto materia di interpretazione.

«Dei miei sette figli, tre sono femmine» mi confida. «Vanno in giro per l'Europa da sole. Portano il velo, ma per scelta, e se volessero fare diversamente non potrei costringerle. Posso solo cercare di dare, a loro come alla mia comunità, un'educazione conforme ai princìpi dell'islam.»

Molto ragionevole, ammetto. Ma l'interpretazione fa sì che in molti Paesi, dove la sharia è legge dello Stato, le donne se la passino piuttosto male. Per esempio, in Arabia Saudita.

«Là sono molto indietro.» Scuote la testa. «Vietare di guidare non è accettabile.»

È confortante che tutti gli imam con cui parlo siano ansiosi di lasciarci prendere il volante. Vorrei che fossero altrettanto disponibili ad ammettere che tra legge religiosa e giurisprudenza ci deve essere totale separazione. Da questo orecchio, l'imam non ci sente.

«L'islam è venuto per indirizzare tutti gli aspetti della nostra vita» mi spiega. «Certo, il diritto penale è cosa che spetta allo Stato.» Ma per quanto riguarda soprattutto il diritto di famiglia, secondo lui, ogni comunità religiosa dovrebbe avere le proprie regole.

Dal momento che è uno studioso di diritto attiro

la sua attenzione su un altro elemento di disuguaglianza tra uomo e donna, quello relativo alla testimonianza in tribunale. Faccio di nuovo ricorso al libriccino. Pagina 54, si cita dal Corano: «Chiamate a testimoni due dei vostri uomini o, in mancanza di testimoni, un uomo e due donne, tra coloro di cui accettate la testimonianza, in maniera che, se una sbagliasse l'altra possa rammentarle». Nelle due pagine successive l'autore spiega a lungo che le femmine sono dotate di una maggiore sensibilità ed emotività e quindi «la giustizia divina ha voluto che si prendessero tutte le precauzioni nei confronti della testimonianza della donna». Per poi ribadire: «Se una delle due donne si sbaglia, l'altra testimoniando potrebbe rammentarle i fatti». Che si possa sbagliare un uomo, evidentemente, non è contemplato. Imam Mohammed, vogliamo davvero prendere questa come base di una giurisprudenza?

«I sapienti dell'islam hanno sempre saputo aggiornare le leggi ai tempi» mi dice. «Ma è vero che da due o tre secoli l'islam è in crisi, conosce una decadenza che gli ha impedito di mettersi al passo con i tempi.» Non mi spiega il motivo della crisi, ma mi assicura che alcuni studiosi stanno elaborando teorie che vanno verso una reinterpretazione del testo coranico. Alcuni di questi studiosi, aggiungo, sono donne. Ma non sembrano incidere sul dibattito. «Quel che occorre è un jihad, inteso come una battaglia per migliorarsi, uno sforzo di rigenerazione interno all'islam» dichiara convinto.

Mi sembra urgente, annuisco continuando a sfogliare il libriccino, che è una vera miniera. Leggo ad alta voce da pagina 65: «La donna deve lavorare in compagnia di donne come lei, lontano dalla promiscuità e dalla presenza maschile per non rischiare di diventare la preda di lupi che possono abusare di lei e calpestare il suo onore».

Altro che soffitto di cristallo, una vera e propria giungla, piena di colleghi che si aggirano ferini: meglio lavorare in un gineceo. È questo che insegna alla sua comunità di circa un migliaio di fedeli, in un quartiere periferico della capitale d'Italia? L'imam, ormai abbastanza provato, concorda che queste parole non sono condivisibili. E alla fine è costretto ad ammettere che non lo sono gran parte delle teorie che l'opuscolo propugna. Promette che non circolerà più nella sua moschea. Tornerò per verificare.

In auto, mentre Sandra mi accompagna verso il mio ufficio, mi scuso per averla trascinata in questa avventura. Mi assicura che è stato molto istruttivo e persino divertente, soprattutto la parte sull'energia ionica.

Appena arrivata, condivido con la mia redazione alcuni brani scelti del libriccino. Difficile scegliere, in una simile messe di orrori. L'intero paragrafo intitolato *Il divorzio spetta all'uomo, non alla donna* è notevole. Ma ci sono altre perle, tra cui «l'islam vieta alla donna di mettersi in viaggio da sola, senza che sia accompagnata da un parente vicino come il marito, il padre, il fratello o un altro parente con il quale è vietato il matrimonio».

Arrivata a pagina 73, il capitolo 10, *Punizione e correzione della donna*, tutti inorridiscono. La lettura, in questo caso, non può che essere integrale.

«Il sistema di correzione della donna nell'islam è applicabile in circostanze e condizioni determinate e precisissime. [...] La società islamica è con questo molto lontana da quella occidentale, in cui le statistiche indicano la crescita esponenziale della violenza esercitata sulla donna. Il fenomeno della violenza contro le donne è riscontrabile anche in alcuni Paesi islamici, in cui l'islam è solo un nome e non una pratica.

«Allah Altissimo dice (Corano 4,34): "Ammonite quelle di cui temete l'insubordinazione, lasciatele sole nei loro letti, battetele. Se poi vi obbediscono, non fate più nulla contro di esse". L'islam vieta di picchiare la donna e ammonisce severamente chi ricorre a questa pratica, dal fatto che la donna è tenuta per un essere debole, molto fragile, incapace di difendersi. [...]

«Malgrado tutto, l'islam permette di correggere il comportamento della donna in circostanze speciali e in determinate condizioni, come quando la moglie si ribella al marito senza motivo accettabile. [...]

«Nel versetto coranico sopra riferito, Allah Altissimo ci indica il modo di curare l'insubordinazione della moglie al marito: è una cura a volte amara, ma va accettata per raggiungere lo scopo mirato. La cura ha tre tappe:

– La prima tappa: quella del consiglio, dell'esortazione e l'ammonimento, agitando la punizione di Allah, ricordando i diritti del marito e l'obbligo di obbedirgli; il tutto con parole dolci e affettuose. Se tutto questo non serve, si passa alla seconda tappa.
– La seconda tappa: astenersi dall'avere rapporti sessuali con la moglie, non rivolgerle più la parola. È una tappa in cui si ricorre alla dolcezza e nel contempo alla durezza. Se anche questo rimedio non ha risultati, si passa alla terza tappa.
– La terza tappa: si ricorre all'atto di picchiarla, senza violenza, senza provocarle una frattura, o lasciarle tracce, evitando sempre i danni al viso: lo

> scopo essendo di ristabilire la disciplina e non di fare del male o provocare danni, ma di farle capire che la sua insubordinazione è inammissibile. [...]

«Battere la moglie ha quindi come condizione di non farsi nell'intento di assoggettarla, avvilirla o danneggiarla, ma di farlo per correggerla e in caso di assoluta necessità. Anzi, si riferisce che Ibn Abbas affermava che battere la moglie doveva farsi usando il bastoncino di siwak con cui di solito ci si puliscono i denti. Comunque, la violenza fisica è vietata dall'islam e il Profeta insisteva nel consigliare ai fedeli di prendere cura delle mogli.

«La tappa della correzione servirebbe nei confronti di due categorie di mogli, secondo le conclusioni degli specialisti di psicologia:

- La prima categoria: le mogli autoritarie. Sono le mogli che provano piacere a sfidare i mariti per assoggettarli e comandarli.
- La seconda categoria: le mogli sottomesse. E sono quelle mogli che, per masochismo, trovano piacere a essere picchiate e battute dai mariti. [...]

«La correzione fisica interviene come ultima tappa di un processo di educazione. L'islam autorizza a ricorrervi nel caso in cui l'esortazione e l'abbandono non hanno dato un risultato positivo. Inoltre non si ricorre alla correzione violenta se la donna preferisce piuttosto il divorzio alla subordinazione al marito. Comunque va sempre tenuto conto della necessaria cautela e della scrupolosa osservazione della discrezione da parte dei due coniugi, che devono guardarsi dal permettere ai figli o ai parenti di esserne al corrente.»

La questione è seria. È vero che il libretto bada a ripetere «non usare violenza» ma il messaggio complessivo è esattamente l'opposto. Incita a considerare sottomesse le donne. La prima tappa è «solo» paternalistica, la seconda è violenza psicologica e la terza è violenza fisica. La specificazione «non fare del male o provocare danni» è assurda, venendo dopo tre righe in cui si danno istruzioni su come picchiare una persona. Cosa significa di preciso «correzione fisica»? Cosa dovrebbe essere un «processo di educazione»? In un messaggio confuso, è chiaro che un potenziale violento che legga questo opuscolo si sentirà autorizzato a procedere. E una donna obbligata a subire.

Chi ha pubblicato questo libretto in Italia? E perché si permette che circoli tra persone che vengono da contesti culturali diversi, sono magari poco istruite, e rischiano di prenderlo sul serio?

Nel frontespizio, accanto alla misteriosa dicitura «Controllato da», compaiono un indirizzo email, un numero di cellulare e l'indirizzo di una casella postale di Riyad. Questa propaganda viene dritta dall'Arabia Saudita, dunque. Cerco in internet il nome del dottor al-Sheha e trovo sul sito Messengerofgod.info un prestigioso curriculum che vanta una laurea in Lingua e letteratura araba, un master in Studi islamici e un dottorato in Cultura islamica. Non è indicata l'istituzione che ha rilasciato questi attestati.

Ma parla diffusamente di questo personaggio, in toni di allarme, anche il sito ufficiale del Land tedesco del Brandeburgo. Che in un lungo articolo alla voce «estremismo» segnala la pericolosità delle sue teorie. «Il "dottor Abdul-Rahman al-Sheha" è un estremista islamico» leggo sulla pagina. «Attraverso le sue pubblicazioni cerca di diffondere la sua visione dell'islam, totalitaria e orientata alla violenza. Anche in tedesco. Per esempio si propugna l'uccisione delle persone che abbandonano la religione islamica.» Cosa che la sharia consente, ma la legge tedesca decisamente no.

E c'è di che preoccuparsi. Nella moschea di Centocelle, popolata di donne amichevoli, uomini degni e un imam colto, circola almeno un opuscolo, non so se ce ne siano altri, che diffonde la più inaccettabile propaganda wahhabita. Che disinforma tutti i fedeli, maschi e femmine, sui loro diritti e doveri. E incoraggia, come minimo, luoghi comuni che la società civile italiana ed europea sta lottando da decenni per sradicare.

Interpretazioni così oscurantiste dell'islam non aiutano la reciproca comprensione. Anzi, alimentano pregiudizi e diffidenze nei confronti delle comunità musulmane. Che è urgente si affranchino con forza da influenze culturali e politiche nefaste, che cercano di riportarle al Medioevo.

19

Bruxelles, bersaglio Europa

Dopo i terribili attentati di Parigi, dei responsabili restava in vita solo Salah Abdeslam. I suoi compagni di orrore si erano fatti esplodere o erano stati abbattuti dalla polizia. Abdeslam, un franco-belga di ventisei anni, e la sua famiglia erano di origine marocchina. Dopo i massacri del 13 novembre era diventato l'uomo più ricercato d'Europa. Il quartiere di Bruxelles in cui viveva, Molenbeek, era stato rastrellato senza successo dalla polizia.

Per stanarlo ci sono voluti quattro mesi: viene arrestato il 18 marzo 2016 dalle forze speciali belghe. Nei filmati vedo un giovane in tuta, con il cappuccio di una felpa tirato sulla testa mentre esce da un portone. La polizia in attesa, bene in vista nella via, apre il fuoco. Colpito a una gamba, l'uomo viene caricato su un'auto dall'aspetto ordinario. Fine delle trasmissioni, per un'operazione molto mediatizzata.

Abdeslam è un personaggio strano, che la stampa non sa bene come presentare. Secondo alcuni è la mente logistica degli attentati di Parigi, secondo altri l'anello debole. Ha abbandonato il suo giubbotto esplosivo e rinunciato al martirio. E ha preferito fuggire e nascondersi piuttosto che conoscere la gloria del sacrificio. Per i suoi compagni è di certo un traditore.

Nelle ore che seguono l'arresto, Sven Mary, avvocato belga specializzato in cause celebri, annuncia che assumerà la difesa di Abdeslam. Secondo le indiscrezioni, è lui che ne ha negoziato la resa. Il giovane voleva consegnarsi. Sentiva la rete delle indagini serrarsi su di lui, era a corto di soldi, e ormai solo un peso imbarazzante per i piccoli mafiosi che hanno fatto di Molenbeek la sede dei loro traffici. La sola condizione posta era senza dubbio che non venisse ucciso sul colpo, come capita a molti terroristi che hanno partecipato ad azioni di grossa portata.

Sulle prime, Abdeslam annuncia che vuole restare in prigione in Belgio, e che è pronto a collaborare. Ma pochi giorni più tardi cambia parere: vuole andare in Francia, ai belgi non dirà più nulla. Perché? Si sente in pericolo dietro le sbarre del carcere di Bruxelles? Forse non ha tutti i torti. Dalla sua cattura infatti è successa una nuova tragedia.

Otto del mattino, 22 marzo, ora di punta a Bruxelles, capitale d'Europa. All'improvviso la città è scossa da una forte esplosione. Poi, un'ora dopo, da una seconda. Due bombe distruggono la grande hall dell'aeroporto di Zaventem e un'altra devasta la stazione della metropolitana di Maalbeek. Il bilancio è pesante: ventotto morti e oltre trecento feriti. Alcuni di essi non sopravviveranno, nonostante i soccorsi.

Gli assalitori hanno scelto con cura i bersagli: l'aeroporto, simbolo della libertà di circolazione fondamentale nel progetto europeo. E una stazione della metropolitana vicina alle grandi istituzioni dell'Ue, l'Europa delle nazioni che oggi si trova messa in discussione. C'è chi la accusa di non saper difendere i suoi cittadini, e chi invece di rinunciare ai suoi princìpi chiudendo le porte alle orde di disperati in arrivo. Il messaggio dei terroristi è chiaro: un attacco al modello europeo della condivisione e della convivenza. Ambizioni difficili da realizzare, ma che vengono da un passato in cui l'odio, la violenza, la cieca ideologia identitaria hanno fatto settanta milioni di morti.

Tra i kamikaze di Bruxelles ci sono due fratelli, Khalid e Ibrahim el-Bakraoui, belgi di origine marocchina. Sono noti alla polizia per crimini minori, e sono stati anche in prigione. Lo stesso vale per l'altro kamikaze, Lajim Laachraoui, che si è fatto esplodere all'aeroporto assieme a Ibrahim, mentre Khalid faceva detonare la sua bomba nel metrò. Erano pesci piccoli, è evidente. Esecutori.

Tanto gli investigatori quanto la stampa collegano subito gli attentati di Bruxelles all'arresto di Abdeslam. Secondo alcuni sono una reazione, secondo altri un'azione prevista da lungo tempo, anticipata perché le rivelazioni di Salah non la facessero saltare. Sono spiegazioni che non mi convincono: le reti terroristiche, come quelle di molta criminalità organizzata, sono articolate in cellule operative che non sanno nulla l'una dei piani dell'altra. In modo che il lavoro della polizia sia il più difficile possibile. Gli attacchi contro Bruxelles hanno richiesto una lunga preparazione e Abdeslam, fuggiasco e ricercato, non poteva esserne al corrente.

Poche settimane dopo la tragedia di Bruxelles, ospito a *Otto e mezzo* Giovanni Salvi, procuratore generale di Roma, con grande esperienza in fatto di terrorismo, criminalità organizzata e immigrazione clandestina. In Italia tutti vogliono sapere se le nostre periferie, soprattutto se a forte immigrazione, possano diventare nuove Molenbeek. Ma nel nostro Paese, mi ricorda, manca per il momento una presenza abbastanza radicata da poter fornire terreno di coltura al terrorismo. «E non ci sono comunità così isolate dal resto della popolazione» aggiunge. Detto questo, però, le periferie sono a rischio quasi per definizione: «Sono luoghi in cui le condizioni portano all'emarginazione, e questo è il primo punto su cui bisogna lavorare» dichiara. Certo, non è la marginalità il primo punto che induce il terrorista solitario ad agire, occorre una rete ben più complessa.

Gli chiedo come valuta il lavoro di intelligence che l'Italia svolge. Anche lui, come i miei interlocutori «senza nome», individua un punto di forza nei traumi del nostro recente passato. E in un problema irrisolto del presente. «Abbiamo purtroppo avuto l'esperienza del terrorismo interno e abbiamo quella della criminalità organizzata. Questo ci ha portato a elaborare un coordinamento delle forze di polizia che altri Paesi non hanno.» Criminalità organizzata e terrorismo sono però molto diversi, aggiunge. Innanzitutto perché la prima è finalizzata al profitto, il che rende più facile indagare almeno su un aspetto, i flussi finanziari. In secondo luogo c'è una distinzione territoriale: la criminalità organizzata in Italia è fortemente radicata sul territorio, mentre il terrorismo, soprattutto quello di «nuova generazione», è improntato a un forte internazionalismo.

Non crede affatto che chiudere le frontiere sia la soluzione, e tantomeno limitare, in nome della sicurezza, libertà e diritti fondamentali dei cittadini. Paesi in cui sono state attuate «misure speciali» non possono per questo considerarsi al sicuro. Mentre l'Italia degli anni di piombo, mantenendo «i nervi saldi», aveva vinto la sua battaglia. «Garantendo ai terroristi diritti fondamentali, che sono di tutti, non facciamo un favore a loro: facciamo un favore a noi stessi» dichiara deciso. «Dobbiamo piuttosto stare attenti a non rinunciare ai nostri, di diritti. Stiamo già perdendone alcuni: il diritto di circolazione, il diritto alla privacy, che rendevano l'Europa un posto meraviglioso.»

Il procuratore Salvi cita il sequestro dell'imam Abu Omar a Milano, nel febbraio 2003. L'Italia è stata condannata, dalla Corte europea dei diritti dell'uomo di Strasburgo, per rapimento e detenzione illecita. «È stato uno spartiacque» dice. «La lotta al terrorismo si fa nello spirito di garanzia. E non ci sono scorciatoie. Detto questo, dobbiamo reagire con fermezza e con orgoglio.»

Decido di risentire uno degli interlocutori che mi avevano portato dietro le quinte del lavoro di sicurezza in Italia, Claudio Galzerano. Qualche settimana fa era stato molto rassicurante. Gli mando un messaggio per chiedere se dopo i fatti di Bruxelles sia più preoccupato. «Ti chiamo fra poco» è la secca risposta. Solo allora penso che è domenica e quando mi richiama mi scuso.

«Figurati.» Sento il sorriso nella sua voce. «Nessuno di noi fa l'orario d'ufficio, non ci cade la penna alle cinque. Altrimenti non funzionerebbe niente.» Per telefonarmi è sceso dalla bicicletta, stava facendo un giro sulle colline, ma mi assicura che non sono certo l'unica a disturbarlo. Tra il mio messaggio e questa chiamata sono arrivate quattro segnalazioni, che ha subito inoltrato a chi di dovere. «Se sono più preoccupato di prima? Da un certo punto di vista no: tutto ciò che si può fare lo stiamo facendo. Siamo al limite delle nostre forze, però.»

Il lavoro è tantissimo. Occorre far sì che chiunque viene segnalato come un pericolo sia controllato, e che le informazioni acquisite vengano trasmesse subito e inserite nella banca dati europea. «Vince la tempestività. E gli scambi non sono sempre abbastanza rapidi. Ma chi chiede un dossier a noi lo ottiene subito.»

In questi giorni, la stampa sottolinea che i terroristi di Bruxelles sembrano aver usato l'Italia come un'autostrada su cui transitare per i loro traffici. Sono passati di qui Khalid el-Bakraoui, il kamikaze della metropolitana, e lo stesso Salah. E Djamal Ouali, uno dei falsari che fornivano i documenti contraffatti alla loro cellula, è stato arrestato a Salerno. Galzerano mi ricorda che c'è Schengen: tutti i residenti nell'Unione Europea hanno libertà di movimento, a rigore non ci dovrebbero essere controlli.

«Ma il problema non è Schengen. È sapere che el-Bakraoui era un elemento sospetto» aggiunge. «Se non era segnalato in uno schedario delle polizie europee era un signor nessuno, questo è il fatto. Non c'erano segnalazioni né su di lui né su Salah che andava in Grecia, il punto di passaggio quando poi gli attentatori superstiti tornano in Siria. È già una gran cosa che siamo riusciti a ricostruire i loro percorsi, significa che il sistema di allerta funziona capillarmente.»

Funziona, capisco, soprattutto in una direzione. «Noi, che di *foreign fighters* ne abbiamo avuti poco più di novanta, ne abbiamo segnalati tantissimi ai francesi, che li hanno potuti arrestare.»

Non conferma e non nega, ma ho l'impressione che la sorveglianza sui segnalati che transitano per il nostro Paese sia molto intensa. In ogni caso, mi spiega, il lavoro che svolge l'intelligence italiana non è nemmeno previsto dal formulario di Schengen. Per lo scambio di informazioni tra i Paesi membri nella lotta alla criminalità, ci sono procedure ben precise. E non sono aggiornate, dato che sono state elaborate quando l'allarme terrorismo internazionale non esisteva. «Noi italiani passiamo lo stesso tutte le informazioni» mi dice con una certa fierezza. «Per esempio, nel 2011, prima di essere deposto, Gheddafi aveva pensato bene di aprire le carceri. Liberando anche un qaedista responsabile di una strage in Afghanistan, da cinque anni ricercato dall'America. Arrivato in Italia su un barcone, è stato catturato ed estradato negli Stati Uniti.»

Ma non c'è l'obbligo di segnalare la presenza di elementi sospetti al Paese in cui questi si stanno recando. E c'è chi non lo fa. Mi cita la storia di un *foreign fighter*, Mehdi Nemmouche, un francese che dopo essere andato a battersi in Siria era rientrato in Belgio. Passando per Francoforte, dove i tedeschi evidentemente non avevano ritenuto necessario avvertire i francesi. Nemmouche, atterrato il 18 marzo 2014, il 24 maggio ha fatto quattro vittime in un attentato al museo ebraico di Bruxelles. «C'è chi, come tedeschi e francesi, ci tiene ad attenersi alle regole del formulario» conclude Galzerano. Ma non è con la burocrazia che si vince questa battaglia internazionale, sembra intendere. Più di recente, mi racconta, un altro *foreign fighter* francese è stato individuato ad Ancona. Stava per partire per la Siria con tutta la famiglia: moglie e un bambino piccolo. Per arrestarlo occorreva una rogatoria internazionale. «Per quasi due giorni abbiamo atteso un cenno dalla Francia, dove nel frattempo la nonna del bambino ne aveva denunciato la scomparsa.» Due lunghi giorni in cui le forze di polizia si sono impegnate a trattenere sul suolo italiano la famiglia del jihadista, con ogni mezzo. Alla fine, l'uomo è stato arrestato e rimpatriato.

A questo punto Galzerano si scusa: la giornata di primavera non è calda, tira un po' di vento, e sta in cima a una collina… Lo saluto in fretta, meglio che rimonti in sella.

Dallo studio, Jacques si lamenta a gran voce di non poter essere anche lui fuori, a percorrere i Castelli romani sulla sua bicicletta. È al lavoro su uno dei suoi documentari e non può staccare. Gli racconto la conversazione con il super-poliziotto e torna serio. È vero: per quel che riguarda il terrorismo, Francia e Belgio hanno una storia comune. Quando il jihad iracheno-siriano ha fatto la sua comparsa in Belgio, nel maggio del 2014, aveva proprio il volto di Nemmouche, francese di origini algerine, precisa Jacques. Entrato il 24 maggio nel museo ebraico della capitale belga, ha aperto il fuoco con un kalashnikov e ucciso quattro persone prima di darsi alla fuga. È stato arrestato alcuni giorni più tardi a Marsiglia, dentro un camion che viaggiava dal Belgio al Sud della Francia. Sorvegliato da vicino, perché questi trasporti servono alle gang marocchine per il traffico di hashish.

Il Paese di mio marito è un campo d'azione privilegiato per il terrorismo, con il suo passato coloniale, l'alto numero di immigrati e le missioni militari in corso, dalla Siria ai Paesi del Sahel. Senza contare una popolazione nordafricana colpita dalla crisi, e una politica repubblicana di assimilazione in chiaro affanno. Nel 1995, era stato l'algerino Mohamed Kelkal a colpire, a nome di un gruppo che combatteva il regime militare nella sua nazione d'origine: il Gia, Gruppo islamico armato, sospettato di essere stato infiltrato dai servizi segreti di Algeri. In seguito, la Francia ha conosciuto una tregua di oltre sedici anni. Senza dubbio dovuta alla cautela con cui si è mossa in politica estera, e a una miglior collaborazione con i servizi di sicurezza dei Paesi più avanzati nella lotta al terrorismo.

Tutto cambia, prosegue Jacques, nel marzo 2012. Digita veloce sulla tastiera del computer per richiamare i dettagli di quegli eventi. In pochi, sanguinari giorni a Tolosa e a Montauban, Mohammed Merah uccide sette persone tra cui soldati francesi musulmani e bambini ebrei. Viene abbattuto a sua volta dalla polizia. E la Francia scopre un mostro dal sangue gelido, che ha filmato i suoi crimini al grido di «*Allahu akbar*».

È così che il jihad iracheno irrompe nell'universo fin lì pacifico di una Francia che aveva saputo tenersi ai margini del conflitto iracheno, della sua violenza e del suo potere simbolico. Ma che ai margini non era: i reclutatori erano al lavoro, in tutta l'Europa, per mobilitare i giovani musulmani contro l'avventura americana in Iraq.

Nelle terre dell'antica Mesopotamia, la battaglia si è presto rivelata impari: i jihadisti sono stati falciati a centinaia dalle bombe Usa. Ma il teorico della guerra santa, uno strano personaggio chiamato Abu Musab al-Suri, nel 2005 ha pubblicato un saggio di milleseicento pagine dal titolo eloquente: *Appello globale alla difesa dell'islam*. C'è scritto che la strategia di al-Qaida ha fallito, che lo scontro sul terreno in Iraq non ha futuro e che occorre portare la battaglia nel ventre molle dell'Occidente, ovvero in Europa.

Nei primi mesi del 2016, il terrorismo non si limita alle città europee. Il massacro si allarga. Ad Ankara, il

13 marzo, un'auto imbottita di esplosivo ha fatto quasi quaranta vittime all'incrocio delle due vie più affollate della capitale turca. Il messaggio è chiaro: nessuno è al sicuro. Men che meno il regime di Erdoğan, amico degli islamisti ma anche alleato degli americani. Candidato a entrare in Europa ma anche nostalgico dell'Impero ottomano. Un presidente che ha fatto di tutto per sbarazzarsi della Siria, combatte violentemente i separatisti curdi e getta in prigione oppositori e giornalisti. Ha giocato a un pericoloso braccio di ferro con l'Europa, minacciando di spedire verso le coste greche e italiane milioni di rifugiati siriani, iracheni, afghani. Con il suo comportamento ricattatorio, ha creato nuove tensioni dentro la Nato: se Washington dovrà scegliere tra Erdoğan e l'Europa, non avrà dubbi. Questa deriva totalitaria potrebbe essergli fatale. Dell'attentato ha subito accusato i suoi vecchi nemici, i curdi, ma è così semplice la spiegazione? Quelli che parlano non sanno niente, e chi sa non parlerà.

Il triangolo maledetto, intanto, è sempre davanti ai nostri occhi, con i suoi lati ben definiti. Terrorismo, immigrazione, islam. Ora questi lati si spostano, si riavvicinano e si incrociano, e l'equilibrio è infranto. È ciò che è successo con gli attentati di Parigi e di Bruxelles. Musulmani di terza generazione, di origine nordafricana, fanno decine di vittime nel cuore delle città europee. Mentre sparano o nei messaggi affidati alla rete o nei video registrati con un cellulare, i terroristi invocano l'islam.

Il triangolo tuttavia segna il perimetro della tragedia, non la spiega. Le analisi che prendono in considerazione solo questa geometria sono incomplete: giovani senza valori, male integrati in una società che li marginalizza, si ricostruiscono un'identità e un orgoglio attraverso un islam semplificato. E questo li ispira a passare all'azione contro gli empi, colpevoli di tutti i loro mali. Ma si scopre presto che i candidati al martirio hanno una condizione economica agiata e una reale libertà di movimento. Si spostano attraverso l'Europa e in Medioriente. Da dove vengono i soldi per pagare voli transnazionali? Chi fornisce i documenti falsi, le armi, gli esplosivi? Chi designa i bersagli e decide quando colpire?

La teoria del «lupo solitario» che si radicalizza su internet, e acquista online il kit del perfetto piccolo terrorista, non tiene più. A Parigi e a Bruxelles sono all'opera strutture di sostegno e reti di complicità, forti di dozzine di persone. Fratelli, cugini, parenti. Persone di fiducia che vivono in cerchie ristrette, in quartieri ben controllati. Clan che provengono dal Nord Africa, dove la solidarietà tribale è ancora forte. Bande coinvolte da tempo nei traffici di hashish e in altre forme di piccola criminalità. Sono ambienti difficili da infiltrare per le polizie occidentali: la lingua, l'origine, il colore della pelle sono altrettanti ostacoli. È così che Molenbeek, il quartiere povero di Bruxelles, è diventato il capoluogo del jihad. La solidarietà tra le famiglie criminali è tale che uno dei loro può sempre nascondersi, anche se ha preso una brutta china terroristica. Fino a che la curiosità eccessiva della polizia non minaccia gli affari: allora bisogna consegnarlo.

Queste strutture criminali sono anche il terreno su cui giocano i servizi di sicurezza dei Paesi d'origine. Che infiltrano le bande di delinquenti e spacciatori per controllarne le attività e in alcuni casi approfittarne. La corruzione è diffusa e se ne avvantaggia ogni genere di traffico: droga, armi, esseri umani.

L'Europa, gigante economico ma nano militare, è diventata in realtà il bersaglio perfetto su cui esercitare tutte le possibili pressioni. Sarà sempre più stretta nella morsa tra i flussi migratori, di cui la Turchia regola l'intensità, e la violenza del terrorismo islamico, ispirato dal wahhabismo saudita. Fin dall'inizio del conflitto in Iraq del 2003 il Vecchio Continente è a rischio, anche perché ospita una nutrita comunità musulmana. E gli effetti del proselitismo organizzato dai sauditi continueranno a farsi sentire nei finanziamenti ai centri islamici, nelle borse di studio elargite agli istituti religiosi, nei biglietti aerei gratuiti per il pellegrinaggio alla Mecca. Mentre gli europei tacciono: non conviene giudicare le iniziative di un gigante petrolifero che è anche un generoso acquirente di armi.

C'è uno statista che non esita a parlare apertamente dell'influenza nefasta di Riyad negli affari del pianeta. Barack Obama. «La pazienza di Obama nei confronti dell'Arabia Saudita è sempre stata limitata» ha scritto di recente il giornalista Jeffrey Goldberg, in un articolo sull'«Atlantic» intitolato *The Obama Doctrine*. Un'intervista considerata come il testamento diplomatico del presidente americano, che nel gennaio 2017 lascerà la Casa Bianca. Nel suo primo discorso «di politica estera, in un raduno a Chicago nel 2002» ricorda Goldberg, «aveva dichiarato: "Presidente Bush, vuole battersi? Si batta allora perché coloro che chiamiamo nostri alleati in Medioriente, i sauditi, gli egiziani, smettano di opprimere i loro popoli, di eliminare gli oppositori e di tollerare corruzione e disuguaglianze"». Da quando si è insediato, inoltre, Obama ha spesso ripetuto: «Si può valutare il successo di una società dal modo in cui tratta le donne».

Obama, prosegue Goldberg, è particolarmente

infastidito dal fatto che l'«ortodossia» diplomatica a Washington lo costringa a considerare il regno saudita come un alleato. Ma la domanda è: per quanto tempo ancora? Nell'ottobre 2014 il vicepresidente Joe Biden ha dato voce alla collera dell'amministrazione, di fronte a quello che gli Stati Uniti considerano il doppio gioco dei sauditi nel conflitto siriano. Da un lato, ha dichiarato davanti agli studenti di Harvard, Riyad sostiene l'impegno statunitense nel creare un'opposizione armata moderata, che possa affrontare Assad. Ma in segreto fornisce miliardi di dollari e tonnellate di materiale bellico a quelli che secondo Washington sono dei terroristi.

Altri ambienti del potere, negli Stati Uniti, condividono da tempo quest'idea. Nel 2009 Hillary Clinton scriveva in un dispaccio diplomatico, poi rivelato da WikiLeaks, che gli Stati Uniti consideravano l'Arabia Saudita come la prima fonte di finanziamento del fanatismo sunnita nel mondo.

Osservazioni come queste infastidiscono la dinastia saudita che, come nel caso di Biden, riesce a ottenere delle scuse. Ma ora Obama, nell'intervista all'«Atlantic», dichiara che le relazioni con il reame, «un cosiddetto alleato», sono «complicate». Il vento è decisamente cambiato, dai tempi in cui George W. Bush additava gli Stati «canaglia» contro cui scatenare l'offensiva

Ricordo bene i miei giorni a Baghdad. La guerra cominciava e io, come altri, avevo già allora seri dubbi sulle argomentazioni con cui l'amministrazione Bush giustificava l'invasione dell'Iraq. Come credere, d'altronde, a queste fantomatiche armi di distruzione di massa che Saddam Hussein nascondeva da qualche parte nel deserto? Soprattutto, mi preoccupavano le conseguenze che il conflitto avrebbe avuto sui destini di quella regione, e del mondo. Ricordo il tetto dell'hotel Palestine, da dove andavano in onda le mie dirette tra le nuvole di polvere sollevate dalle tempeste di sabbia. Mettevo in dubbio la propaganda americana, molto in voga allora anche al Tg1, che esaltava l'esportazione della democrazia sulle ali dei cacciabombardieri. Non ci credevo. Avrei preferito avere torto.

Lo scorso settembre, a Washington, parlando con Jacques, un amico ragionava così: «Il caos a cui stiamo assistendo, le violenze, i milioni di sfollati... sono la conseguenza di una catastrofe naturale, come un terremoto o uno tsunami? No! Sono il frutto di una guerra fatta dagli Stati Uniti, quella in Iraq, che ha distrutto un Paese e una intera regione». Quell'amico è un ex analista della Cia di nome Ray McGovern, che per anni si è recato alla Casa Bianca tutti i giorni, a rapporto da George Bush padre. Un uomo più prudente di quanto lo sia stato il figlio.

L'Iraq sembra una storia vecchia, dimenticata. Se penso alla piccola comunità internazionale degli inviati, ai tracciati delle bombe nel cielo, agli allarmi antiaerei, mi appare quasi un'altra vita. Eppure, quella guerra è ancora con noi, oggi. Senza di essa non si può spiegare niente di ciò che abbiamo raccontato: i conflitti, gli attentati, le migrazioni di massa e la radicalizzazione dell'islam politico con l'Isis.

Ormai ci sentiamo continuamente in battaglia, o sul punto di esserlo. E credo che i testimoni del più sbagliato dei conflitti, quello in Iraq, abbiano il dovere di suonare un campanello d'allarme. È stato un intervento militare giustificato a suon di bugie, ai più alti livelli dello Stato americano. Voluto da un pugno di personaggi che avevano infiltrato il sistema decisionale al Congresso e alla Casa Bianca. Il mondo intero sta ancora pagando il prezzo esorbitante di questo errore. A guadagnarci sono stati solo due mostri: da una parte i colossi della sicurezza, aziende mercenarie per cui la guerra permanente è un gigantesco affare. E dall'altra l'Isis, l'ultima metamorfosi del terrorismo estremista, che si richiama a un islam svuotato da ogni contenuto.

È bene chiedersi: perché l'apparato militare e di sicurezza degli Stati Uniti si è mobilitato con tanta determinazione? Chi sedeva nelle stanze dei bottoni sapeva bene che quell'avventura era costruita su un'enorme menzogna. E che era un'operazione lanciata contro un obiettivo sbagliato: invece di partire per combattere il terrorismo come Bush aveva promesso, l'America andava a occupare illegalmente un Paese arabo che non aveva niente a che fare con la tragedia dell'11 settembre. Un'occupazione che avrebbe causato la distruzione proprio delle strutture politiche, sociali ed economiche che sono la miglior difesa contro disperazione e fanatismo. Di cui il terrorismo si nutre.

Il fatto è che dopo gli attentati a New York e a Washington l'uso della forza è diventato, senza più freni, la risposta a ogni problema del mondo. L'America, unica potenza rimasta in piedi dopo il crollo del comunismo, per anni ha visto la guerra come la massima espressione del suo dominio, e della sua capacità di cambiare il corso della storia. La *pax americana*, veicolo di un liberismo trionfante e predatore, era divenuta obiettivo di una politica asservita alle leggi del mercato e al credo del profitto a ogni costo.

Andrew Bacevich, ex ufficiale che ha servito in Vietnam e professore di Storia militare, traccia il percorso di questa pericolosa deriva. Un'ideologia imperialista che domina gli ambienti politici di Washington. Un esercito di professione la cui esistenza si può giustificare solo con uno stato di conflitto continuo. Una nazione che ha rinunciato a ogni controllo sulle guerre intraprese in suo nome. E un'industria della Difesa dagli enormi guadagni e dagli interessi economici ramificati. Secondo Bacevich, il cui figlio è caduto in Iraq nel 2007, l'ebbrezza del potere e la prospettiva del denaro compongono un cocktail micidiale per la pace e la democrazia. Lui dichiara che la guerra non finirà mai. «Una potenza senza controllo ha creato una follia permanente.»

Da quello sventurato 2003, due derive hanno accompagnato il nostro precipitare nel vortice della violenza. Una è la crisi economica. L'altra è l'invasione della privacy dei cittadini. Da qui discende quello che il procuratore Salvi ha definito come il rischio, in Europa, di fare marcia indietro sui nostri diritti fondamentali. Entrambe queste derive hanno origine negli Stati Uniti.

Sul fronte economico, sono poche le inchieste sull'impatto negativo della guerra. E sulle responsabilità, nella crisi mondiale, delle esorbitanti spese belliche. Uno studio, tuttavia, ha alzato almeno un angolo del velo che si stende su questa realtà. È stato pubblicato nel 2007 da un centro di ricerca indipendente con base a Washington, il Center for Economic and Policy Research. «Si sostiene spesso che le guerre e l'aumento delle spese militari abbiano un effetto positivo sull'economia. Nella maggior parte dei sistemi economici, non è vero. Al contrario, gran parte degli studi dimostra che le spese militari dirottano risorse necessarie alla produzione o agli investimenti nei consumi, e causano un rallentamento della crescita e un aumento della disoccupazione.» Con varie simulazioni, lo studio dimostra che dopo cinque anni dall'inizio di questa «cura», l'economia comincia a dare forti segni di sofferenza. E su un periodo di vent'anni si può arrivare a un inizio di recessione.

Nel 2008, un anno dopo la pubblicazione di questo saggio, la crisi economica si è scatenata sugli Stati Uniti. Come predetto, l'economia americana – e mondiale – è crollata sotto il peso della mancata crescita industriale, cinque anni dopo l'inizio della guerra contro Saddam. Crisi per tutti, ma non per un pugno di potenti imprese nel settore della Difesa. Per le quali, al contrario, i conflitti in Afghanistan e in Iraq sono state una straordinaria opportunità. Grandi gruppi come Lockheed Martin, Boeing, Northrop Grumman, General Dynamics, Raytheon, General Electric, o Halliburton hanno conosciuto un decennio d'oro. James Blitz ha scritto recentemente in un articolo sul «Financial Times»: «I profitti del settore della Difesa negli Stati Uniti in questo periodo sono quadruplicati».

E poi c'è la privacy. O meglio, non c'è. È stato il «Washington Post» a denunciare la nascita, negli Stati Uniti, di un «mondo segreto» legato alla sicurezza. Dopo un'inchiesta di due anni, conclusa nel 2010, il quotidiano ha rivelato che a partire dall'11 settembre sono nate, in nome della guerra al terrorismo, 1271 nuove agenzie governative e 1931 aziende private, con una rete di circa diecimila uffici sul territorio. Oltre ottantacinquamila impiegati di queste aziende sono in possesso di un'abilitazione «top secret», che dà loro accesso a informazioni considerate sensibili. Ogni giorno gli analisti dell'antiterrorismo possono scandagliare 1,7 miliardi di email, conversazioni telefoniche e altre forme di comunicazione intercettate dalla Nsa, National Security Agency, il più segreto dei servizi di informazione americani. Questi stessi analisti, in gran parte del tutto ignoranti sulla regione di cui si occupano, della lingua che vi si parla e delle sue strutture sociali e culturali, producono ogni anno oltre cinquantamila rapporti, che in gran parte non verranno mai letti.

Servizi di sicurezza ipertrofici significano, in questi tempi di minaccia terroristica permanente e diffusa, un'intrusione senza precedenti nella vita dei cittadini. Americani ed europei.

Questa è l'eredità della guerra in Iraq. Così come lo sono l'incertezza politica e sociale, la crescita del nuovo terrore, gli attentati. Oggi più che mai, la paura e la disinformazione rischiano di farci ripetere gli errori del passato. Una memoria corta è un lusso che non possiamo permetterci.

20

Federica Mogherini e l'Europa da rifare

Ci siamo conosciute quando seguivo da inviata la guerra in Iraq, e lei era responsabile del Dipartimento esteri dei Democratici di sinistra. Mi sarebbe piaciuto poter parlare di persona con Federica Mogherini, dal novembre 2014 Alto rappresentante dell'Unione per gli affari esteri e la politica di sicurezza. In una conversazione più informale avrei potuto affrontare con lei un mio vecchio cruccio: l'immagine appannata dell'Unione Europea. Il molto e ottimo lavoro che si svolge a Bruxelles non si trova spesso sotto i riflettori, e ad affiorare sono solo sprechi, scandali e assurdità. Purtroppo, il nostro dialogo si può svolgere solo per email e deve affrontare l'essenziale: il terrorismo e la crisi migratoria rischiano di travolgere l'Europa?

Spesso si accusa l'Ue di non affrontare il problema dell'immigrazione con sufficiente determinazione. Lei condivide questo giudizio? Quali sono le principali manifestazioni concrete dell'azione europea in questo campo?

Per troppo tempo una parte dell'Europa ha chiuso gli occhi di fronte alla questione dell'immigrazione. Quando sono diventata ministro degli Esteri, l'Italia era quasi sola a chiedere un impegno davvero europeo. Quando ho iniziato il mandato di Alto rappresentante e ho inserito l'immigrazione tra i punti in discussione al Consiglio dei ministri degli Esteri, ho scoperto che era la prima volta che accadeva. Ma in questi due anni le cose sono cambiate. La proposta di ricollocare decine di migliaia di rifugiati arrivati in Europa o la missione Sophia sarebbero state impensabili fino a poco più di un anno fa. Per la prima volta stiamo affrontando il tema dell'immigrazione insieme ai nostri vicini, quelli che ospitano milioni di rifugiati, quelli sulle rotte dei migranti, quelli da cui l'esodo ha inizio: abbiamo messo in campo risorse economiche e diplomatiche mai mobilitate prima d'ora. Ma è chiaro che quanto fatto finora non basta. Le proposte della Commissione non sono state attuate fino in fondo dagli Stati membri. C'è ancora chi rifiuta di rispettare gli impegni presi e di accogliere poche centinaia di rifugiati. Possiamo restare a guardare mentre le vecchie norme si sgretolano, rinchiuderci nell'illusione che qualche muro o qualche frontiera chiusa risolva un fenomeno epocale. Oppure possiamo provare a governarlo questo fenomeno, insieme e con una strategia, disegnando un sistema di accoglienza più giusto e solidale. E lavorando allo stesso tempo sulle cause di alcuni spostamenti, senza illuderci di poter fermare la storia.

Sembra che nel Mediterraneo l'Europa esiti tra due strategie: la difesa delle sue frontiere esterne e il sostegno umanitario al flusso dei rifugiati, per esempio con l'operazione Sophia. Ma è stata l'Italia la prima a dover rispondere, da sola, all'emergenza. Si può parlare di un ritardo nella risposta europea, e a che cosa è stato dovuto?

Per tanto tempo, molti in Europa hanno pensato che il tema non li riguardasse. Lo sappiamo bene noi italiani. Non tutti avevano capito che se il mio vicino ha un problema, ne ho uno anch'io. C'è voluto troppo tempo e troppe vittime innocenti. E non si può pensare che basti un vertice a Bruxelles, una missione navale o un accordo con la Turchia per risolvere la questione. Ci vuole molto di più. Mettere fine alla guerra in Siria. Aiutare Paesi come il Libano e la Giordania, che ospitano milioni di siriani. Stabilizzare la Libia. Creare opportunità di lavoro e di crescita per i giovani africani. Rafforzare le vie di accesso legali all'Europa. È il compito di una generazione e nessuna nazione da sola può farsene carico. Dobbiamo affrontarlo insieme.

A livello europeo, come viene affrontato all'atto pratico uno degli aspetti essenziali del problema migratorio, ovvero il traffico di esseri umani da parte della criminalità organizzata?

Non saranno certo i muri a fermare chi legittimamente decide di cercare altrove la salvezza dalla povertà o da una guerra. Ogni nuovo muro alimenta i traffici illegali, costringe uomini, donne e bambini a mettersi nelle mani di quelli che sono ormai mercanti di schiavi, su percorsi sempre più rischiosi. Dobbiamo fare il contrario. Dire a chi fugge: non rischiate la vita, ci sono percorsi legali e sicuri per entrare in Europa. E altrove: davanti a un fenomeno globale, non è e non può essere solo l'Europa a rispondere. È chiaro poi che serve un'azione decisa contro le reti dei mercanti di uomini. La missione Sophia ha permesso di arrestare decine di trafficanti e distruggere le loro imbarcazioni. Nell'Egeo, Frontex opera oggi col sostegno della Nato. E finalmente stiamo alzando lo sguardo, oltre le nostre frontiere. L'estate scorsa ero ad Agadez, in Niger, lungo la principale rotta usata dai trafficanti verso la Libia e l'Europa: quei luoghi, che un tempo erano mete turistiche, oggi dipendono da un'economia criminale che si regge sul traffico di uomini e armi. Per questo, oltre a contribuire alla formazione delle forze di polizia e di frontiera dei Paesi del Sahel, stiamo provando a sostenere un'economia «sana», per sradicare davvero il crimine organizzato. Per poter offrire alternative vere a chi fugge da guerre e povertà. Possiamo farcela solo se usiamo tutti i nostri strumenti: sicurezza e sviluppo, *hard power* e *soft power* insieme. E se restiamo determinati, costanti, al di là delle ondate emotive che troppo spesso determinano l'agenda politica.

La ripartizione degli immigrati tra tutti i Paesi dell'Unione Europea appare come una soluzione logica. Perché molti membri dell'Unione vi si oppongono? C'è chi ha visto nella chiusura delle frontiere una violazione del principio di libera circolazione, uno degli elementi fondamentali del sogno europeo. È così profondo il malessere dell'Europa? Esistono rischi concreti che la crisi migratoria porti a una disgregazione?

Chi arriva in Grecia, o in Italia, o un domani in altri Stati membri, arriva nell'Unione. Ed è solo con un sistema di solidarietà e di condivisione della responsabilità tra europei che potremo davvero gestire questi flussi. Non ci sono alternative che offrano vere soluzioni. È ora di sostituire le regole di Dublino con un sistema permanente europeo, di accoglienza ai rifugiati e di aiuto ai Paesi sul confine esterno dell'Unione. *[Secondo il Regolamento di Dublino, la domanda d'asilo deve essere presentata nel primo Stato in cui il rifugiato approda, N.d.R.]* Rischiamo la prima grande crisi umanitaria dell'Europa unita. Rischiamo il collasso di Schengen, con un enorme costo non solo simbolico ma economico. Rischiamo un'Europa di *free riders*, che si ricordano dell'Unione solo quando gli fa comodo. E un'Europa così non resisterebbe a lungo. La solidarietà tra europei o funziona su tutto o salta. Sì, c'è il rischio di una disgregazione. Ma abbiamo anche una possibilità senza precedenti di ripensare e ridisegnare questa Unione. Rifare l'Unione, per salvarla.

In uno dei Paesi da cui è più forte l'esodo dei migranti, la Siria, è stata raggiunta una tregua nelle ostilità. È stata conclusa grazie a un accordo tra gli Stati Uniti e la Russia, ma l'Unione non ha giocato un ruolo forte nella ricerca di una soluzione. Davvero l'Europa non riesce a incidere sui grandi temi della politica internazionale? O, se sa parlare con una voce chiara, in che modo lo ha fatto in questo caso?

La Siria è l'esempio evidente che l'Europa unita sta diventando imprescindibile sullo scenario internazionale. Questi negoziati nascono dal successo dell'approccio multilaterale che ha portato all'accordo sul nucleare iraniano. Quel formato è stato ripreso e allargato a tutti i partner regionali con un ruolo nella crisi. E la presenza al tavolo dell'Iran, indispensabile per una soluzione, è frutto dell'accordo sul nucleare che l'Unione Europea ha facilitato. Sulla Siria, l'Ue ha scelto di essere protagonista sul piano dell'assistenza umanitaria, ed è grazie al lavoro che facciamo insieme alle Nazioni Unite, anche attraverso il nostro ufficio a Damasco, che i siriani stanno iniziando a ricevere finalmente aiuti. Allo stesso modo abbiamo scelto di non essere impegnati come Unione sul versante militare.

Stati Uniti e Russia sono i due Paesi con la più grande presenza militare sul campo: è ovvio che a loro tocchi un ruolo guida su questo piano. La cooperazione di questi mesi tra Washington e Mosca è un fatto senza precedenti, e possiamo solo augurarci che prosegua. Senza Usa e Russia non avremmo questa tregua. L'Unione Europea però partecipa ai lavori della task force sulla cessazione delle ostilità, accompagnando e sostenendo questo difficile percorso. Ma è sul piano del processo politico, non di quello militare, che l'Ue gioca il suo ruolo principale: siamo gli unici a dialogare con tutti, fuori e dentro la Siria, sia a Ginevra sia sul terreno, dove stiamo lavorando in concreto per creare spazi di collaborazione tra chi fino a ieri si faceva la guerra. Su questi due piani, umanitario e politico, l'Europa sta facendo moltissimo. Qualche anno fa si parlava dell'America come della «potenza indispensabile». Oggi si è finalmente capito che in solitudine nessuno è indispensabile, mentre lo è la cooperazione tra le grandi potenze mondiali. È quello il posto della nostra Unione.

La Turchia ha il potere di aprire e chiudere uno dei «rubinetti» principali del flusso di migranti. L'Unione ha negoziato con Ankara un difficile accordo. Funzionerà?

La nostra forza o la nostra debolezza nel dialogo con la Turchia dipende da noi europei, non dai turchi. La Turchia sta ospitando due milioni di rifugiati siriani, più di tutta la nostra Unione Europea. Per questo stiamo portando cibo, sanità e istruzione nei campi profughi e nelle comunità locali; abbiamo stanziato fondi che andranno non al governo, ma direttamente ai progetti sul campo attraverso agenzie e organizzazioni internazionali. Ma con Ankara non parliamo solo di gestione dei flussi. Il rilancio del negoziato per l'ingresso della Turchia nell'Unione impone il rispetto degli standard più alti in fatto di diritti e libertà fondamentali, a partire dalla libertà di stampa. E continuiamo a parlare di Siria, di antiterrorismo, di Cipro, della questione curda. Schiacciare su un tema solo, per quanto importante, la nostra relazione con un Paese così strategico sarebbe un errore epocale.

Di recente il primo ministro italiano Matteo Renzi, in visita ufficiale in Africa, ha lanciato un appello per un aiuto internazionale allo sviluppo dei Paesi subsahariani, unica possibilità di arrestare il flusso dei migranti economici. Che cosa fa l'Europa a questo proposito?

A Roma e a Bruxelles condividiamo le medesime priorità. È lo stesso messaggio che ho portato ad Addis Abeba, al quartier generale dell'Unione Africana, e durante tutti i miei viaggi di questi mesi nel continente, dal Niger al Sudafrica, dal Ciad al Mozambico. La sfida per il futuro dell'Africa è una delle più decisive del nostro tempo. C'è un dato impressionante: allo stato attuale, il continente deve creare diciotto milioni di nuovi posti ogni anno, per assorbire tutti i giovani che entrano nella forza lavoro. Il grande impegno che dobbiamo prendere con i nostri partner africani è di lavorare insieme allo sviluppo economico e sociale del continente, affrontare il dramma delle ineguaglianze, prevenire e contrastare le minacce alla sicurezza che attraversano l'Africa. Oltre che gestire i troppi conflitti spesso dimenticati, e realizzare gli impegni internazionali sul cambiamento climatico. Su tutti questi fronti, l'Unione Europea, l'Unione Africana, le diverse organizzazioni sub-regionali e i singoli Paesi con cui abbiamo forti rapporti lavorano insieme.

Ciò significa scommettere sull'enorme potenziale di questo continente. Uscendo dal luogo comune dell'Africa come semplice destinatario di aiuto allo sviluppo. Che rimane fondamentale. Con il Fondo fiduciario per l'Africa, l'Europa ha mobilitato quest'anno quasi due miliardi di euro in più, oltre ai dieci già previsti. Con i nostri amici africani ragioniamo inoltre in termini di investimenti, di mercati potenziali, di possibilità di crescita anche per le nostre aziende. Stiamo investendo nel futuro dell'Africa: non è carità, è un nostro preciso interesse.

In tutti i Paesi europei, l'opinione pubblica non è favorevole all'apertura delle frontiere ai migranti. Si parla di «invasione», ma anche di concorrenza sleale su un mercato del lavoro già in crisi. Come si può rispondere, a livello europeo, a queste legittime preoccupazioni?

Con razionalità e con un po' di buonsenso. I flussi straordinari di questi ultimi due anni hanno aumentato la popolazione europea di meno dello 0,5 per cento: è difficile chiamarla invasione. Con le politiche giuste, i flussi attuali possono rispondere alle necessità specifiche del nostro mercato del lavoro, rafforzando la crescita delle nostre economie. Lo sfruttamento della manodopera straniera si combatte con leggi migliori, a protezione di tutti i lavoratori, e con canali regolari di ingresso.

Un'altra paura degli europei è quella del terrorismo. Quali sono gli organismi e i programmi per la lotta al terrorismo in Europa? Quali risultati concreti hanno raggiunto?

Mi ha fatto impressione rileggere i risultati del primo Consiglio europeo dopo l'11 settembre del 2001, in cui si parlava di aumentare la cooperazione tra intelligence europee e di squadre di investigazione comune. Abbiamo perso quindici anni, e il terrore ce lo siamo trovato dentro casa. L'integrazione dei nostri servizi di sicurezza non può più essere rinviata, è una scelta che i governi devono non solo annunciare, ma realizzare. Ma c'è dell'altro: questi terroristi sono cittadini europei, nati e cresciuti nella nostra Unione. La domanda giusta da farsi non è: «Da dove sono arrivati?». Semmai: «Con quali politiche possiamo prevenire la radicalizzazione?». È un lavoro che riguarda le politiche interne dei singoli Stati e dell'Unione, ma di cui parliamo anche con i Paesi del mondo arabo, africani e asiatici che stanno affrontando le stesse sfide.

Di fronte all'afflusso di migranti che vengono da culture diverse e in molti casi appartengono a una determinata religione, l'islam, quali «valori» propone un'Europa di Stati laici che non rinnega le proprie radici cristiane? Questi valori sono in pericolo? Il confronto con un'identità forte come quella islamica non rischia di evidenziare le debolezze nella costruzione di una vera identità europea?

Mi pare che di recente papa Francesco abbia detto che chi pensa solo a costruire muri per respingere i rifugiati non è cristiano. Di quali radici cristiane parliamo, allora? Se l'Europa sta perdendo i suoi valori non è di certo per colpa degli immigrati. Ci stiamo dimenticando come e perché è nata la nostra Europa unita. Ci siamo combattuti per secoli, abbiamo scatenato due guerre mondiali, ci siamo perseguitati a vicenda con la scusa della religione, della nazione o della razza. E poi abbiamo deciso: basta.

Ci siamo detti che le nostre differenze potevano essere una ricchezza, invece che un motivo di scontro. Ci siamo accorti che l'Europa delle cattedrali è anche quella dell'Alhambra e di Albert Einstein. Se ci costruiamo le nostre piccole identità tribali e spaventate, allora sì che rinunciamo ai nostri valori. L'apertura all'altro è il vero segno di fedeltà alla nostra storia.

È aperto il dibattito su un intervento militare dell'Occidente in Libia. Che sembra oggetto di una grande «disunione» nell'Unione. Lei ritiene probabile un intervento in Libia?

Sulla Libia siamo uniti nel sostenere il governo di unità nazionale in tutti i settori in cui lo richiede, da quello umanitario a quello della sicurezza, dall'*institution building* alla gestione delle frontiere. Abbiamo predisposto un pacchetto di cento milioni di euro e stiamo lavorando con le autorità libiche, il governo, le municipalità, alle priorità e ai singoli progetti. In costante coordinamento con le Nazioni Unite, i Paesi vicini e l'Unione Africana. Ma quello che conta è la volontà dei libici: la comunità internazionale, e l'Europa per prima, è pronta a sostenerli, ma il futuro è nelle loro mani.

21

Viale Jenner, la moschea proibita

«Se una donna adora il suo Dio, ha digiunato il suo mese, ha fatto le sue cinque preghiere, ha obbedito a suo marito e lo ha protetto, verrà chiamata il giorno del Giudizio ed entrerà da qualunque porta del paradiso. Il matrimonio è un patto di ferro: a questo rito assistono gli angeli.»

Le parole dell'imam Reda rimbombano nel piccolo ufficio, tradotte da Yousry. Maria Giovanna e Mohamed ascoltano compunti il «sermone», che segna l'inizio della loro vita come marito e moglie. Li richiama ai loro doveri. Per lei: obbedire. Per lui: essere gentile e generoso.

Il mio viaggio italiano mi ha portato anche qui, ad assistere a una conversione e a un matrimonio in viale Jenner, una delle moschee più «attenzionate» d'Italia. Non è stato facile arrivarci: al telefono, l'imam Reda ha ripetuto più volte di essere solo un pensionato, senza granché da dire. Di non parlare bene l'italiano. A un certo punto è sembrato che non volesse proprio ricevermi. Posso capire la sua cautela: questo luogo di culto non è nuovo al clamore mediatico. Che non è mai stato positivo.

Nell'ormai lontano 1995, come ha ricordato Claudio Galzerano, viale Jenner è stata al centro dell'operazione Sfinge, che ha portato all'arresto di trentacinque persone, tra cui sarebbe dovuto comparire l'allora imam, Anwar Shaban, con l'accusa di associazione a delinquere di stampo mafioso. Allora non si parlava di terrorismo islamico. Molti degli indagati sono stati in seguito prosciolti ma l'imam, fuggito all'estero per evitare l'arresto, è rimasto ucciso sul confine tra Bosnia e Croazia. Nel 2008 un nuovo scandalo per viale Jenner: migliaia di fedeli si riversavano in strada a pregare, per mancanza di spazio. Come ha ricordato Roberto Maroni, lui intervenne come ministro degli Interni per costringerli a spostarsi in un luogo più consono. Umberto Bossi dichiarò con slancio propagandistico: «Maroni ha chiuso la moschea di viale Jenner». La comunità islamica insorse, e organizzò una preghiera di massa sul sagrato del Duomo. E allora insorsero i milanesi.

In un'intervista rilasciata a Gad Lerner nel gennaio 2009, Abdel Hamid Shaari, il fondatore del Centro di culto «incriminato», dichiarava: «Cosa deve pensare un giovane islamico sbattuto di qua e di là per pregare, come se fosse un delitto? Lo Stato dovrebbe pensare ai suoi nuovi cittadini musulmani, non lasciare che ci organizziamo anche in Italia alla maniera del Terzo mondo, subendo l'imposizione di capi improbabili». Ma aggiungeva anche: «Io, Shaari, resto convinto che il vero islam debba tenere separata la politica dalla religione e, dopo quarant'anni di vita in Italia, ho un solo presidente della Repubblica: Giorgio Napolitano».

Erano tempi più tranquilli. La Libia e il mondo non erano ancora esplosi, il fondamentalismo non aveva ancora rialzato la testa.

L'imam che ho di fronte ora, mentre i due testimoni firmano i documenti al termine della cerimonia nuziale, si sporge al di sopra del tavolo e mi guarda soddisfatto.

«Poi vi regalo il Corano» dice. «Così avremo fatto il nostro dovere. Allah è il nostro Dio, il vostro Dio. E tutti dobbiamo adorarlo.»

Il popolo della moschea di viale Jenner è sempre numeroso, mi spiega l'imam. Sono tremila alla preghiera del venerdì e arrivano a ventimila per le due feste religiose più importanti dell'anno. Dopo lo «scontro istituzionale» del 2008, il Comune ha eretto per loro due tensostrutture davanti all'ex Palasharp. Ci sono stata venerdì. Sorgono in una zona assai poco attraente, all'incrocio tra due vialoni a scorrimento veloce, con il grande guscio abbandonato dell'ex palazzetto dello sport sullo sfondo. Davanti alla moschea era stato organizzato il mercatino del «più che usato». Su teli stesi a terra, ambulanti improvvisati avevano disposto vecchie scarpe sformate, oggetti da cucina ammaccati, abiti lisi e altre povere merci. Poche le donne, in quel suq di fortuna. Un paio mendicavano, sedute a terra all'ingresso della recinzione. Nessuna portava il velo, e in gran parte erano rom.

Attraverso l'apertura del tendone, ho visto alcuni uomini seduti a leggere sui tappeti. Non stavano di certo né caldi né comodi. Fuori, nell'area apposita con i lavabi, un paio si dedicavano alle abluzioni rituali prima di entrare. Mentre mi allontanavo, pensavo che l'imam Shaari non aveva tutti i torti, già nel 2009: in una situazione del genere non è certo difficile radicalizzarsi.

Ora chiedo all'imam Reda se davvero non ci sia un posto migliore di quei tendoni, e di questo garage con annessa macelleria halal, per una delle più nutrite comunità islamiche di Milano. Ben radicata, dato che si trova qui da ventisette anni. Scrolla le spalle.

«Dovremo in ogni caso andarcene» mi spiega.

Hanno avuto lo sfratto perché il vecchio proprietario dell'immobile è morto, e gli eredi vogliono vendere. Ammette che hanno ricevuto offerte, due milioni di euro, per poter comprare questi o altri locali. Da chi? Dall'Arabia Saudita? Dal Qatar? Non specifica. E di nuovo si scusa: non parla bene l'italiano. È nel nostro Paese da ventisei anni ma non ha fatto in tempo ad apprenderlo davvero, era occupato a insegnare l'arabo ai bambini delle scuole islamiche di via Quaranta, dove si trova un'altra moschea.

«Dal 2005 abbiamo avuto quasi settecento bambini» mi spiega fiero.

Quando avranno spazi più consoni, aggiunge, potranno fare un lavoro migliore sulle famiglie e sull'istruzione. Grazie a Yousry, che gentilmente si presta a fungere da interprete, cerco di affrontare un tema complesso come quello dell'assistenza ai nuclei famigliari. Cosa pensa del progetto Aisha, presentato da Sumaya Abdel Qader e dai giovani musulmani di via Padova? Lui storce un po' la bocca.

«Chi usa violenza alle donne è ignorante: dal punto di vista religioso, perché non conosce la propria fede, e dal punto di vista umano. Sono favorevole a qualsiasi cosa sia contro la violenza.» Ma il rischio, aggiunge, è far sembrare che si tratti di un problema peculiare delle comunità musulmane, mentre non è certo così.

Gli chiedo se in questa moschea abbiano mai avuto problemi di violenza domestica, se abbiano dovuto fungere da mediatori.

«Mi sono capitati casi di ogni genere: matrimoni, divorzi, figli e anche violenze» annuisce l'imam. Per questo, aggiunge, ci vorrebbe un tribunale della sharia. Che alleggerisce la pressione sui tribunali «ordinari», e rende più facile affrontare i problemi da un punto di vista religioso. Soprattutto con le seconde e terze generazioni, specifica. «I ragazzi di oggi hanno spesso un atteggiamento contro la morale islamica, e se si creano conflitti che possono sfasciare le famiglie, questo tipo di mediazione può aiutare.»

A proteggere le famiglie ci pensa la legge, obietto. Ma l'imam nega vigorosamente.

«Sembra che le protegga, ma non è così. Se io voglio dare un'educazione religiosa a mia figlia, ma a scuola le dicono: "Se tuo padre fa questo, chiama questo numero", io come faccio a educarla? Le leggi creano conflitti tra le regole del comportamento morale e quello che la legge prescrive.»

Se il «comportamento morale» va contro la legge, bisogna evitarlo, rispondo. E viceversa. Non sono questioni facili, lo ammetto, e in Italia abbiamo i nostri problemi. Per esempio c'è chi si oppone, in nome di una certa morale, al riconoscimento delle coppie omosessuali.

Sull'ufficio si stende un lenzuolo di gelo, perfettamente percepibile. Yousry è il primo a insorgere, con una veemenza che mi stupisce, anche se so bene che l'islam non ammette l'omosessualità.

«Ma allora l'umanità non ha imparato nulla? Ci siamo scordati di Sodoma e Gomorra?» esclama, parlando della distruzione della città dei sodomiti come di un fatto storico. «Se ci sono dei gay, questo non vuol dire che la loro unione debba essere riconosciuta!»

Sotto alcuni aspetti, penso, i fondamentalismi religiosi si somigliano tutti. È evidente che la mia osservazione ha toccato un nervo scoperto.

«Se questo fatto innaturale viene alla luce apertamente, si manifestano nuove malattie che non si erano mai viste prima» continua Yousry in tono apocalittico.

«Allah dice: se vogliamo distruggere un villaggio facciamo sì che la società cominci a fare tutto ciò che è proibito. Queste società vengono cancellate da Allah.»

Ma non vorrà negare, cerco di argomentare, che anche nei Paesi islamici, persino ai tempi di Maometto, l'omosessualità ci sia sempre stata, e che sempre ci sarà?

«Che due si amino ma in modo non palese è un fatto, ma lo Stato che legalizza una cosa del genere noi non lo riconosceremo mai» risponde secco. «Allah protegge una comunità anche se non è musulmana» aggiunge. «A patto che non manifesti fatti del genere. Ma Allah distrugge una comunità, anche se è musulmana, se manifesta fatti del genere.» Si è alzato in piedi durante questo discorso, gesticolando. Non è minaccioso, ma è chiaramente molto scosso. «La natura umana normale non può accettare questo. Mi meraviglio che una signora come lei, che conosce la storia, ne parli con tanta naturalezza. Ci auguriamo che eviti questi argomenti in trasmissione.»

Le cose da dire sarebbero moltissime. Le possibili reazioni mi si incrociano nel cervello come sugli autoscontri: razionalità, collera, indignazione pari alla sua. Poi, forse è la temperatura gelida nella stanza o forse lo sguardo ammonitore di Jacques che intercetto al volo, da qualche parte viene fuori la freddezza.

«Vede» rispondo, «uno dei miei due testimoni di nozze è gay. Sta con il suo compagno da vent'anni. Sono sposati, abitano a Londra e sono una splendida coppia. Sono molto felici.»

Segue un silenzio di tomba. Yousry si risiede, disperando di potermi salvare. Poi l'imam guarda Jacques con una certa compassione.

«Un giorno verrete qui e celebreremo il vostro

matrimonio islamico» gli dice in tono consolatorio. «A nostre spese.»

La battuta, se era una battuta, stempera la tensione e decido di evocare un personaggio ben più impopolare, qui, di quanto potrò mai esserlo io: Roberto Maroni.

«Abbiamo un ricordo amaro di lui.» Reda scuote la testa. «Ha fatto mandare via l'imam precedente, ha fatto la causa contro la moschea, ora la legge antimoschee… E i leghisti vengono qui davanti a provocare, protetti dalla polizia.»

La diffidenza nei confronti della sua comunità è ingiusta, sostiene. Lui disapprova ogni forma di estremismo, anzitutto perché non è il metodo del Profeta. «Il quale raccomanda: quando sei di fronte alla scelta tra due opzioni, scegli quella più semplice da fare.» E di questi tempi, la cosa più semplice per lui è avvertire la polizia, se capisce che qualcuno della sua comunità si sta radicalizzando.

«Qualche tempo fa ne ho segnalato io stesso uno alla Digos» mi ricorda. Per convinzione o per convenienza non si può sapere, ma certo è un gesto di collaborazione molto utile. «La moschea è una valvola di sicurezza che protegge i giovani dalle deviazioni: non da oggi, ma da sempre. Però la causa di tutto questo è l'ingiustizia nei Paesi arabi e islamici» dichiara. «I giovani vedono le loro famiglie distrutte, per forza si radicalizzano.»

A distruggere le famiglie non sono però solo i bombardamenti, è anche l'Isis, gli ricordo. Perché non lottare contro questo mostro, anziché contro l'Occidente? Perché sono «fratelli» musulmani?

«Non sono musulmani» interviene Yousry. «Quando i musulmani sono entrati in Andalusia non hanno ucciso le persone. Sono arrivati come un faro di luce.»

Un'interpretazione della storia un po' netta. E comunque si parla dell'VIII secolo d.C.

«L'Isis massacra donne, bambini, anziani, saccheggia e distrugge luoghi di culto. L'islam non insegna questo. L'Isis non ha cervello né fede e quindi non ha regole» rincara l'imam.

Gli chiedo cosa pensi di un eventuale intervento in Libia e si fa cupo.

«Li sente» mormora, «i tamburi di guerra che battono dalla Libia? Gli Usa hanno candidato l'Italia a essere a capo di questa operazione. L'Italia gode di tanta considerazione, per la sua vicinanza anche culturale ai Paesi islamici. Ci auguriamo che non entri in questa palude.»

Non potrebbe essere più chiaro.

Il loro centro, specifica poi, non è appoggiato da alcun Paese mediorientale né affiliato ad alcuna organizzazione islamica. Nemmeno ai Fratelli musulmani che pure hanno sostenuto. Continuo a non spiegarmi allora da chi e perché è arrivato questo generoso finanziamento di due milioni di euro. Seguono l'Arabia Saudita solo in una cosa, la data delle feste comandate. Il calendario islamico infatti è basato sui cicli lunari, non su quelli solari, per cui i loro mesi sono più corti, e le feste non cadono in giorni fissi, ma si spostano indietro ogni anno di una decina di giorni. Per esempio, il Ramadan comincia con la luna nuova del nono mese, e la moschea di viale Jenner, come altri, per sicurezza aspetta che sia l'Arabia Saudita a dire quando viene «avvistata» la prima falce di luna nuova, e poi si adegua.

Chiedo all'imam Reda se abbia fatto l'*hajj*, il pellegrinaggio alla Mecca. Mi risponde che lo compie ogni anno.

Ma ogni anno ritorna in Italia, osservo, ed è qui che ha scelto di vivere. Cosa gli piace tanto di questo Paese?

Mi guarda solo un secondo, quasi pensieroso. Poi si lascia andare a un breve sorriso.

«La libertà.»

22

La comunità dalle troppe anime

La luce è la prima cosa che colpisce, dopo tanti garage. La giornata è coperta, ma l'architettura della Grande Moschea di Roma è fatta per lasciar entrare il sole da mille aperture. Dei grandi lampadari circolari quasi non c'è bisogno, nell'ampia sala centrale per la preghiera. Le cose stanno un po' diversamente nei due matronei laterali, le balconate riservate alle donne, dove invece le lampade poste in cima alle colonne servono eccome. L'effetto è suggestivo: attraverso gli schermi in metallo lavorato gettano ombre che si muovono ipnotiche sulla pietra.

La voce dell'imam, che predica in arabo dal *mihrab*, si fa più forte. Grida molto forte, l'impressione è quella di un sermone carismatico, oppure minaccioso. Una delle mie compagne di balconata, saremo una trentina, si alza e si affaccia al di sopra del divisorio, per guardare nella sala sottostante. Mi unisco a lei ma purtroppo non parla italiano, non riesco a comunicare.

Gli uomini sotto di noi siedono tranquilli sul tappeto azzurro, in ascolto. Nessuno sembra scosso dalle ammonizioni tonanti del religioso. Uno cerca di tenere tranquilla sua figlia, una bambina di sette o otto anni, senza velo. Un paio si prostrano in preghiera. Il panorama umano è variegato: ogni colore, ogni stile. Jeans e maglioni, lunghe djellaba bianche o nere, giacche e cravatte.

Scendo silenziosamente le scale, anche nella sala centrale c'è uno spazio femminile. Un po' in disparte, sotto la balconata del matroneo, ma senza schermi né separazioni.

«Le donne si lamentavano che da su non si vede bene» mi dirà più tardi uno dei miei ospiti.

Avevano ragione. Qui è molto meglio, lo sguardo può correre fino al pulpito. Osservo la grande cupola leggera, le colonne che si innalzano eleganti come una foresta di pietra bianca, le splendide decorazioni in ceramica sui toni del verde e dell'azzurro. Finalmente un luogo di culto degno di questo nome.

L'imam smette di gridare e lo sostituisce un altro predicatore, in un italiano un po' stentato. In teoria dovrebbe essere la traduzione dell'arabo, ma è un discorso più breve e più blando. Parla di inferno e di paradiso, della professione di fede. Quasi dottrinale.

«Le prediche dovrebbero essere fatte in italiano» mi dice convinta IlhamAllah Chiara Ferrero quando ci incontriamo all'uscita. È lei a farmi da guida in questo nuovo venerdì islamico. Italiana, si è convertita vent'anni fa, dopo aver approfondito questa religione grazie ad alcune letture portate a casa dal padre, professore universitario di Storia del pensiero scientifico. «Ho scoperto la profondità della dimensione spirituale dell'islam e dei maestri musulmani, che poco si conoscono in Occidente» mi racconta. «Oltre alla sorpresa che le radici dell'Europa non sono solo cristiane ed ebraiche, ma anche islamiche.»

Tra le sue attività per diffondere la conoscenza dell'islam, Chiara tiene corsi per operatori sanitari, per informare su come ci si relaziona con i pazienti musulmani. È una donna alta e sottile, dal viso dolce e dalla volontà di ferro. È una dei soci del Centro islamico culturale d'Italia, che gestisce la Grande Moschea di Roma. Il Centro ha personalità giuridica ed è l'unica organizzazione islamica italiana riconosciuta dallo Stato.

Secondo Chiara, la doppia predica in italiano e in arabo non è la soluzione. Una piena integrazione arriverà solo quando ogni imam si rivolgerà ai suoi fedeli solo nella lingua del Paese in cui risiedono. Ma qui non è possibile: gli imam, per statuto, arrivano dall'estero, formati all'Università al-Azhar, al Cairo. Quello che ho appena sentito tuonare dal *mihrab* è giunto da pochi giorni in Italia.

«Avere sempre imam stranieri è un problema» dice Chiara. «Non solo per la lingua, ma perché spesso non conoscono bene il contesto culturale e sociale in cui si trovano a predicare. E in momenti difficili come questo, il rischio di malintesi è alto.» Le chiedo se sia mai successo di doverne «rimandare indietro» uno troppo radicale, e senza sbilanciarsi ammette che qualche screzio c'è stato.

È lunga la storia di questa moschea, che per anni è stata la più grande di tutto l'Occidente. Il terreno fu donato dal Comune di Roma nel 1974, ma i lavori per edificarla cominciarono solo dieci anni dopo, e la consacrazione fu nel 1995. Molti i finanziatori: ventitré Paesi arabi e islamici, come ricorda una targa sul muro esterno. Il principale, l'Arabia Saudita di re Fahd al-Saud: il presidente del consiglio d'amministrazione è sempre un saudita e da quel Paese arrivano ogni anno i fondi che consentono la sopravvivenza dell'istituzione.

«Circa 470.000 euro» specifica Omar Camiletti, uno dei portavoce della moschea, che raggiunge me e Chiara su una panchina di marmo accanto alla grande fontana, ora spenta. «Non bastano per coprire tutte le spese.» La manutenzione ordinaria di un edificio gigantesco e prezioso come questo non è certo economica: all'interno ho visto qualche piastrella staccata, qualche paralume in metallo sconnesso. E ci sono da aggiungere i costi del personale e la gestione delle strutture del Centro: la biblioteca, due sale da preghiera, il centro conferenze, il museo. Insomma, una macchina mangiasoldi.

Mentre tante comunità musulmane d'Italia soffrono per i loro spazi inadeguati, l'unica che ha uno spazio più che adeguato rischia di non poterselo permettere. Ironia della sorte.

«Un posto come questo non è comunque la soluzione» mi dice Chiara. Tanto per cominciare perché ha una gestione complicata, che coinvolge le ambasciate di Arabia Saudita, Egitto e Marocco e che rende molto difficile prendere decisioni, complicando anche la programmazione ordinaria.

Concorda che è importante avere nella capitale d'Italia un edificio che rappresenti degnamente la religione islamica. Anche su questo non sono mancate le polemiche: il progetto originario è stato modificato in modo che il minareto fosse qualche metro più basso della cupola di San Pietro. Ma non sarà la luminosa e ospitale Grande Moschea a permettere ai musulmani di integrarsi. «Ne servono molte, piccole, nei quartieri» sostiene Chiara. Come quella che ha fondato a Milano assieme al marito, l'imam Yahya Pallavicini, nel 1994. Quando hanno smesso di frequentare viale Jenner, che stava diventando un ambiente troppo radicale. «Yahya predica in italiano, come pure tutti gli altri imam che vengono da noi» sottolinea.

Ho ospitato Yahya Pallavicini a *Otto e mezzo* pochi

giorni dopo gli attentati di Bruxelles. È un uomo serio e colto, con uno sguardo profondo e di lungo periodo sui temi e sui problemi della sua religione. Ho discusso con lui della «connivenza» delle comunità musulmane che avevano nascosto Salah Abdeslam e protetto le attività degli altri attentatori. Non si può negare che a volte appaiano chiuse, poco trasparenti. Secondo Pallavicini, però, l'ambiguità non è intenzionale. «C'è forse a volte un imbarazzo, un'incapacità dialettica, una scarsa competenza linguistica, una mancanza di coscienza della realtà dell'Occidente.» Una valutazione che si sposa perfettamente con quella sull'importanza della predica in italiano.

Prevenire e sconfiggere l'estremismo non è possibile, mi ha detto Pallavicini, senza un vero coordinamento che implica anche un lavoro culturale condiviso. La radicalizzazione dei giovani musulmani, infatti, non si può spiegare solo con il disagio sociale. Non tutte le persone che vivono in condizioni di marginalità e povertà, ha fatto notare, diventano criminali. Il problema principale è «l'apologia di una identità mal compresa e non coerente con i suoi princìpi». Di fronte a cui si pone però un'identità europea ancora molto vaga. «Bisogna rinfocolare questa doppia fierezza di essere europei e musulmani» ha insistito.

Ma davvero l'integrazione è possibile? Una religione prescrittiva come l'islam può trovare una sua dimensione all'interno delle nostre società laiche? Assolutamente sì, secondo Chiara.

«La maggior parte delle persone qui è laica, non crede nell'islam politico» dice convinta.

«Qui, magari» ribatte Omar. «Ma sai bene che non è così dappertutto.» Anche lui italiano, di Roma, si è convertito all'islam a quarant'anni, «dopo aver attraversato tutte le illusioni del Novecento» aggiunge con un sorriso. Tra queste però, singolarmente, non annovera né il comunismo né il fascismo, scopro quando cerco di approfondire. «Ero un indiano metropolitano» ammette infine. Un freak, quindi, dell'ala più anarchica e antagonista, meno incasellabile del movimentismo degli anni Settanta. La strada per l'islam dev'essere stata lunga. «A un certo punto sono stato indirizzato verso il cammino giusto per me» dice semplicemente lui. Mi mostra una foto di sua figlia, ventenne e musulmana dalla nascita, con l'hijab che incornicia un bel viso, le labbra ben disegnate da un trucco deciso. Omar potrebbe essere un manifesto dell'islam più laico, con la corta barba sale e pepe e un atteggiamento aperto e informale.

La sua attività di portavoce lo conduce in realtà diverse, dalle scuole alle moschee. Tiene conferenze e corsi. Quando ci riesce.

«Sono stato in alcune moschee in cui non trovavo mai donne alle mie conferenze. Mi spiegavano che era meglio non si mescolassero con gli uomini.» Questo lo indigna profondamente. «Provavo a dare una scossa, chiedevo: la situazione femminile la vogliamo affrontare? Vi rendete conto che siamo in Europa? Ma non c'è stato verso di farglielo capire.» Il suo rifiuto di appoggiare l'islam politico gli è costato screzi con diversi imam, se non proprio l'esclusione da alcuni centri e luoghi di culto.

Come lo capisco. Racconto della mia esperienza a Centocelle e Chiara stringe le labbra.

«Hai visto veramente il peggio. Non sono certo tutte così» dice.

Chiara è segretario generale della Coreis, la Comunità religiosa islamica italiana, fondata da suo suocero,

Abd al-Wahid Pallavicini, che ne è il presidente. Riunisce il maggior numero dei cittadini italiani di fede musulmana, ma è minoritaria nella galassia delle organizzazioni islamiche. Assieme all'Ucoii, al Ccii e alla Confederazione islamica italiana, è però tra gli interlocutori delle istituzioni nell'eterno dibattito sul riconoscimento della religione islamica da parte dello Stato italiano.

«Ma è importante stabilire a quali patti» precisa Chiara. «Per esempio, noi della Coreis vogliamo che sia riconosciuto il diritto delle donne a portare l'hijab, non, come vorrebbe l'Ucoii, anche quello al velo integrale. Questo sarebbe un passo indietro.»

Il dissidio interno all'islam che rende così difficile mettersi d'accordo è principalmente questo. Quante e quali cose si devono chiedere allo Stato italiano? I campi sono noti: l'alimentazione, l'abbigliamento, le regole del culto. Ma le norme islamiche vere e proprie, mi spiega Chiara, sono molte meno di quel che si crede.

«Il problema è che si confonde l'identità culturale e sociale con quella religiosa.» La questione della cosiddetta islamizzazione dello spazio pubblico è storica e politica, illustra, accalorandosi. «Tutto è cominciato alla fine dell'Ottocento, con il colonialismo. Per reazione all'"invasione", nel mondo arabo-musulmano si è avviata una ristrutturazione politica all'insegna del cosiddetto riformismo islamico.» Un processo che purtroppo è andato in direzione contraria alla laicità, usando la religione per contrapporsi alla minacciosa modernità occidentale. «Prima, il problema delle donne nel mondo islamico non esisteva» sostiene Chiara. «Poi però la sharia è stata usata per normare ogni aspetto della vita, pubblica e privata. Ma la religione non serve a dare regole. Serve ad avvicinare le persone a Dio.»

Secondo lei, l'islam non è in contrasto con la laicità. «Tutti i princìpi di culto si possono declinare in senso democratico. Non c'è bisogno di tribunali della sharia, né di uno Stato parallelo.» Sa bene che molte voci, nel mondo musulmano, sostengono esattamente il contrario, e invocano un'islamizzazione progressiva della nostra società. «Quella è gente che ha assorbito la cultura dialettica dell'Occidente e ragiona sugli stessi princìpi di contrapposizione. Ma ci sono masse di persone che non hanno bisogno di concettualizzare e vivono la loro fede come semplice pratica, in una religione senza clero.» È con queste, secondo lei, che bisogna parlare. La loro integrazione in uno Stato laico non è più difficile rispetto a quella di tanti altri credenti osservanti, che appartengono ad altri culti.

Sarebbe un'ottima notizia, ma come sappiamo bene la situazione è assai complessa. E tutt'altro che pacificata. L'ho potuto verificare anche prima, all'interno della moschea, dove gentilmente mi hanno permesso di realizzare il servizio fotografico per il libro. Serviva un'immagine a capo scoperto, e né Chiara né Omar hanno avanzato la minima obiezione.

«Non sei musulmana ed è un caso particolare» hanno detto.

Non la pensavano così diversi altri membri della comunità che, mentre il fotografo scattava, sono venuti a più riprese a lamentarsi con Omar, anche in modo assai vivace. Chi era mai quella donna senza velo accanto alla finestra? Uno di essi, che indossava una lunga djellaba bianca e aveva le chiavi della moschea, si è avvicinato alla fine del servizio, deciso finalmente a estromettermi. Ma all'improvviso il volto gli si è aperto in un largo sorriso.

«Non l'avevo riconosciuta! La7! La guardo sempre in televisione!»

E così, anche Samir è passato dalla nostra parte. Invitandomi a tornare più spesso e a pregare con loro.

Mentre mi allontano l'edificio bianco, con le mezzelune della cupola e del minareto che si stagliano contro un cielo all'improvviso azzurro, sembra stranamente abbandonato. Defluiti i fedeli della grande preghiera settimanale, smontate le bancarelle, tutto tace. Come mi confermano Omar e Chiara, è un vero peccato che sia così. Questo dovrebbe essere il cuore vivo e brulicante di un islam aperto, trasparente, comunicativo.

Nella Grande Moschea nata tra le mille chiese di Roma ho incontrato una metafora architettonica: la luce. La sfida dei musulmani di buona volontà è vincere l'oscurantismo, che troppi nella loro religione propagano. Su questo campo di battaglia dobbiamo saper scegliere gli alleati, e formare l'unica coalizione possibile: quella per una convivenza di tutte le fedi in uno spazio laico. Non possiamo permetterci una sconfitta.

Conclusione

La vittoria della disobbedienza

Disobbedienza.

Da qualche tempo, questa parola mi risuona in testa come una campana. L'ho letta nell'intervista di Obama all'«Atlantic» e mi ha colpito profondamente.

Per Obama, la disobbedienza significa rifiutare le pratiche imposte dal «sistema» con cui il potere di Washington governa gli affari mediorientali.

«A Washington ci sono schemi che i presidenti dovrebbero seguire alla lettera. Le risposte a determinate situazioni sono predeterminate, e spesso si tratta di risposte militari.» Ma Obama ha deciso di uscire da questi schemi. Le dimostrazioni più evidenti della sua disobbedienza sono il riavvicinamento con l'Iran e il rifiuto di muovere guerra alla Siria.

La decisione di non lasciarsi trascinare in una nuova avventura militare è stata una «liberazione», ha dichiarato al giornalista che lo intervistava. «Sono molto fiero di quel momento. Il peso delle idee preconcette, e del nostro apparato di sicurezza nazionale, era assai forte. Ed era forte la sensazione che fosse in gioco la mia credibilità, assieme a quella degli Stati Uniti. Decidere di fermare tutto in quel momento poteva avere un prezzo politico, per me. Ma sono riuscito a ignorare le pressioni e a riflettere invece su quale fosse, secondo me, il vero interesse degli Stati

Uniti. Non solo riguardo la Siria, ma anche per la nostra stessa democrazia. È stata una delle decisioni più difficili in assoluto. Ma era quella giusta.»

La disobbedienza di Obama mi appare come una lezione incredibilmente attuale, e che riguarda tutti. Mi colpisce il fatto che l'uomo più potente del mondo abbia il coraggio di riconoscere che è lui stesso prigioniero delle convenzioni, dei preconcetti, dei diktat dell'ideologia. Mi ridà fiducia in un esercizio illuminato del potere. E nella forza dello spirito critico.

Mi tornano in mente parole di analoga umiltà, pronunciate da papa Francesco. Quando sull'aereo che lo riportava in Italia dal Brasile nel luglio 2013 rispose così alla domanda di un giornalista: «Chi sono io per giudicare?». Con cinque parole, un altro grande potente della terra condannava ogni violenza compiuta in nome della fede e della religione. Condannava l'odio e il disprezzo per chi vive diversamente e rimetteva l'essere umano, e non il dogma, al centro della sua dottrina. Dimostrandosi un pontefice con i piedi ben saldi nella realtà del mondo.

Un presidente nero con il coraggio della disobbedienza e un papa sudamericano con il coraggio dell'umiltà segnano l'inizio del XXI secolo. In maniera incommensurabilmente più forte e indelebile rispetto a tutti gli eredi di Osama bin Laden, a tutti gli adoratori dell'Isis, ai mercenari di al-Baghdadi e alle teste coronate che li finanziano. Dovremmo chiedere, a chi è in grado di influenzare la visione dell'islam, la stessa combinazione di spirito critico e di umiltà di cui hanno dato prova Obama e papa Francesco. La sete di potere e la sete di legittimazione sono due enormi inganni, da cui anche i leader del mondo islamico non sono immuni.

L'islam, mi hanno detto molti interlocutori, è sottomissione. Il Corano è parola di Dio che deve essere rispettata alla lettera. Ma il problema è che questa parola è pronunciata dagli uomini, commentata e interpretata dai cosiddetti «sapienti». Molti dicono di essere guide. Ma altrettanti manipolano la credulità, l'ignoranza, le paure e le speranze a scopi molto prosaici: il lucro e il potere. È successo da sempre, in ogni religione.

Sono convinta, tuttavia, che i predicatori dell'odio e dell'oscurantismo ora stiano andando controcorrente. Hanno imboccato la storia contromano. Il terrorismo è stata la loro miniera, come lo è stata per quelli che in Occidente hanno predicato lo scontro di civiltà. Chi mette le bombe e chi vende le armi hanno interessi comuni. Ma dall'inizio della guerra al terrore sono passati quindici anni, e tutto ciò che poteva essere distrutto lo è stato. Fortune vastissime sono state ammassate, e perdute, mentre una dopo l'altra intere nazioni venivano messe in ginocchio. Si sono innescati fenomeni pericolosi: primo fra tutti le migrazioni di massa, ma anche il fanatismo senza frontiere, la xenofobia, la disgregazione dell'Europa che rimette in questione l'alleanza atlantica. Nuovi attori, però, sono intervenuti: la Cina, la Russia, decise a dire la loro sugli squilibri del pianeta. Il Medioriente, il Golfo e i loro tormenti non devono minacciare le relazioni tra i colossi del mondo globalizzato. Gli apprendisti stregoni sentono salire le fiamme e sanno che potrebbero avvolgere anche loro. Bisogna cambiare rotta.

Conto dunque sul buonsenso, e sugli interessi dei potenti, perché capiscano che seminare caos non garantisce più un raccolto conveniente. Ma conto anche sulle decine di persone di buona volontà che ho incontrato in giro per l'Italia. Conto sui marinai che incrociano nel Mediterraneo, sugli uomini delle istituzioni nei loro uffici dalla luce sempre accesa, sulle attiviste, islamiche e non, che da Imola a Milano dicono «no» a chi calpesta le donne, anche in nome di Dio. Conto sui ragazzi milanesi della scuola di via Settembrini, che hanno già imparato a scegliersi da soli amici e nemici. Conto sugli imam più illuminati che tentano di negoziare una convivenza per le loro comunità, e conto che quelli meno illuminati prima o poi saranno sconfitti dall'inesorabile forza della disobbedienza.

In un mondo che sta facendo a pezzi valori che credevamo acquisiti per sempre, come l'uguaglianza e i diritti delle donne, credo ci debba essere disobbedienza anche nella religione. Per farla ridiventare strumento di difesa degli oppressi, e non arma al servizio dei potenti. Gesù, che cacciava i mercanti dal tempio, non si riconoscerebbe in una certa Chiesa. E Maometto, che predicava nel deserto dell'Arabia, inorridirebbe di fronte a un certo islam. Nel suo ultimo sermone, il Profeta esortava i fedeli a vivere la religione con discernimento: «Ragionate, o popolo, e comprendete bene le parole che vi trasmetto» li invitava. «Chi mi ascolta trasmetta questo messaggio agli altri, e quelli ad altri ancora, e che gli ultimi possano comprendere meglio di chi mi ascolta ora, di persona.»

Questa parola che passa di bocca in bocca, non per incitare alla violenza ma per cementare la convivenza, è ciò che serve per spezzare le catene che ci rendono prigionieri. Di un islam interpretato nel peggiore dei modi e della nostra ignoranza e paura. Mobilitarci è responsabilità di ciascuno di noi. Per opporsi al naufragio delle nostre civiltà, che è una realtà. E per negare con forza lo scontro di civiltà, che invece è una menzogna.

Ringraziamenti

Grazie a Jacques Charmelot, che in ogni avventura mi offre il supporto di un mix impareggiabile: un appoggio entusiasta che non vacilla nemmeno nelle situazioni più improbabili, un'abilità unica nel trovare fonti e storie inesplorate e uno spirito critico sempre acceso con cui confrontarmi. E vince la tentazione di «battermi con uno stuzzicadenti».

Grazie ai miei familiari, che fanno il tifo per ogni mia impresa e mi perdonano quando, sulle tracce delle storie e dei personaggi di un libro, diserto le feste comandate.

Grazie a Michela Gallio, l'editor che non dorme mai. A Paolo Pagliaro, non solo per l'approfondita lettura delle bozze, ma per l'incoraggiamento e l'aiuto di questi mesi, anche nella gestione della complicata macchina di *Otto e mezzo*. Ad Alessandra Scotacci, che non conosce domeniche. A Sara Grazioli e Simona Gilberti che hanno seguito la redazione con competenza. Alla casa editrice Rizzoli che da anni accompagna ogni mio libro con convinzione.

Grazie ai consigli e al supporto di persone senza il cui indispensabile contributo questo libro non sarebbe certo stato lo stesso: Paolo Biondani, Lucio Caracciolo, Michele Groppi, Mario Morcone.

Grazie ai consulenti, più che mai preziosi, che

hanno collaborato alla riuscita del progetto: Francesco Casolo, Ernesto Pagano, Francesco Peri, Alessandro Vanoli.

Grazie, naturalmente e non per ultimi, a tutti gli «addetti ai lavori» che hanno prestato la loro voce, la loro competenza, il loro bagaglio di conoscenze – e non da ultimo il loro tempo – per dare in questo libro un quadro più variopinto e informativo possibile della complessa realtà dell'islam. È l'istantanea di un tema e di un tempo in profondo mutamento, e non può essere altro che una fotografia «mossa». Ma grazie a chi ha avuto la generosità di incontrarmi, spero di averne potuto fissare almeno qualche tratto.

Indice

Finito di stampare
nel mese di aprile 2016 presso
Grafica Veneta S.p.A. - Via Malcanton, 2 - Trebaseleghe (PD)

Printed in Italy